[美]

经济学的修辞
The Rhetoric of Economics

Deirdre N. McCloskey

广西师范大学出版社
·桂林·

JINGJIXUE DE XIUCI

The Rhetoric of Economics
Guangxi Normal University Press Group's edition of *The Rhetoric of Economics* by Deirdre McCloskey is published by arrangement with the University of Wisconsin Press. © 1981 by the Board of Regents of the University of Wisconsin System. All rights reserved.

著作权合同登记号桂图登字：20-2016-255 号

图书在版编目（CIP）数据

经济学的修辞 /（美）迪尔德丽·N. 麦克洛斯基（Deirdre N. McCloskey）著；马俊杰译. --桂林：广西师范大学出版社，2023.10
书名原文: The Rhetoric of Economics
ISBN 978-7-5598-6119-1

Ⅰ.①经… Ⅱ.①迪… ②马… Ⅲ.①经济学－论文－写作 Ⅳ.①F0

中国国家版本馆 CIP 数据核字（2023）第 119649 号

广西师范大学出版社出版发行

（广西桂林市五里店路 9 号　邮政编码：541004）
　网址：http://www.bbtpress.com
出版人：黄轩庄
全国新华书店经销
广西广大印务有限责任公司印刷
（桂林市临桂区秧塘工业园西城大道北侧广西师范大学出版社集团有限公司创意产业园内　邮政编码：541199）
开本：880 mm × 1 240 mm　1/32
印张：12.25　　　　字数：200 千
2023 年 10 月第 1 版　　2023 年 10 月第 1 次印刷
定价：76.00 元

如发现印装质量问题，影响阅读，请与出版社发行部门联系调换。

目 录

第二版序 　　　　　　　　　　　　　　　　　　　　i
第一版致谢 　　　　　　　　　　　　　　　　　　　vii
绪论 　　　　　　　　　　　　　　　　　　　　　　1

第一章　经济学的修辞分析，为什么要做，如何做？　　7
　　不是哲学阅读，而是修辞阅读　　　　　　　　　7
　　"修辞"的旧世界是个好世界　　　　　　　　　　9
　　科学家必须建立她的"角色"　　　　　　　　　14
　　视角是个科学选择　　　　　　　　　　　　　　17
　　"纯粹的"风格并不纯粹　　　　　　　　　　　　19
　　风格往往诉诸权威　　　　　　　　　　　　　　20
　　经济学家是诗人　　　　　　　　　　　　　　　22
　　也是小说家　　　　　　　　　　　　　　　　　24
　　别怕解构和其他恐怖之事　　　　　　　　　　　28
　　写作是表演　　　　　　　　　　　　　　　　　31

第二章　经济科学的文学特点　　　　　　　　　　35
　　科学使用文学的方法　　　　　　　　　　　　　35

需求定律的大多数论据是文学的　　40
　　语言学的学科模式适用于经济科学　　48
　　文学思维或可改善应用经济学　　53

第三章　经济学的修辞手法　　61
　　即使是数理经济学家也使用且必须使用文学手法：
　　保罗·萨缪尔森的案例　　61
　　我们对大多数的修辞手法都只有模糊的认识　　65
　　模型是非修饰性的隐喻：以加里·贝克尔为例　　68
　　经济学中的数学和非数学说理都依赖隐喻　　77
　　统领着经济学的主要修辞手法：罗伯特·索洛的例子　　83

第四章　科学主义修辞：约翰·穆特是怎么说服人的　　89
　　穆特的文章写得不好，但很重要　　89
　　穆特的主要观点可以用人们听得懂的语言来表达　　92
　　穆特在论文中经常使用科学方法　　98
　　穆特诉诸的其实是学术圈　　102
　　外显论证在修辞上是复杂的　　106
　　穆特的修辞与其他领域的别无二致　　111

第五章　历史经济学的受众问题：作为修辞学者的福格尔　123
　　文本曾经很重要　　123

这本书的修辞色彩最浓　　128
　　这本书大量使用了普通话题　　131
　　这本书也使用经济学的特别话题　　137
　　文本创造其受众　　140

第六章　科斯《企业的性质》的律师口吻修辞　　145
　　科斯通过诉诸公理和证明解决了他的角色问题　　145
　　但科斯是辩护律师，不是证人　　148
　　律师式的修辞诉诸事实　　152
　　不过，科斯毫无疑问是个经济学家　　155
　　《企业的性质》讲的是经济的修辞　　157
　　科斯经济学是反现代主义的，是"哥特式的"；其修辞则是后现代的　　162

第七章　未经审视的经济学量化修辞　　167
　　例如，修辞标准是衡量市场一体化的必要条件　　167
　　同样，修辞标准是语言学中衡量语言相似性的必要条件　　174
　　也就是说，科学家的言语行为是对话，不论好坏　　178
　　例如，有关购买力平价的对话在修辞上是含糊不清的　　182

第八章　显著性检验的修辞　　187
　　统计显著性已经毁了经济学中的实证工作　　187

计量经济学混淆了统计意义和科学意义　　192
　　统计学的难题源于其修辞史　　198
　　使用统计显著性时，许多问题会随之而来　　207
　　确实出了很多问题　　214

第九章　经济学现代主义的贫困　　231
　　经济学的数学化曾是个好主意　　231
　　但数学里混进了一种哲学　　233
　　经济学的正式方法论是"现代主义的"　　234
　　现代主义是一种欠佳的方法：首先，它在哲学中过时了　　244
　　而证伪并不能让人信服　　246
　　有利可图的预测在经济学中是不可能的　　249
　　现代主义是不可能的，也不该追随　　251

第十章　从方法论到修辞　　257
　　任何受规则约束的方法论都应该反对　　257
　　方法论是中层管理者　　263
　　好的科学就是好的对话　　267
　　修辞是一种更好的理解科学的方式　　269
　　其他科学也有修辞　　271

第十一章　反反修辞　　277
替代现代主义的并不是非理性主义　　277
方法论的政治论证不足以服人　　282
但愿我们做合理的陈述，而不论"科学"与否　　289
对修辞的哲学反驳并没有说服力　　296
反现代主义可倒好　　302
修辞对你有好处　　303

第十二章　自有修辞以来：一种科学的经济学之前景　　309

参考文献　　319
中英文人名对照表　　355
中英文书名、文章名、期刊名对照表　　363

第 二 版 序

为什么我要在1985年写《经济学的修辞》(下简称《修辞》)这本书？这本书确实有点稀奇。一个经济史学家在20世纪80年代初突然决定要学一点哲学、语言学、文学批评、科学史和文学文化的其他学科。这确实很奇怪。然后她觉得，她也必须告诉别的经济学家这个消息：经济学家文化本身很大程度上也是文学性的。这真是奇谈怪论。

在20世纪70年代晚期的某个时候，我不再是个坚定的实证主义者。在芝加哥大学，我从1968年到1980年一直在那教书，那时经济学家们传授的是实证主义的傻瓜版。这个版本现在已经进入大多数经济学家的"哲学"工具范畴。现在你会看到经济学家们重复米尔顿·弗里德曼和乔治·斯蒂格勒在1968年挂在嘴边的那些哲学理念，当时听起来很新鲜（对于像我这样的傻瓜而言），而且似乎对1918年维也纳的一些聪明人而言也是革命性的。在另一个研究生项目里，他们仍然会在开学第一天给每个研究生分发米尔顿1953年发表的一篇老论文。不过，我的芝大同僚们在研讨会和餐厅里所表现出的真正的科学讨论的精彩（20世纪70年代的芝大经济系是世界上最具创造力的），与实证主义方法论推荐的那种傻瓜科学形成了奇怪的对比。我感到诧异。我跟乔治·斯蒂格勒和加里·贝克尔争论了几次。

我又开始阅读科学哲学（在研究生院的时候停了，差点读到卡尔·波普尔那个水平）。更重要的是，1980年左右，我遇到了科学史和科学社会学，它们给当时占统御地位的哲学带来了挑战。这些疯狂的激进分子声称，科学家并不是波普尔所说的充满阳刚之气的圣人。等你仔细看他们做的事和写的文章就会发现，科学家就像任何人一样，也需要以理服人。

最重要的是，而且很大程度上是在20世纪80年代的艾奥瓦，我发现了文学批评——特别是"修辞"批评。这是一种有关话语（words）如何说服人，甚至说服科学家的理论。

你可以把这本书看作一本哲学专著。但这样一来就没抓住本书的重点，很多认真的读者就是这么觉得。这是我的错。

作为一个修辞学家，谋篇布局（arrangement）从不是我的强项，而我这本书的谋篇也不好。具体而言，我的开头没开好。很多人以为这本书的中心思想包含在对实证主义者及其更广泛的语境——"现代主义"的批评中。毕竟，第一版的前三章都是"有关哲学的"。1983年我在《经济文献期刊》的一篇文章第一次提出了这几章的主要观点。如果你把1983年那篇文章作为本书的概括，就抓错了重点。

那么这本书到底是要讲什么？如我所说：经济学是文学的。我的书是一本科学的修辞（rhetoric of science）领域的早期（但非第一个）案例研究。也就是说，像莫里斯·菲诺基亚罗讲伽利略的著作（Finocchiaro, 1980）和更早的托马斯·库恩与其导师卢德维克·弗莱克的著作（Fleck, 1935）那样，我把科学看作说服（persuasion）。我自己的经济学科学是文学性的，如物理学（Feyerabend, 1975, 1978; Bazerman, 1981, 1983, 1984, 1988），或者数学（Lakatos, 1976; Steiner, 1975），或者生物学（Gould, 1977, 1981, 1984）那样，是一个由人类的论证而非神明般的证明统辖的说服性领域。

这一点为本书的组织所遮蔽。大多评论本书的人只读到第三章，这无可厚非——我的意思是，你该忍受这种业余哲学到什么时候呢？如果你还想读，你尽可以读我在这个问题上的第三本书《经济学中的知识和说服》（下简称《知识》，McCloskey, 1994），整本396页都是对批评的哲学回应和对这三章的哲学拓展。其内容证明，很多批评家是将这本书当作哲学来读的。

我本该以具体的经济学文献来开始这本《修辞》。我本该用主要案例研究来将实用修辞带到高潮，它能说明所有这些内容确实会带来科学回报：我对统计显著性（意义）的抱怨。（并不是对统计学理解有什么抱怨。我是且将一直是一名钟爱量化的女性。统计学万岁。真正的科学。但迪尔德丽阿姨——现代经济科学的玛丽安娜宣布，反对那种特意挑选的主导技术，向堡垒进攻！让我们打翻男孩们称为统计"显著性"和t检验的沙盒游戏吧！）接着，我本应该通过说明经济学是"现代主义"的一个实例，来展示经济学那更宽泛的文化显著性（意义）。我本不该以这更宽泛的和哲学的最后一点作为本书的开端。

这就是我在新版中所做的改变。我从我这道菜里我认为最有趣最别具心裁的配料开始，也就是对经济学著作的深入阅读开始。我增加了一个序章，直入主题，"经济学的修辞分析，为什么要做，如何做"，接着对罗纳德·科斯的一篇著名论文进行了详细的修辞研究。我改写了本书，在表达上做了些微改动，让它更清楚。我试着删掉无聊的段落，但你也知道作者们对他们写的无聊段落是什么心态。我也增加了几处引文，增加了两份参考书目，一份是按照我对经济学修辞的理解认为有用的参考书，另一份是我所知道的针对第一版发表的评论文章列表。

不过，要理解我现在观点的全貌，我要请你阅读我的其他几部作品，如《知识》那本，还有早一点的《如果你那么聪明：经济学家的叙事》（McCloskey, 1990），以及第四本，《经济学家的恶习：布尔乔亚的美德》（下简称《恶习》，McCloskey, 1997a）。多买几本。都是不错的圣诞礼物，可以买来送人。一直到1994年出版的这三本书是一个三部曲（毕竟有三本，不是吗？），而1997年出版的那本就算是结束前加演的羊人剧（satyr play）吧。以我现在的眼光来看，《修辞》一书是经济学的一种诗学，着重隐喻。《如果你那么聪明》则多多少少是一本自觉的经济学叙事学，着重在经济学的故事上。我在书中解释了为什么我认为隐喻和故事是思想的两种可能性。《知识》一书，如我说过的，是这个三部曲的哲学终章，解释了以上这些中哪些符合哲学传统，哪些又不符合。而《恶习》这本书则试图为经济学这个领域的未来阐明要义。用我们经济学干巴巴的术语来讲，这本书包含延续前三本书的"政策药方"。

我在本书的结尾写了一个简短的"跋"，《自有修辞以来：一种科学的经济学之前景》。它意在说明，承认经济学具有文学的一面，一种科学的经济学就会出现。不承认这一点至今已让我们这些经济学家变得十分愚蠢且不科学。这是一个女性主义的观点：一个人只承认自己阳刚的一面是愚蠢的。男人并不会因为具有一个完整人类的特点而受到削弱。同样的，一个经济学家也不会因为他跳出了自从20世纪40年代以来就纵身其中的沙盒就受到什么削弱。

我希望新版的效果与第一版不同。第一版让很多具有哲学倾向的经济学者感到困惑。他们一直以为用各式各样的哲学陷阱困住了我，而且因为我的不以为然而恼羞成怒，依然带着满腿的熊夹子闲庭信步。我不以为然是因为这本书首先并不是一本哲学书。它是一本修辞的书。别的经济学者读者们，或者说别的看中这本书书名的读者们，抓住了这样一个基本观点，即经济学家会论证（argue）事情——这并不是什么新发现，却很值得被认识到。在我的书出版以后，"修辞"（rhetoric）这个词在经济学中变得更常见了。（不过这个检验的效果有限：这个词在哪都更常见了，因为我们正看到古典修辞的复兴。）

我希望第二版会让经济学者和非经济学者实事求是地看待这个领域，将其视为更大的人类对话的一部分。经济学家是诗人／但他们还不知道这一点。经济学家是没有意识到自己在讲故事的人。

经济学家是不研究哲学的哲学家。经济学家是甚至不知道他们的科学已经变成沙盒中的男孩游戏的科学家。让咱们认真起来吧，兄弟伙儿！（姐妹们早就看出有问题了。）

第一版致谢

这本书的想法萌生于1979至1980年我离开芝加哥大学后给以前的"政治、经济、修辞和法律"的项目所做的一个演讲。韦恩·布思让我讲讲"经济学的修辞",我说,"好。非常乐意。嗯……你说什么?"在布思、艾拉·卡茨内尔松、爱德华·利瓦伊、菲利普·库兰等人面前"公开处刑"的可能性让我急中生智。("处刑"如期发生。)稍早些时候,我已经读了保罗·法伊尔阿本德的《反对方法》(Feyerabend, 1975),我在一家书店偶然发现了这本书,读后感觉深得我心。布思的《现代教条和同意的修辞》(Booth, 1974a)和他推荐的迈克尔·波兰尼的《个人知识》(Polanyi, 1962)让我为芝加哥大学的讲座做好了准备。不久后,我又读了芝加哥大学同仁斯蒂芬·图尔明写的《论证的使用》(Toulmin, 1958),这本书也是我在书店里偶然发现的。书店万岁。

在艾奥瓦大学的第一年,我和新同事们讨论过这些问题,并和艾伦·内格尔发起了一个有关修辞的小讨论会。从1980年起,我们在每个冬天和夏天,每隔两星期就在这个讨论会上讨论论证的各个部分以及论证的艺术。就是在80年代早期,我从内格尔、杰拉尔德·布伦斯、埃文·费尔斯、布鲁斯·格朗贝克、保罗·赫纳迪、约翰·莱恩、迈克尔·麦吉、艾伦·梅吉尔、杰伊·塞梅尔，以及最主要的约翰·纳尔逊那里，学到了文学理论、哲学和语言沟通教育的重要内容。后来，这个讨论会渐渐有了更大的志向，尽管它仍然保持对我们后来所称的"探究的修辞"（rhetoric of inquiry）的关注。倾听一篇数学或者法律或者经济学论文中的"修辞"，是理解甚至改善学术对话的一个路子。1984年，这个讨论会发展成一个由全国人文教育基金会（National Endowment for the Humanities）、艾奥瓦人文委员会（Iowa Humanities Board）和艾奥瓦大学资助的一场学术大会。大会之后出版了一本书（Nelson, Megill and McCloskey, 1987）并启动了"探究的修辞项目"，这个计划出了两套书，一套由威斯康星大学出版，一套在芝加哥大学出版。

1982年，我在澳大利亚国立大学高等研究院度夏，思考"经济学的修辞"。该校的经济史学、经济学、哲学和思想史研究团体的学术气息浓郁，让我欣喜，期间我也有幸有一个月的时间与理查德·罗蒂相处。与他交谈，阅读他的《哲学和自然之镜》（Rorty, 1979），令我豁然开朗。

之后很多年我都因这方面的工作"被邀赴宴"。1982年，我在澳大利亚许多高校的研讨会上听到了我的论文，包括澳大利亚国立大学、阿德莱德大学、墨尔本大学、莫纳什大学、新南威尔士大学、西澳大学、奥克兰大学和惠灵顿维多利亚大学。尽管在这些地方，我都为经济学者对批评其谈论方式的那篇论文的热烈反应感到惊讶，但塔斯马尼亚大学的经济学者的反应尤其让我感到振奋。1983年回到美国后，我把书中的一两章提交给语言交流协会（Speech Communication Association）在犹他州阿尔塔举办的"第三届论证大会"（Third Conference on Argumentation）；同年，我又提交给纽约城市大学布鲁克林学院的人文学科中心举办的"规范大会"（Conference on Codes）；1984年，提交给明德学院的经济学修辞会议；同年提交给在费城举办的"天普大学与语言交流协会肯尼斯·伯克纪念会议"（Temple University/Speech Communication Association Conference on Kenneth Burke）和在达拉斯举办的美国经济学会（American Economic Association）大会。

我在世界银行的研讨会、国家自然基金会以及华盛顿地区的经济史工作坊、哥伦比亚经济史研讨会和俄亥俄州的迈阿密大学都报告了我的研究，同样的还有英属哥伦比亚大学、加利福尼亚大学戴维斯分校、芝加哥大学、康涅狄格大学、内布拉斯加大学、太平洋大学、宾夕法尼亚大学、多伦多大学和弗吉尼亚大学；纽约市立大学（巴鲁克学院）、格林内尔学院、纽约市立大学皇后学院、联合学院以及威廉姆斯学院；鲍尔州立大学、埃默里大学、印第安纳大学、艾奥瓦大学、麦克马斯特大学、北卡罗莱纳州立大学、普林斯顿大学、罗格斯大学、西蒙菲莎大学、维思大学和耶鲁大学。这些地方的听众提出了一些问题是我之前所忽略的，这也说明即使到现在我也不了解我所谈论的东西。没什么好稀奇的。就像演讲一样，论证的品质取决于听众的品质，并作为一种对话而展开。不同于机器，对话本质上就是出人意料的。

Fred Carstensen、A. W. Coats、Stanley Engerman、Arjo

Klamer、Robert Higgs、Thomas Mayer 和 Robert Solow 早前常常给我写评论。还有很多其他的经济学家和经济史学家也对各章的草稿或者已发表的论文不断提出他们的意见，而且很多都十分详细。来自同意或不同意我观点的经济学家的评论给了我很多启发，也让我茅塞顿开。我很不安地意识到这份清单会落下一些人，但到出版之日这份清单起码包括以下各位：Irma Adelman、Moses Abramovitz、J. D. Alexander、Edward Ames、Peter Bauer、M. Cristina Bicchieri、Mark Blaug、Richard Boltuck、Thomas Borcherding、William Breit、Martin Bronfenbrenner、James Buchanan、Phillip Cagan、Bruce Caldwell、Rondo Cameron、Filippo Cesarano、Gregory Clark、Robert Clower、Ronald Coase、John Cochrane、Gordon Crovitz、Stephen De Canio、Arthur Diamond、J. E. Easley, Jr.、Billy Eatherly、David Felix、Alex Field、Robert Fogel、Milton Friedman、Walter Galenson、Allan Gibbard、Claudia Goldin、Robert Goodin、Robert Gordon、Frank Hahn、Gary Hawke、Robert Heilbroner、Willie Hendersen、Abraham Hirsch、Albert Hirschman、A. B. Holmes、J. R. T. Hughes、Eric Jones、Charles Kindleberger、David Landes、Timothy Lane、Richard Langlois、John Latham、Edward Leamer、Nathaniel Leff、Harvey Leibenstein、Axel Leijonhufvud、Wassily Leontief、David Levy、H. G. Lewis、Peter Lindert、Rodney Maddock、Neil de Marchi、Terry Marsh、John Martin、Thomas McCaleb、Michael McPherson、Pedro Carvalho de Mello、Philip Mirowski、David Mitch、Richard Nathan、Charles

Nelson、Richard Nelson、D. P. O'Brien、Avner Offer、Ian Parker、William Parker、Mark Perlman、Boris Pesek、Sidney Ratner、Joseph D. Reid、Jr., Robert Renshaw、Vernon Ruttan、T. W. Schultz、Amartya Sen、Martin Spechler、Frank Spooner、Paul Streeten、John Thorkelson、Thomas Ulen、Larry Westphal、Oliver Williamson、Gordon Winston、Gavin Wright 和 Leland Yeager。

本书的隐含读者为经济学者，但我已经努力让其中的观点对非经济学者而言也鲜明易懂且富有说服力。考虑到这一点和其他原因，我珍视的朋友韦恩·布思和理查德·罗蒂对这本书写作过程中各版本提出的详细意见，尤其是对接近最后一版手稿所提出的意见，是大有裨益的。没有他们的建议，在文学理论和哲学上，这本书甚至可能更考虑不周。

其他以各种形式就书稿给我意见的包括（我在这里感到难以尽数他们的名字）：Keith Baker、Charles Bazerman、Howard Becker、Robert Boynton、Bernard Cohn、Harry Collins、John Comaroff、Colin Day、Mary Douglas、Otis Dudley Duncan、Stanley Fish、James O. Freedman、Elizabeth Fricker、Clifford Geertz、Gerald Geison、Nelson Goodman、Allen Graubard、Stephen Graubard、Joseph Gusfield、Daniel Hausman、Martin Hollis、Martin Kessler、J. Morgan Kousser、William Kruskal、John Laffey、Laurence Lafore、Donald Levine、Leonard Liggio、Michael Mahoney、Donald Marshall、Laura McCloskey、William McNeill、Franklin Mendels、Denton Morrison、Peter Novick、Samuel Patterson、Amelie Oksenberg Rorty、Renato Rosaldo、Martin

Rudwick、John Schuster、Herbert Simons、Donald Sutherland、Stephen Toulmin 和 David Warsh。技术经济学涉及文学、伦理和修辞问题，人文学者听到这个消息要比经济学者更为淡定。

对于本书的最后一些工作，我也要感谢约翰·西蒙·古根海姆纪念基金会、普林斯顿高等研究院、美国国家人文基金会（感谢其人文、科学和技术项目，尤其是 David E. Wright 的），以及艾奥瓦大学等提供的资助。我在1983至1984年这一学年中断了其他工作，最终让这本书有了现在的形式。我在威斯康星的编辑 Gordon Massman 一直在鼓励我，其盛情远超为利益所计，展示了布尔乔亚的美德（bourgeois virtue）。他在威斯康星开始了这个有关探究的修辞的系列图书。Ginalie Swaim 和 Carolyn Moser 对书稿付出了卓著的用心和智慧，使其臻于完善。我可亲的助理 Deborah Reese 则帮我把第二稿输入到电脑上。

再一次回看这些对我的思考至为重要的文字，我感到脸红。那些我以为出自自己头脑的想法，甚至词语的形式原来都是从费耶拉本德、布思、波兰尼、图尔明、罗蒂、托马斯·库恩以及肯尼斯·伯克（按照主要劫掠次序，从1980年到1984年）那里抢来的。后来我又从迈克尔·马尔凯和阿尔若·克拉梅尔那里偷师不少。唯一可堪慰藉的，是我从罗蒂那学来的另一个短语（而他则是从迈克尔·奥克肖特那里借来的）——智识生活作为一种对话（intellectual life as a conversation），现在差不多也有三千年之久了。毕竟，我们都会受到与我们对话的人的影响，并将他们的言词形式拿来为我们所用。

绪 论

要是翻译成日常用语,经济学家之间讨论的大多方式对于诗人、记者、商人和其他有思想而不从事经济学的人而言,也是能言之成理的。就像任何地方的严肃谈话一样——不管是服装设计师之间的,还是棒球粉丝之间的——如果你不花点功夫掌握听取内容的习惯,就很难听个明白。对话背后的文化让言语显得晦涩难懂,但参与不熟悉的对话的人也并非来自另一个世界。在表面现象之下(经济学家最喜欢这么说),对话的习惯其实都是类似的。经济学所使用的数学模型、统计检验和市场论证,以文学的眼光来看是很陌生的,但细加观察又没那么陌生。我们可以视它们为修辞手法——隐喻、类比和诉诸权威。

修辞手法并不只是装饰,它们会替我们思考。海德格尔说,"说话的是语言,而不是说话的人"(Die Spracht spricht, nicht der Mensch)。一个人把市场想成"看不见的手",把工作的组织视为"生产函数"并认为他的系数"显著"。像经济学家所做的那样,他这样做是将重大的责任交给了语言。细察语言似乎是个好主意。

认识到经济学对话主要依赖其语言形式(verbal forms),并不意味着经济学就不是一门科学了，或者说它只是观点问题（见仁见智），或者成了某种骗局。作为一门科学，经济学是十分成功的。实际上，在过去五十年里，经济学的失败——虽然显得男孩子气，但仍可纠正——可以与其在修辞中梦游直接联系起来。好的科学家也擅长使用语言。最好的科学家，如古尔德和费曼这样的科学家，会有意识地使用语言。清醒地使用科学语言要求我们在说话的时候注意到在场的其他人。

对听众给予注意就称为"修辞"——一个我在后来努力练习的词。当然，在警告别人剧院发生火灾，或者激起选民的排外情绪时，你也会使用修辞。这种叫喊正是这个词在报纸中的意思，就像总统在新闻发布会上的"激烈言辞"（heated rhetoric），或者让我们的敌人屈从的"纯粹的大话"（mere rhetoric）。不过，自从古希腊修辞之火点燃之日起，这个词也开始在更广泛也更友好的意义上使用，意指对用语言实现目的的所有方式的研究。比如用来怂恿暴民对被告滥用私刑，但也用作让读者相信小说中的人物是会喘气的真人，或者让科学家们接受更好的观点，拒绝更差的观点。报纸的定义是小修辞，而我所谈论的是大修辞。

在《现代教条和同意的修辞》中，韦恩·布思给出了很多有用的定义。修辞是"探究人们认为他们应该相信什么的艺术，而不是根据抽象方法来证明何为真实的艺术"；是"发现好的理由，找到什么能真正确保同意的艺术，因为任何理性的人都应该能被说服"；它"小心权衡还算好的理由，来得到大致可能或合理的结论——都是些太可靠，但好过碰巧或未加思索而冲动得出的结论";是"发现正当的信念并在相互对话中改善这些信念的艺术";其目的不可为"说服别人信从事先形成的观点,而是必须旨在鼓励相互探究"(Booth, 1974a: xiii, xiv, 59, xiii, 137)。

问题其实在于,不习修辞的科学家——通常愿意自视为"结果"的宣布者或者"结论"的声明者——是否也用修辞来说话。她是否试图说服别人?我想是的。如我刚才说的,语言不是由孤零零的一个人实现的。科学家也不是对着虚空或者对着自己说话。她要对着各种声音组成的群体说话。她希望得到倾听、赞扬、发表、模仿、赞誉和爱戴。这些都是她的愿望。语言工具是实现愿望的手段。

让我们用经济学的定义来给修辞开个玩笑,让它变得狭隘,如梦游一般——修辞是言语中手段与欲望的均衡(proportioning)。修辞是一种语言的经济学,研究的是如何把稀缺的手段配置到人们想要得到倾听的无尽欲望中去。从表面上看,我们似乎可以合理推断,经济学家就像别的人一样,也是说话者,他们也渴望在去图书馆或者计算机中心的时候得到倾听,就像他们去办公室或者投票站时一样。我这样讲的目的是想看看做这件事是否正确,以及是否有用,即研究经济科学的修辞。研究对象是科学,并不是经济,或作为描述经济的一种理论妥当与否,甚或主要是经济学家在经济中的角色(作用)。研究对象是经济学家彼此之间的对话,他们用这些对话来说服对方,投资需求的利息弹性为零,或者货币供给由美联储控制。

思考经济学家彼此的对话是为了帮助经济学作为一门科学成

熟起来，而不是为了攻击它。经济学作为社会天气预测是不成功的，这个角色是由政治和新闻的修辞强加给经济学的，但经济学作为社会史则极为成功，或者当它不再梦游于自身的修辞中时，作为社会史就会很成功。经济学，就像地理学或者演化生物学或者历史学本身那样，是一种历史的而不是预测性的科学。经济学并不被广泛视为一种对人类智慧的伟大创造，但我认为它是。经济学是社会的自我理解（的确是一种批判性的理论，像马克思主义或者心理分析），如人类学或历史学那样引人注目。这样看来，经济学家们在过去五十年成了现代主义的愚蠢智者就更为遗憾了。他们是时候警醒过来，正视他们的科学修辞了。

文学对经济学的辅助，在于作为自我理解的模型提供文学批评。（我想这恐怕不是在礼貌行为或者文学风格上的绝佳模型。）文学批评不只是对好坏加以判断；在文学批评新晋的形式中，好坏问题几乎从没出现。文学批评主要关心的，是让读者看到诗人和小说家如何实现他们的目的。这里所做的类似经济学批评，并不是在攻击经济学，让经济学因其修辞而显得不好。再说一遍，所有人都要用到修辞，从数学家到律师，概莫能外。对经济学的文学批评，只是一种说明经济学如何实现其目的的方式。

并没有很多经济学家会这样想。相对多但仍占少数的其他科学家倒会这样做——文学思考在人类学和社会学中十分普遍。法国人统称的"人类科学"（human sciences）——研究人类的学科，从英语到古生物学——而今倒是集中了很多在修辞意义上能够做批判性思考的人。而且数学、物理学、计算机科学、人类学、考古学、历史学、科学史、哲学、神学、比较文学和英语等学科的很多学者,也在没有意识到的情况下一直做着修辞批评。

我则探索一种经济学探究的修辞。我用一种古代修辞工具,更有理由[1]的论证手法:如果连对生猪农民和铁路的经济学研究也既是文学的又是数学的,如果连关于人类在约束条件下最大化的学科也既是人文的又是科学的,那么对其他学科的期望就更该如此了。

---

1 A fortiori,更加、更有理由。该词用于逻辑学中,以说明一种论证方法,即由于某一确定事实的存在,则包含于其中或与之相类似的另一事实除特殊情况外,也必将存在。例如,如果任何个人在无逮捕证的情况下,可以逮捕其有合理理由怀疑犯有可捕罪的嫌犯,治安官员就更加有理由如此了。——编者

第一章
经济学的修辞分析，为什么要做，如何做？

不是哲学阅读，而是修辞阅读

让我们先从一个例子开始，这个例子选自一本我几乎完全认同的书——理查德·波斯纳的《法律的经济分析》（第一版）：

> 我们对普通法主要领域的研究表明，普通法展示了一种深刻的统一性，而这种统一性的特点是经济学的。……普通法方法是在参与互动活动的人之间分配各种责任，以便将……这些活动的……联合价值最大化。法官几乎都会考虑损失是不是由浪费和不节约资源造成的。在稀缺文化中，这是一个很紧迫、不可逃避的问题。（Posner, 1972: 98f.）

波斯纳是在说服我们相信普通法是有经济效率的。这就是阅读、理解这段话的哲学方式。但看一下其表象——修辞。

该论证一定程度上是通过模棱两可地使用经济学词汇进行

的。"配置"（allocate）、"最大化"（maximize）、"价值"（value）和"稀缺性"（scarcity）都是经济学术语，且都有精确的定义。这里，作者也在更广泛的意义上使用这些词，以引发科学的效果，在表述不必准确的情况下显得十分准确。最妙的是用"不经济"（uneconomical）这个词，这不是个经济学术语，却概括了波斯纳的看法，即如果法官在法庭上不遵照经济学模型去做，就会造成"浪费"。这种"经济/不经济"的说辞也支持以下说法，即经济学论证（有关效率的论证）在法律中无处不在。这种说法通过"论点重述"（古典修辞学中的一种技巧，即commoratio）得到印证：首先是在"不经济"一词中；然后是在提起一种稀缺文化时（对"贫穷文化"的一种悦耳的回声）；最后是在重复使用"紧迫、不可逃避的"的情况下。

我们称在车祸或者违约中互相牵涉的人为"卷入了交互活动中"（engaged in interacting activities）。这只是字面意思，不过这种字面意思在哲学上是重要的。波斯纳所说的"交互"（interaction）并不能延伸到社会的政治或道德体系中去。农场主和铁路公司"交互"，但法官并不会与那些认为"像铁路公司这样的大企业活该受责备"的人，或者与认为"人具有不可剥夺的权利"的人去"交互"。"卷入交互活动"的说法会引发科学家或者观察家的兴趣（从技术上说，这是一种"伦理"论证）。

此外，表象上，这段文字统一运用了"深度"（deepness）的隐喻，与别的想改变我们对世界的分类方式的论述同出一辙。美国法律界的左翼极端分子，批判法学家们，会告诉你法律的"深层"（deep）结构是对资本主义的自责。而右翼极端分子，包括这里的波斯纳，则会告诉你：恰恰相反，"深层"结构是对资本主义的赞扬。

如我所言，我认同波斯纳的立场，尽管我最终意识到没有权利观念的法理学是愚蠢的，而且是边沁主义式的愚蠢。但我认同波斯纳将经济学应用到法学上的许多做法，并不意味着他、我或米尔顿·弗里德曼不必接受修辞上的审视（rhetorical scrutiny）。起码，修辞阅读比段落本身所激发的阅读更丰富，后者声称代表世界。波斯纳想让我们进行哲学的阅读，那很好。但他不希望我们进行修辞的阅读，这就不好了。正如文学批评家理查德·拉纳姆所言（Lanham, 1994），我们需要进行哲学和修辞这两种阅读，要学会在哲学阅读和修辞阅读之间"切换"（toggle），要了解一段话讲的是什么，同时了解一段话如何实现其目的——说服（persuasion）。

"修辞"的旧世界是个好世界

科学是"有意图的写作"的一个例子，其意图是说服其他科学家，比如经济科学家。古希腊人把对这种带着意图写作的研究称为"修辞"。直到17世纪，修辞都是西方世界教育的核心内容，直到今天，修辞仍然是人文学习（humanistic learning）的核心内容，尽管人们往往没有意识到。人们在阅读像经济学这样的科学时，应该是有技巧地阅读，心里要装着修辞，对这一点越清楚越好。我们在这时要区分一种隐含且无知的（naive）修辞与一种外显且有意识（learned）的修辞，比如说，要区分显著性检验中无知的修辞与一种明确知道在论证什么以及为什么要这样做的有意识的修辞。

当然，我们也可以用别的词来命名修辞，比如"语言技艺"（wordcraft）或"对论证的研究"。1987年那本开创了"修辞研究"的书（即《人文科学的修辞》），尽管书名用了"修辞"这个词，但还是加了个副标题——"学术和公共事务中的语言和论证"。为什么要这么做？因为在英文报纸上，"修辞"这个词都是作为对话语不屑的词的同义词使用的，比如修饰（ornament）、矫饰（frill）、浮夸（hot air）、宣传（advertising）、花言巧语（slickness）、欺骗（deception）、虚假（fraud）。因而《德莫因斯纪事报》[1]曾刊发过这样的新闻头条："参议员竞选深陷修辞泥淖"。

不过报纸也让很多词庸俗化了，比如"务实主义"（pragmatism）一出现，报纸就把它庸俗化成没有原则地做交易。报纸也把"无政府主义"（anarchism）定义成那种会到处乱丢炸弹的虚无主义。报纸还把"感性"（sentiment）定义成一种廉价的煽情，把"道德"（morality）定义成假正经，把"家庭观念"（family values）定义成社会反应。报纸所定义的"科学"没有哪个科学家会去研究。词语的用法并不应该都由报纸决定，报纸的观

---

[1] 艾奥瓦州的每日早报。——译者

点也不应该是我们仅有的观点。我们需要赋予"语言技艺"一个学术化的词。这个古老又尊贵的词就可以。

修辞分析的重点仅在于带着理解去阅读。研究生院，在某种程度上是在教会经济学者阅读，给她提供一种用于理解的隐含修辞。但研究生院提供的修辞是不完整的，而那种理解也是片面的，那只是经济学科学的一个开端，而不是全部。好的经济学家和坏的经济学家的区别，甚至说老经济学家和年轻经济学家的区别，在于前者比后者拥有更多的修辞素养。这种素养就是同时理解文本的深层含意和表面含意的能力，以及随时切换的能力。罗伯特·索洛、米尔顿·弗里德曼和赫伯特·斯坦因都对古典修辞一无所知——他们都在修辞教育的低谷时期长大——但他们能一眼看出一个正式假设（formal assumption）用得是好是坏，而且能够感受出这样或那样的言语工具是否合适。而最好的经济学家依靠直觉所使用的语言技艺是可以传授于人的，起码可以传授一部分。

古典修辞只是一系列附着了某些思考的术语。一栋不使用柱顶过梁（architrave）、卵形花边（echinus）、圆锥饰（guttae）、眉齿饰（mutule）、楔形石（quoin）和三角槽排档（triglyph）这些名词的古典建筑，根本看不出艾奥瓦旧议会大楼（一幢有柯林斯柱头装饰的多立克神庙式建筑）除了看着有点漂亮外还有什么特别之处（Summerson, 1963: 16, 47-52）。同样的，我们需要描述科学论证的术语，不然我们就会陷入"深刻"（deep）、"缜密"（rigorous）、"优雅"（elegant）、"有说服力"（convincing）这类模糊而未经审视的词所构成的美学（aesthetics）贫困之中。例如，吉拉德·德布鲁就用这类术语来为抽象的一般均衡分析辩解：一般均衡分析"满足了很多当代经济学理论家的一种智识需求，他们因而为分析而分析"；"简洁性和普遍性"是"一个有效理论的主要特点"；"它们的美学吸引力足以让它们本身就成为令理论设计师满意的目的"（Debreu, 1984）。这里的美学是含糊、无知，且不明确的。德布鲁的说法其实是把服装设计师的词汇用在科学议论中。不，这不公平：德布鲁的言辞（rhetoric）没有好的服装设计师的言论那么准确和自省（self-critical）。

修辞词汇比关于严谨的空谈还要严谨，尽管它只是一系列附加了一些思考的词汇。文学性思考正是如此。在对各个批评学派的介绍中，做得最好的是《文学研究批判术语》（Lentricchia and McLaughlin, eds., 1990），这本书列举了结构、叙事、比喻语言、作者、价值与评价、确定性与不确定性、准则、意识形态，以及修辞等。理解公元前427年至今的各个修辞学派的最好方式是买一本理查德·拉纳姆的《修辞术语手册》（Lanham, 1991）和另一本用更平实的语言来应用它的著作，比如乔治·A. 肯尼迪写的《修辞批评的新诠释证明》。最好的现代综合性作品分别是爱德华·科比特的《现代学者古典修辞手册》（Corbett, 1971版及之后版本），里面有周全的术语表，还附有选读书目，以及沙伦·克劳利的《当代学者的古代修辞书》（Crowley, 1994）。在论证时很好地使用了修辞批评的一本早期著作是韦恩·布思的《现代教条和同意的修辞》（Booth, 1974a）。布思使用的参考文献也可以追溯到亚里士多德和昆体良时代。

这对像你我这样的初学者而言是令人振奋的。相比之下，要做有用的经济学分析，你还要完成这门功课才行。非经济学家认为对"寡头垄断"有一些在第一周学到的粗浅认识就够了。经济学实际上是"诠释的循环"（hermeneutic circle）的最佳例子：你需要了解论证的全貌才能理解其中的细节，也需要理解那些细节才能明白论证本身。但很多文学技巧，尤其是修辞分析技巧，是零散的、一条一条的，甚至初学者也能直接上手用起来。在这一点上，它们就像经济学中的一些经验方法，比如国民收入分析。显然，像布思或拉纳姆这样的文学研究大师［就像西蒙·库兹涅茨或爱德华·丹尼森在经济学上那样］，肯定比你我做得更出色。但即使像你和我这样的初学者也可以立刻上手使用修辞分析。

我并不是说受过良好教育的人不用学习就可以做修辞分析。这样做的结果就像没受过经济学训练就批评经济学一样让人难堪。我可以举出这两种情况的一些例子。拜托，教授，做好功课再张嘴。我要说的很简单，就是在修辞分析中，即使是学生也可以几乎立刻做很有用的工作。一个修辞分析可以从"带着意图写作"的任何一部分开始并继续下去。进行修辞分析就像拆毛衣：从毛衣开线的线头开始，一个劲儿地扯毛线就行了。学生几乎找不到无法让英语教授极快拆解的小说或诗歌。但像经济学这种科学中的文章，就像是等待拆解的旧毛衣，从某些方面来看，经济学教授对其理解越好，就越清楚从哪开始拆起。

那么接下来的内容就给经济学文学研究者提供了一个不完全修辞术语表。

科学家必须建立她的"角色"

"Ethos"是希腊词,指的是"角色"(character),是作者假设的虚构人物。它与拉丁语"人物"(persona)或现代的"隐含的作者"(implied author)是一样的。没人可以不去假设这样一个角色,不论好坏。一个没有好角色的作者是难以获得认可的。任何演讲的开篇(exordium),或开头都必须建立一个可信的角色。一个立起来的角色是科学论证中最具说服力的,因而,科学家们都努力建立这样一个角色。

比如,让我们思考《美国经济评论》1989年3月那期中这几句开篇语所隐含的作者:"二十年来的研究没有达成关于联邦政府公民权活动对美国黑人经济进步所起作用的专业共识"(Heckman and Payner, 1989: 138)。这里的隐含作者是有政策导向的,很准确,但也很尴尬(看看那个冠冕堂皇的词——"联邦政府公民权活动"),他们清楚学术中更悠久的趋势,他们知道那些博学的(具有拉丁语词汇储备的)、高贵且果断的人,会做到别人"没有做到"的。这些句子要产生效果,读者必须是个经济学家才行,正如要让德谟斯提尼[1]的好角色产生效果,听者必须是个4世纪的雅典人才行。

另外,"经过一段时间对最优间接税的深入研究,近年来重新提起了对最优所得税的兴趣,尤其是对资本所得税和经济增长的

---

[1] 古雅典雄辩家和民主派政治家。国内已出版其《德谟斯提尼演说集Ⅱ》。——译者

重视"（Howitt and Sinn, 1989: 106）。这里隐含的作者是匿名的美国学者，他们谦虚（与前面余音绕梁的"二十年来的研究没有做到"或与接下来无意中满怀傲慢的"考虑……情况"相比），他们有意查漏补缺而不是再一次直面时代的大问题，他们是学术的而不是政治的（"重新提起……兴趣"，好像人们会对土星的卫星重新提起产生新兴趣似的），但再重复一次，其用词是拉丁语化的。

或者，"考虑以下典型的初始设置"（Lewis and Sappington, 1989: 69）。上述两种说法是数学化的，不关心事实的，不过是特定风格的跟风者，假装直率却坚决待在演讲大厅里，不知道这一开篇语在大多数经济学家看来是多么可笑，也不知道死守黑板经济学（blackboard economics）是多么可怜！像诗人一样，作者当然不必知道他们的作品对读者的全部影响。

最后，"我们有足够的理由认为独户住宅市场应该比资本市场的效率更低"（Case and Shiller, 1989: 125）。这些才是坦率、直接、务实的作者，他们比"经过一段时间的深入研究"的作者更好，并对解释经验现象感兴趣，在金融理论上也更跟得上时代。

大家都会诉诸角色，只要选择的角色永远不用屈尊俯就到角色本身就好。所有有企图的话语都不是"非修辞的"。修辞不是全部，但在人类说服者的话语中无处不在。

例如，形式复杂性（formal complexity）所声称的角色是深刻思想家（Deep Thinker），这很常见，在现代经济学中很有吸引力。但任何一种修辞手段都可以反过来被刻意用于讽刺。因此，复杂性作为权威角色的反面，也作为反权威的证据，已经在有关英国经济"失败"的文献中用过了。历史经济学家斯蒂芬·尼古拉斯1982年的一篇论文,试图质疑维多利亚时代英国全要素生产率变化的计算。在言语清晰地考察过自兰德斯至1982年间有关失败的讨论后,尼古拉斯"解释了"全要素生产率的计算。他写道,"我们假设[注意这里从数学借来的风格][1]经济单位是一个利润最大化的单位,受线性齐次生产函数的约束,并处在完全竞争的产品和要素市场中。在这些限制性假设下,边际生产率分配理论使得边际产品与要素回报相等。接着根据欧拉定理……"(Nicholas, 1982: 86)。

对他的大多数读者而言,他完全可以这样写:"假设XXX是X的最大化单位,XX、XXX和X处在完美的X和XX中。在这些限制性假设下,XXXXX。接着根据XX……"看得懂这个论证的人必定早就理解了,这让你不禁想知道,为什么一开始就需要这样的论证呢。那些看不懂的人只会得到这样一个印象,"限制性假设"就是这其中所涉及的(而其实并没有,顺便说一句)。这一段用的修辞手段是解释;而《经济史评论》这几页所起到的效果则是吓坏旁观者,让他们觉得"新古典"分析做了很多稀奇古怪而且难以让人信服的假设。仅就所说的那些在"新古典"计算背后的"假设"而言,我们完全可以和所有历史学家以及很多经济学家一起对此加以质疑。

在之后一期《评论》中,尼古拉斯在回应马克·托马斯言辞

---

[1] 本书方括号内文字皆为本书作者所补充。——编者

激烈的反驳时重复了这样的做法。他在开篇的最后一句话中明确提出:"一长串的限制性假设警示经济史学家,索洛指数充其量只是一种能得出有关历史变革结论的粗略量度"(Nicholas, 1985: 577)。这里的角色是深刻思想家(Profound Thinker),他捍卫天真的人们不受其他深刻(但不负责任的)思想家的影响。

视角是个科学选择

换句话说,隐含的作者选择了一个制高点,比如《哈克贝利·费恩历险记》里的哈克,这种情况下的第一人称叙述者不知道他视野之外在发生什么;或者如《安娜·卡列尼娜》的作者,他可以听到人们在想什么,可以不用买票就从莫斯科去到圣彼得堡。现代小说对"作者的我"的克制造就了一种文学独有的技巧——"陈述话语和想法"。语法学家称其为"匿名的间接引语"(unheralded indirect speech),法语为自由间接风格(style indirect libre)。简·奥斯汀的随便两页小说就有这样的例子。如《劝导》中"沃尔特爵士在卡姆登巷租了一幢上好的房子,地势又高又威严,正好适合一个有影响力的人"(Austen, 1818: 107;沃尔特爵士的话"上好的……有影响力的人"从奥斯汀的嘴里说出来);"安妮会对父亲和姐姐的喜悦感到惊讶吗?她或许不会惊讶,但一定会叹息。她父亲居然对自己的变化不觉得屈辱"(Austen, 1818: 108;安妮的话"叹息……不觉得屈辱"从奥斯汀的嘴里说出来。)

科学中与之对应的技巧或许可以称为"陈述现实"（represented reality）或者"匿名的断言"（unheralded assertion）或者"不可避免的间接风格"（style indirect inevitable）。科学家说，并不是我这个科学家在宣布这些主张，而是现实本身如此（大自然的话在科学家嘴里说出来）。很久以前，当观众为在法国巴黎大学做开学演讲的努马·德尼·甫斯特尔·德·库朗日[1]鼓掌的时候，他举起手请大家安静，说："不要为我鼓掌。并不是我在说这些话。是历史之声通过我在向大家讲话。"掌声再次响起。科学家，包括经济科学家，假装大自然是直接说话的，因而淡化了他们这些科学家应该为这些主张负责的事实。但事实摆在那。在虚构作品中，结果也很类似："我们（作为读者）不能质疑第三人称叙述者是否可靠……另一方面，任何第一人称叙述都可能是不可信赖的"（Martin, 1986: 142）。因此，第一人称叙述者哈克贝利·费恩误解了公爵，而我们这些读者对此很清楚。科学家竭力避免人们质疑他们是否可靠，办法就是消失在关于实际发生了什么的第三人称的叙述里。

社会学家迈克尔·马尔凯在生物学家的书信体论证中提出了一个第十一条规则："用书信这种私人格式……但是要尽可能地把你自己从文本中抽离出来，这样别人才会不断觉得他们处于一个与实验、数据、观察和事实的不平等对话之中"（Mulkay, 1985: 66）。这个技巧在历史学中也很相似："历史叙述的梗概总是一种

---

[1] 19世纪法国历史学家。——译者

令人尴尬的东西，因而必须以在事件中'被发现'，而不是用叙述技巧摆在那"的方式加以呈现（Mulkay, 1973: 20）。当然，这种技巧在经济学中也无处不在。

"纯粹的"风格并不纯粹

古希腊人和古罗马人把修辞分成发现（invention，即找到论点）、安排（arrangement）和风格（还包括第四及第五种——记忆和表达［delivery］，当然，在有读写能力的文化中，或在电子文化时代，它们就不那么重要了）。"风格对内容"是我们这种后修辞文化中十分常见的修辞现象，在17世纪之后更是如此。但认为内容可以与表达割裂开来的现代假设是错误的——二者就像搅散的鸡蛋中的蛋黄和蛋白。用经济学的话说，用来思考的生产函数不能写成两个子函数之和，一个产出"结果"，另一个产出"读数"。这个函数是不能割裂开的。

例如，托尼·达德利-埃文斯和威利·亨德森着力研究了《经济学期刊》上跨度一个世纪的四篇论文的风格。比如，C. F. 巴斯特布尔（Bastable, 1891）的《垄断征税》一文，"让人立刻感到是为一个受过良好教育且恰好对经济事务感兴趣的读者［即隐含读者］写的"（Dudley-Evans and Henderson, 1987: 7）。他们写道，巴斯特布尔"常常用'和''但是''以及'等连词"（都是现代英语中的修饰词）。另外，他在句首用"优雅的副词短语"，比如"情况正是如此"或者"就像古典和中世纪时期那样"(Dudley-Evans and Henderson, 1987: 8）。就像在他的科学和纪实类作品中那样，"巴斯特布尔没有把他的文字建立在共同技术知识上，而是建立在人们对一种受过良好教育的文化的共同理解上"（Dudley-Evans and Henderson, 1987: 15）。

现代经济学则十分不同，它在风格上是模糊的。风格的模糊对维护科学的角色十分必要。杰拉尔德·布伦斯写道，奥古斯丁认为圣经的模糊性具有"一种在赢得疏离甚至轻蔑的听众的艺术所表现出的实用功能"（Bruns, 1984: 157）。宗教和科学中的模糊并不鲜见。布伦斯援引奥古斯丁（他倒不如说像是在为数理经济学家在证明显而易见的事情时的模糊晦涩做辩护）："我并不怀疑这个情况是由上帝造成的，为的是让我们通过工作克服骄矜，战胜我们头脑中的鄙薄，对此，那些很容易发现的道理往往没什么价值"（Bruns, 1984: 157）。

风格往往诉诸权威

经济学风格以各种形式诉诸值得人们信任的一个角色。举例来说，一个声称权威的检验使用了"永恒现在时"（gnomic present）[1]，就像在你现在正在读的这句话中的那样，或者在《圣经》

---

[1] 也叫真理现在时或格言现在时；与叙述过去时相对应。——译者

中那样,或者不断出现在历史学家戴维·兰德斯有关现代经济增长的著名作品《解缚的普罗米修斯》(1969)中那样。因而,在第562页的一段中,"大规模、机械化生产不仅要求(*requires*)机器和厂房……也要有……社会资本……这些是(*are*)很昂贵的,因为所需投资是(*is*)巨大的……这种投资的回报往往要(*is*)延迟较长时间才能得到。"只有到这段话的最后几句才用到叙述过去时(narrative past):"这种负担有了增加的趋势(*has tended*)。"

这种永恒现在时的优点在于,它占有对普遍真理的权威,这也是它在语法中的别名之一。永恒现在时是兰德斯用来替代(他根本就不懂的)明确的经济学理论的,实际上,永恒现在时在社会学和大多有关经济发展的文献中都发挥着这一功能。

例如,我们注意一下兰德斯论文第563页的时态,在提出关于它是否正确的假装的疑问(aporia,作为修辞手段的怀疑)后,他写道:"那么,在领先者与追赶者之间的鸿沟不是(*is not*)那么大的情况下……优势确实在(*lies*)后发者。而且,由于追赶的努力需要(*calls*)企业家的……反应,这种优势就更加突出。"于是,他把后发国家优势是一种普遍的经济学规律作为推断结论提了出来。实际上这一结论也是从早前的断言中推断出来的,而这些断言也是以永恒现在时表达的〔例如第562页,"于是存在(*are*)两种相关的成本"〕。

这样做的缺点在于,它回避了其所断言的是一种历史事实(即实际上,1900年"这类投资"的回报根据某种相关标准来看被大大推迟了),还是一种普遍真理(即在这类经济体中,我们谈论的大多数这类回报都将会大大延迟),又或者就只是一种赘述(同义反复,即"社会资本"的本意就是一种有普遍用途但回报会推迟很长时间的投资)。这些含义彼此之间互借权威性和说服力。这种用法所表达的是,"我以历史学家的名义说话,是历史的声音,在告诉你那些事实,这个事实只是其中之一;但我同样也是掌握着对该问题进行最好且永恒的理论化的经济学家;而且,如果你不喜欢这种解读,就权当我所断言的无论如何都是对的。"

经济学家是诗人

古人们说"手法"(figure)是辞章的表面,将它们分为"修饰手法"(figure of ornament)(比如现在时中的类似做法)和"说理手法"(figure of argument)(比如辞章"表面"的隐喻)。最广为人知的说理手法是隐喻,从马克斯·布拉克(Black, 1962a, 1962b)和玛丽·赫西(Hesse, 1963)谈论这个话题开始,人们就认识到隐喻与科学家的"模型"是同义词。

一个例子是《零和解》(Thurow, 1985)这本书,作者莱斯特·瑟罗是经济学家,也是麻省理工学院的商学院院长。这本书走的是体育运动风。"参与竞争性比赛不是为了做赢家(所有的竞争性比赛都有输家),而只是为了得到一个赢的机会……自由市场中的竞争既可以输也可以赢,而美国就在全球市场中输了"(Thurow, 1985: 59)。其中一章的题目是"打造一支高效团队",通篇都在讲美国作为"世界级的经济体"跟全球其他经济体"竞争"并"打败"他们。瑟罗抱怨说，人们大多没有认出他最喜欢的隐喻，他称其为"现实"（reality）："对一个热爱团体运动的社会而言……美国人竟然没有意识到在比团体运动重要得多的国际经济竞赛中的同样现实，这令人意外"（Thurow, 1985: 107）。他更加壮怀激烈地用军人的口吻写道："美国公司有时会在国内打败仗，也没有获得国外竞赛的胜利来报偿"（Thurow, 1985: 105）。他认为国际贸易就像经济战争。

瑟罗的故事主要用到三个隐喻：国际零和"博弈"的隐喻，国内"问题"的隐喻和"我们"这个隐喻。我们在国内有生产率问题，这导致国际竞赛中的失败。瑟罗费了很大气力用这些互相联系的隐喻诠释世界。我们-问题-博弈隐喻并不是经济学中常见的隐喻。交易（exchange）作为零和博弈的隐喻，自18世纪以来就受到反经济学家（anti-economists）的钟爱。经济学家已经回应说这个隐喻是不恰当的，毕竟，我们讨论的主题是物品和服务的交易。如果交易是一种"博弈"，可能我们视其为一种人人都是赢家的博弈会更好，就像有氧操那样。没问题。这样看来，贸易并不是零和的。

这个例子并不是为了说明隐喻是可有可无的，或只是修饰性的或不科学的。尽管我不同意瑟罗在这里的论证，但他的错不在于他用了一个隐喻——没有哪个科学家可以不用隐喻——而在于他的隐喻不恰当，这一点可以由各种统计学和内省的方式说明。新手的失误是假设修辞批评只是一种揭示错误的方式。新手觉得，如果我们揭开修饰的面纱，就能直面事实和现实。大量名为"修辞与现实"（Rhetoric and Reality）的书都犯了这个错误，比如彼得·鲍尔那极富先见之明的论文选集（Bauer, 1984）。

没错，诸如隐喻等修辞工具可以掩饰糟糕的论证（bad arguments），但它们也是优秀论证的形式和内容。例如，我认同加里·贝克尔的大多数隐喻——从以小商人看待罪犯，到以小公司看待家庭等种种隐喻。贝克尔是一个经济学诗人，这是我们对理论家的期望。

也是小说家

"故事"这个词在文学批评中并不模糊。杰拉德·普林斯用故事和非故事做了一些别出心裁的心理实验，得出"最小故事"（minimal story）的定义，它涉及

> 三个彼此联系的事件。第一个和第三个事件描述的是状态［比如"韩国很穷"］，第二个则描述的是动作［比如"后来韩国推行教育"］。此外，第三个事件与第一个事件相反［比如"然后结果是韩国变富了"］……这三个事件由连接性的特点接续起来，使得（a）第一个事件在时间上先于第二个，第二个事件在时间上先于第三个，且（b）第二个事件引发了第三个（Prince, 1973: 31）。

普林斯的技巧单独择出了在我们认作故事的那些传说中作为故事的部分。

下面这是一个故事吗？一个男人笑了，一个女人唱起歌来。不算，它听起来不像故事——在非教导的感觉上看是如此，而这种感觉是从妈妈的膝头上培养来的。（当然，在一种教导出来的方式看来，在乔伊斯和卡夫卡之后，且不说法国侦探虚构小说的作者们，什么都能成为一个"故事"。）下面这个听起来更像一个老式故事：约翰曾经很有钱，而后来他丢了很多钱。起码它写出了先后顺序——"后来"。而且它也有状态的逆转（"有钱—穷"）。但这还不够。我们想一下，一个女人很开心，然后她遇到一个男人，然后，结果是，她不开心了。没错。这就像一个完整的故事了，正如"从一般意义和直觉上而言"（Prince, 1973: 5）。对比：玛丽很有钱而且她经常旅行，然后，结果是，她很有钱。好像有点别扭。别扭的是她的状态与一开始并没有反转。

我们可以用普林斯的例子来建构经济学中的故事和非故事。考察一下这几个例子：

> 波兰以前很穷，后来波兰实行资本主义制度，结果是波兰变富了。
>
> 今年货币供给增加了，然后，结果是，去年的生产率提高，三十年前的商业周期到达顶峰。
>
> 化工行业有一些公司，然后他们合并了，再后来就只有一家公司存在了。

英国在19世纪晚期是个资本主义国家，富裕又强大。

　　这些例子分别是故事/非故事/故事/非故事。

　　故事都以新的状态结束。如果有国会议员或记者说，5%的汽油税按"设计"都要由生产者承担，那么经济学家就会抱怨，说"这不是个均衡"。经济学家用"不是个均衡"来表明她反对未受训练的某人提出的这个结局。任何亚当·斯密的后人，无论左右，不管是用马克思的还是马歇尔的方式，凡勃伦的还是门格尔的方式，都会愿意给你讲一个更好的故事。

　　经济学中的很多科学争议都是因为一种结局感（sense of an ending）。对兼收并蓄的凯恩斯主义者而言，他们一直听的都是关于经济意外的流浪汉题材小说，如果故事的观点是石油价格上涨，造成通货膨胀，这就充满意义，拥有故事应该有的优点。但对一个货币主义者而言，他们听的都是古典货币统一性的故事，这个故事就显得不够完整了，根本就不能算是个故事，只能算讲砸了。正如经济学家A. C.哈伯格常喜欢说的，它没能让经济学"歌唱"（sing）。它结束得太早，第二幕才讲了一半：石油价格上涨而在别处没有伴随相应的下跌，这"不是一个均衡"。

　　另一方面，凯恩斯主义者对货币主义的批评有点像对故事线（plot line）的批评，针对的是动机不够好的开端而不是早熟的结尾：你觉得你那么看重的货币到底是从哪来的，以及为什么？我们对此使用的经济学术语是"外生的"（exogenous）：如果你从故事的中间开始讲，货币就被视为好像与该行动的其他部分不相关，是外生的，尽管货币并不是。

这类情节问题不仅是看起来漂亮，还有道德的考量。海登·怀特曾写过，"对历史故事结尾的要求是一种对……道德思辨的要求"（White, 1981: 20）。一个货币主义者要是不把什么事都怪到美联储身上，是不会获得道义上的满足感的。经济学家对汽油税完全落到生产者头上的故事结尾说，"看吧！要是你们觉得明确规定炼油厂交税就放了消费者一马，那你可就上了政客和律师的当了。快醒醒吧！别天真了！透过表面看本质吧！要认识到生活的阴暗讽刺。"故事赋予了意义，这就是故事的价值。《纽约客》有幅漫画画着一个女人看着电视，突然形色焦虑，抬头问他的丈夫："亨利，咱们的故事有什么寓意吗？"

讲故事的恰如其分之感，也适用于最抽象的理论。在数理经济学的研讨会上，一个像"你是不是落下了第二个下标？"一样常见的问题是："你的故事是什么？"这个石油税的故事可以完全用数学的和隐喻的形式表现出来，说明石油税落到了谁头上，从而像下面这样谈论均衡中的供需曲线：

$$w^* = -(E_d/(E_d+E_s))T^*$$

这里的数学对经济学家来说太熟悉，因此她不需要解释。在不那么熟悉的情况下，比如在经济学论证的前沿，我们争论的是什么重要什么不重要，这时经济学家则需要更多的对话。也就是说，她需要一个故事。在所有这些数学表达的最后，她会不断地问为什么。在经济学研讨会上,"你的故事是什么?"这个问题是在呼吁人们使用更低水平的抽象化,更接近人类生活的日常。它呼吁故事在虚构的意义上多一些现实主义,多一些直接经验的幻象。它要求我们更接近19世纪小说,以强有力且不带讽刺的方式"身临其境"(Being There)。

别怕解构和其他恐怖之事

当波斯纳想在新近出版的书里用英语系里的共产主义者(Reds)[1]吓唬他的律师读者时,你可以想象他开头谈论文学批评学派是哪个:"解构学派和其他批评学派"(Posner, 1988: 211)。最不大可能被拿到保守派读者面前,同时也是最吓人的文学批评流派——解构学派,"是律师最不懂的,也……因而是一个合适的开头"(1988: 211)。吼吼,没想到吧!

尽管很多无知的(且自以为是的)人呼吁要小心提防解构(deconstruction),但其实它只构成了文学批评的很小一部分。而且在文学理论中,解构主义甚至不是最新近的时髦(女性主义和新历史主义才是,新经济批评也渐渐浮现出来)。解构只是很多互有重叠的文学批评方法中的一种。就历史顺序而言,一个不完整

---

[1] 指美国20世纪50年代麦卡锡主义盛行时,人们在反共浪潮中所彼此揭发的带有共产主义倾向的人。——译者

的文学批评方法清单可以包括修辞的、哲学的、亚里士多德式的、纯文学作品的（belletristic）、诠释学的（hermeneutic）、马克思主义的、读者反应的、解构的、语言学的、女性主义的，以及新历史主义的批评。用同样的方式，你也可以把经济学分成美好的老芝加哥学派、兼收并蓄的宏观计量经济学、新芝加哥学派、高深莫测的一般均衡学派，以及政策导向型的微观经济学等。

但新闻报刊对这个词的兴趣很大，因此哪怕在一个很短的列表里也不会落下这个词（一篇对经济学家的比较好的论述是Rossetti, 1990, 1992）。解构主义者有个实至名归的洞见，也就是话语"等级体系"（hierarchy）的概念。其重点是说词语携带着一种与其对立物相对应的等级（排名）。比如，"异教徒"（infidel）让人想起"穆斯林"，而"黑"则让人想起"白"。一句话可以通过调动这些等级来实现其部分效果。这些等级体系（可以说）暴露了写作中的政治。

例如，在很久以前的经济学中，韦斯利·米切尔写道，"我们必须（must）永远不能忘记社会科学（包括经济学）的发展仍然是一个社会进程。对这一观点（view）的体认……促使某个人去研究（study）这些科学（sciences）……［因为］其产物（product）不仅来自冷静的（sober）思考（thinking），还来自潜意识的（subconscious）愿望（wishing）"（引自Rossetti, 1992: 220）。这段话至少包含说了一半的可以用来解放解构的等级体系（从后往前读，方括号中的词语是隐含而未明确写出的）：冷静/潜意识；思考/愿望；产物/［纯粹的昙花一现之物］；科学/［只不过是人文学科］；研究／［沙滩阅读］[1]；某个人／［你个人］；促使／［强使］；观点／［有根据的坚定信念］；科学／［纯粹的］过程；发展／［纯粹无序的变化］；以及必须／［可以］。每一组中的第一个词都具有特权——除了促使／［迫使］和观点／［有根据的坚定信念］这两组。实际上，这两组是礼貌的自我贬低，具有讽刺力量（讽刺效果）。米切尔反过来占领了令人信服且有根据的坚定信念这一制高点，而不是只有温和的主要"观点"的幽谷。文人谈论对这些词对中等级更高的词"去特权"（deprivileging），举例来说，经济学中的词对则有"微观基础／宏观经济学""一般／局部""严格／非正式的"等。

说白了，经济学家米切尔正在我们这些读者身上耍头脑把戏，我们最好要当心。当然，米切尔并不是唯一这么做的。相比于在我们这个时代，要看到很久以前的作家玩这种头脑把戏可容易多了，但有一点你可以放心，只要是带着意图的写作就会有这些头脑把戏。

解构的一个更深层意义是，所有这些写作参与的头脑把戏，都包含"写作就是全世界"这一主张。现实主义小说就是最明显不过的例子，但科学写作则不同（又见Mulkay, 1985）。例如，"很明显"这种词，在数学和经济学中表达的是确信无疑。《政治经济学期刊》中一篇长达8页的文章（Davies, 1989）用了诸如"很明显""明显地""很清楚""毫无疑问""很容易看到""不需要讨

---

[1] 即轻阅读。——编者

论"以及"我们可以预见"这样的词达42次之多。但在一张打印出来的纸上，没什么是"明显的"，除了那些标在白色背景上的特定符号。而触发"很容易看到"的，其实是头脑之眼。

写作是表演

并不是只有解构如此。在一定程度上，这是人文主义的一个主要发现。书籍并不会"再现"（reproduce）这个世界。书籍只会唤醒它。有技巧的小说，不管是以《诺桑觉寺》还是《物种起源》的形式，"刺激我们去补足不存在的部分"，如弗吉尼亚·伍尔芙在谈论简·奥斯汀时所说的那样，"显然，她给我们的是一些琐事，不过其构成却能扩展读者的心灵，并赋予他们那些表面琐屑但却最隽永的生活场景"（Woolf, 1925: 142）。批评家沃尔夫冈·伊泽尔反过来对伍尔芙的话评论道："正是这些看起来很琐碎的场景中缺失的东西，即对话中出现的空白，刺激着读者用心理意象来填补空白。[在伊泽尔看来，读者在脑海里放映一部电影，当然，这也是小说仍可与电视竞争的原因。]……伍尔芙所说的'隽永的生活'并不体现在印刷出来的纸页上；而是一种在文本和读者的互动中出现的东西"（Iser, 1980: 110-11）。

正如阿尔若·克拉梅尔（Klamer, 1987）所展示的经济学理性的假设，科学的说服也是如此。最严格的说服，每一步都有很多空白要填满，不管这种空白是一件难办的凶杀案（举个例子），还是一个难推导的数学定理。这也同样适用于有关经济政策的辩论。相比于纸上的字面意思而言,读者所理解而没有说的——但不是没有读过的——文本意思更重要。如克拉梅尔所言,"经济学修辞研究者所面对的挑战,是言说那些经济学对话中未言说的内容,也即补全那些'缺失的文本'"(Klamer, 1987: 175)。

我们头脑中放映的各种电影将产出我们所理解的不同文本。茨维坦·托多罗夫问,"怎么解释这种[阅读的]多样性?答案是,这些叙述描述的不是书本本身的这个宇宙,而是每个个体读者用心智改变的那个宇宙"(Todorov, 1975: 72)。而且,"只有对文本进行某种类型的阅读,我们才能从我们的阅读中建构一个想象出来的宇宙。小说并不模仿现实;小说创造现实"(Todorov: 67f.)。经济学文本在一定程度上也是由读者创造的。因而,费解的文本往往影响深远。比如,深谙此道的凯恩斯在其《就业、利息与货币通论》中就用这种方式让读者有很多机会在脑子里放自己的电影,填补那些空白之处。

我们还可以进一步论证。经济学家在阐释结果时会创造出一个"作者的听众"(authorial audience,一群想象出来的读者,他们知道这是虚构的),并且同时也创造出一个"叙述的听众"(narrative audience,一群想象的读者,他们不知道这是虚构的)。正如批评家彼得·拉比诺维茨所解释的那样,"'金凤花姑娘'(Goldilocks)的叙述的听众,相信世上存在会说话的小熊"

(Rabinowitz, 1968: 245),[1]而"作者的"听众则认识到这是虚构的。

作者所创造出的这两类读者的区别,在经济科学中比在明确的虚构故事中更不明显,这可能是因为我们都知道小熊不会说话,但并非所有人都知道经济学中的"边际生产率"是一个隐喻。科学中叙述的听众,就像在"金凤花姑娘"故事中的那样,会被虚构骗了,这也是虚构应该做的。但在科学中,作者的听众也被骗了(而且,顺便说一句,文学的读者中有些也是如此,实际的读者似乎与作者期盼得到的理想读者总是不同)。迈克尔·马尔凯又说明了在生物化学家的学术通讯中,作者的读者所做的粗心选择是多么重要。像别的科学家和学者一样,生物化学家很大程度上并没意识到自己使用了文学手法,而在其文学听众拒绝相信会说话的小熊时,生物化学家就感到困惑和愤怒(Mulkay, 1985:第2章)。他们觉得自己只是在陈述事实,而不是在创造听众。科学家和学者有意见分歧就不足为怪了,即使他们的"事实说明"(what the facts say)的修辞似乎不可能造成分歧。科学需要更多的语言资源,而不仅仅是原始数据和一阶谓语逻辑。

科学需要修辞四法宝(McCloskey, 1994: 61-63)。事实和逻辑

---

[1] 英国作家罗伯特·骚塞的童话故事《三只小熊》,讲述了一个名叫"金凤花"的金发姑娘进山采蘑菇,却不小心闯进了熊屋的故事。趁着熊爸爸、熊妈妈和熊小孩外出还没有回来,金凤花姑娘把厨房里各种好吃的东西一扫而光,然后舒适地躺在熊的床上迷迷糊糊地睡着了,还做了一个美梦。在被金凤花姑娘霸占的房子中,每个熊都有自己所偏好的床、食物和椅子。金凤花姑娘在偷吃过三碗粥、偷坐过三把椅子、偷躺过三张床后,觉得不太冷或太热的粥最好、不太大或太小的床和椅子最舒适。……直到有一天三只熊回来了,金凤花姑娘的幸福生活就一去不复返了。——译者

也大量进入经济学。经济学是一门科学，一门非常好的科学。但经济学中的严肃论证也会用到隐喻和故事——不仅是为了修饰或者教学，也是为了科学本身。事实、逻辑、隐喻和故事。

	事实	故事	特殊
	逻辑	隐喻	普遍
	非人格化	人格化	

特殊性坐标轴

非人格化坐标轴

图一　修辞四法宝：四种人类论证

对经济学文本进行修辞分析的理由很多：为了理解它，欣赏它，揭露它，把它置于科学中其他说服作品之列，看到科学并非新教条，而完全是旧文化的一部分，并值得尊重。修辞修养为我们阅读科学文本提供了新的选择，那就是像隐含读者（比如相信会说话的熊的读者）那样去阅读文本。我们作为科学的读者，如果要超越幼儿园读者的水平，就需要把这样一种修辞应用到经济科学中。

第二章
经济科学的文学特点

科学使用文学的方法

与通俗英语中表达科学三大类——"自然科学、社会科学和人文学科"（natural sciences, social sciences, and humanities）相对应的法语和德语词汇，分别是"les sciences naturelles, les sciences sociales, et les *sciences* humaines"和"die Naturwissenschaften, die Sozialwissenschaften, und die Geistes*wissenschaften*"。可以看出，法语与德语在用于表达诗歌、语言和哲学这种无疑是文学形式的人文学科的术语中，也包含着"科学"这个字眼。但在法语、德语以及我目前考察过的所有其他语言中，"科学"一词表达的意思并不像它在英语语境中的那样。在日语、芬兰语、泰米尔语、土耳其语、韩语以及所有印欧语系的语言中，科学一词都指的是"系统性探究"（systematic inquiry）。

因此，在棒喝揪字眼时，德国人就很少有机会用到他的"科学"（Wissenschaft）一词，法国人也一样，他们的"科学"

（science）没有独树一帜的涵义。同样，他们都无法像讲英语的文人那般，轻易地以"科学"为咒语来对抗黑暗的艺术，即"反艺术"这个摧毁甜蜜与光明的根源。在除英语外的所有这些其他语言中，科学仅仅意味着"规范化研究"（disciplined inquiry），不同于随意的新闻报道或没有科学依据的常识。"科学"并不意味着"定量"（quantitative）——这个开尔文勋爵在1883年所使用科学的方式："当你无法测度、不能用数字来表示它时，你对它的认知就是相对粗陋且劣等的"；他补充道，"这可能是知识的初期阶段，但你却在认知上完全没有达到科学的水平"。在当今的英语世界之外，科学一词并不具有认识论上的影响力。

直到19世纪晚期，"科学"一词才开始被英国人用于褒义上。《牛津英语词典》5b中最早的引用来自1867年W. G. 华德在《都柏林评论》4月号所发表文章的第255页（下圆点为本书作者所加）："我们将……在英国人最常赋予的意义上使用'科学'这个词；用来表示物理和实验科学，而不包括神学和形而上学。"（词典后来的附录里说，这个定义当然是该词"在当下日常使用中最主流的意义"）。此前，"科学"仅表示"研究"（studies），如"古典研究"——德语中是"Altertumswissenschaft"。在现代英语中，你很难想象"古典科学"（classical science）。1972年版的《维尔德哈根阿罗古英德词典》将"die klassische Wissenschaft"译为"人文学科"（humanities）（显然是取这个英语单词的早先含义），将"die philologischhistorische Wissenschaften"译为"艺术"（arts）（再重申一遍，在英国学术语境中，"艺术"同样与"科学"相对）。

由此可见，外国人（非英国人）其实已经理解对了。"文学批评是一门科学"或"经济学是一门科学"，"科学"一词不应该像在英语中那样充满争论。这样的争论是没有意义的，因为正如与我们一海之隔的朋友所说的那样，没有什么重要的事情是取决于其结果的。经济学更是如此，它所做的只是对大米市场或爱情稀缺性的规范化研究。经济学是各种文学形式的集合，其中一些用数学表达，它不是一种科学（a Science）。事实上，科学也是各种文学形式的集合，而不是一种科学（a Science）。而文学形式是具有科学性的。

科学是一种讲话方式，而非关于真理的一个独立领域，这种说法自托马斯·库恩以来已经成为科学学者的一个共识。这个理念并不意味着科学是没有说服力的，抑或文学是冷血的。事实上，科学为了眼前紧迫的实际目的，无时不在使用艺术来解决问题。科学家们在挑选某个粒子物理学理论进行昂贵的测试实验之前，要做出必要的审美判断，并没有使科学变得武断或站不住脚。正如史蒂文·温伯格所讲，有一个实验正是对他作为物理学家所挑选出的"艺术品"的检验："那个实验要花大概三四千万美元，钱不是花在加速器本身上，而是花在使用这个加速器的实验上。这是对你的项目资金和团队时间的巨大承诺，这个承诺只有在做出理论值得测试的判断后才能做出，而这种判断往往完全取决于我们认为这个理论有多美"（Weinberg, 1983: 20）。1967年到1971年间，温伯格的理论被认为太"丑陋"，不值得检验。但他指出，如果爱因斯坦的理论被认为是"丑陋"的，就不会有人在1919年资助英国观测队远赴赤道以南海域进行测试。文学评论家肯尼斯·伯克谈到了形式优雅所具有的说服力："对形式的妥协会让人们随时准备接受相应的内容"（Burke, 1950: 58）。

当然，艺术也反过来将"科学"的修辞手法用于实现眼前紧迫的实际目的。例如，统计学是穿着数字外衣的修辞手法。自文艺复兴以来，文本批评一直依赖于概率逻辑和词频统计。例如，我们可以看看詹姆斯·威利斯在《拉丁文本批判》（Willis, 1972）第24页提到的词干理论和第42页提到的误差理论。任何认为文学研究会导致思想软弱和意志涣散的人，都应该读一读这本书，并辅以雷诺兹和威尔逊《抄工与学者》（Reynolds and Wilson, 1974）以及 A. E. 豪斯曼（Housman, 1922 [1961]）的著作。诠释这种文学研究方法的巅峰之作是约翰·格里菲斯的《对尤维纳利斯手稿传统的分类学研究》（Griffith, 1968）。

韦恩·布思抨击了波普尔的可证伪性的自命不凡，因为它自诩为检验理论是否有意义的根本指标。不过布思还是指出，"在处理某些问题时，这个检验还是强有力的；我自己也拿它来检验我对文学作品是如何写成的诸多猜测"（Booth, 1974a: 103）。

布思、库恩和我都想要说明的一点是，统计和可证伪检验不应该扩展到取代其他所有的观点论证上。正如布思所说，"作为一个普遍的教条［可证伪性］是非常值得怀疑的"（Booth, 1974a: 103）。值得宣扬的教条应该是开放性的，即在一个好的论证中，思维模式的艺术性和科学性是相互渗透的。1950年前后的"现代主义者"（本书随后会讨论这一词语，大致意为"实证主义者""包豪斯""形式主义""行为主义")认为,科学和艺术的相互渗透是对上帝律法的违背,这样做可能会滋生怪物。但在这一点上,他们错了。

我研究这一课题的目的,正是想通过质疑科学与艺术之间是否真正存在有效的界限,来推翻科学在经济学中几乎垄断的权威。我想要表明经济学其实与文学批评、语言学和社会理论相类似,就像粒子物理学之于水坝建筑一般;而这要么会让经济学家们因这一大胆猜想而震惊,要么会让他们因身份认同的颠覆而愤慨与颤抖。

虽然这个课题惹恼了一些经济学家,但非经济学家对此感到倦怠,漠不关心。自19世纪末以来,非经济学家就对经济学这门学科的科学性主张思考甚少。他们对经济学的了解仅限于他们在报纸上读到的东西,但他们知道自己不喜欢什么,还知道,经济学不是科学。

人文主义者试图给科学与非科学划清界限的做法是错误的。这种做法落入了学科分界的陷阱,在不加思考的前提下就预设给科学与非科学划清界限是很容易的。不管怎么说,经济学肯定是一门科学,而且是相当成功的科学,尽管有一些由修辞上的不成熟造成的特殊问题。处于相同的逻辑,经济学对商人和资源的解释,就像进化论对动物和植物的解释那样强有力,了解这门学科的人都不会否认这一点。那些不了解的人,也可以通过阅读曼瑟尔·奥尔森的《集体行动的逻辑》(Olson, 1965)、托马斯·谢林的《微观动机和宏观行为》(Schelling, 1978)、阿尔伯特·赫希曼的《退出、呼吁与忠诚》(Hirschman, 1970)、罗伯特·弗兰克的《理智驾驭下的情绪》(Frank, 1988)或其他经济学杰作来改变自己的看法。我在这里的主张并不是庸俗的现代主义逻辑，即经济学没能成为一门科学因而只能沦为纯粹的人文学科；我的主张是，所有的科学都是人文学科（根本没有"纯粹的"人文学科这一说），毕竟所有学科都是围绕着人类自身的。

需求定律的大多数论据是文学的

在这里我声称，经济学是科学的，但同时也是文学的。说某个东西是"文学的"(literary)，就是说你可以用听起来像人们在谈论戏剧、诗歌、小说以及对它们的研究一样的方式来谈论它。例如，看看"经济学是科学的"这句话的表述行为特征[1]。这句话暗含了这样的意思：经济学和经济，可以用数学来言说；经济学家会效仿控制实验的套路；经济学家会通过数学方法得出"定理"和来自实验的"发现"；因此，经济学是"客观的"(objective，不管说的是这个词的哪个意义）；并且，甚至连经济学用数学方法所建构的世界，用纳尔逊·古德曼的方式来说，也将具有某种特征——"最大化"和"均衡"的特征，用一个卓具洞察力的短语描述就

---

[1] Performative character，言语行为理论的一个概念，也可译为"述行特征""行事特征"等。言语行为理论的基本前提是人们在说话时不仅仅只在说话，同时也在做事，是通过说话在做事，即以言行事、言中有行。——译者

是，"数学那超乎理性的有效性"（the unreasonable effectiveness of mathematics）。以上所有这些关于经济学的含意都是有说服力的。

但同样具有说服力的还有"经济学是文学的"这一说法，通常被错误地认为与"经济学是科学的"的说法相对立。实际上，经济学的文学性特点体现在诸多层面，从最抽象的到最具体的，上至方法论下至贩卖钻石。

举例来说，经济科学家的日常工作方法是文学性的，当你意识到科学论文显然是一种文学体裁，它有一个实际的作者、一个隐含的作者、一个隐含的读者、一段历史以及一种形式时，就很容易明白我的意思了（见 Bazerman, 1981; Bazerman, 1988；第五章及以下）。通常，当一个经济学家说"需求曲线向下倾斜"，她是在使用英语；而当她将这句英语用于说服时，她便成为一个"修辞者"（rhetor），抑或是拉丁语中所说的"演说者"（orator），不管她有没有意识到，喜欢不喜欢。一篇科学论文，以及其中所做的断言，比如需求定律（当某物的价格上升时，对某物的需求就会下降），所行皆为文学之事。经济科学家都是不言而喻的语言表演者，其表演可以用文学评论家肯尼斯·伯克或哲学家 J. L. 奥斯汀和约翰·塞尔的戏剧概念来评价。科学论断是科学家在传统的科学场景中运用惯用的修辞手段所进行的言语行为，这种行为是为了更好地描述人与自然。

有一种误解就是，你只是在提出命题，即形式逻辑所述说的内容，而实际上，你每天大多数时候在做的，都是在打磨更有说服力的论述，以达到某种修辞所能实现的效果。关于这一点，美国实用主义哲学家也曾讲过。用言语表达的信念要么通过其效果加以判断，要么像带着"灾难性的快乐"（伯克语）的威廉·詹姆斯说的，通过其"现金价值"（cash value）加以判断。每当科学家申明一个定律的时候，他们就是在试图说服别的科学家。

他们说服别人的方法主要是运用一些常见的论据——那些你可能会在《论出版自由》[1]或者《一个小小的建议》[2]中看到的论据。经济学家想要说服自己相信需求定律，即当一种商品的相对价格上升时，对它的需求量就会下降。让我们看看这些经济学家认为需求定律有说服力的论据吧：

1.有时，某些对需求定律所做的非常复杂的统计检验被用于整个经济体，这其中为各种偏差和不完全性保留了裕度，在通过大量的笔算及电脑演算后，得出特定矩阵的对角元素在5%的显着性水平上为负。而有时却得不出这样的结果。即使是完全相同且完整的需求方程组的发明者，如汉斯·泰尔，也对能得出相同结果一事没有多大信心。在这里换个隐喻，在那里换个"诉诸权威"，之前的"证明"（proof）就不再有效了。

2.经济学家们还尝试用一个又一个特定市场来证明需求定律，虽然综合性较差，但这种证明的数量更多。尤其是农业经济学家，自1924年以来，他们就一直在试图将需求曲线与玉米和生猪的统计数据进行拟合。同样，这些曲线有时给出了符合需求定律的正

---

[1] 英国思想家约翰·弥尔顿创作的政治学著作。——译者
[2] 英国讽刺小说家乔纳森·斯威夫特的作品。——译者

确斜率，有时却没有。此类研究中最详尽的一次——霍撒克和泰勒对美国经济中所有商品的研究（Houthakker and Taylor, 1970），发现需求定律的说服力较弱。但不管怎样，在被计算验证前，任何让该定律似乎得以成立的各种想法（具体说明），包含反思、类推和别的所谓的常识等，都在看似无意识的客观数据结果面前显得尴尬。计量经济学家已经注意到这一点了（Leamer, 1978; Cooley and LeRoy, 1981），但他们在对计算前的修辞的思考上需要帮助。

3. 一些经济学家试图对需求法则定律进行一些实验测试。在一番吞吞吐吐之后，他们发现，该定律对头脑清醒的老鼠来说是成立的，而对混乱复杂的人类来说并不成立（Battaglia et al., 1981）。这是个有趣却鲜有人在意的结果。

按照现代英语对"科学的"这个词的奇怪用法，以上三个论证似乎都是"科学的"，尽管只有第三个真正符合对科学方法的普遍看法。科学论证得出了混杂的结果。

但这会让经济学家们质疑需求定律的确定性吗？当然不会。经济学家最大的特点，就是对需求定律深信不疑，与其他独特的信仰（如"资产=负债+净资产"）相比，对需求定律的信仰更能将经济学家与其他社会科学家区别开来，他们热切相信着需求定律。因此可以说，他们的热情只有一部分属于科学。以下论据是没有达到科学标准的：

4. 自省是信念的一个重要来源。经济科学家问自己："如果汽油价格翻倍，我会怎么做？"如果她谙于经济学门道的话，她会回答："我会减少汽油的消费。"类似的，一个诗人可能会问自己，在看到石楠花或者海浪时,她会怎么做;一个文学批评家可能会问自己,如果"quad, o patrona virgo"改为"quidem est, patroni et ergo",他会作何反应。

5.思想实验(常见于物理学)也很有说服力。经济科学家从她的生活经验出发,结合她所掌握的经济学知识,对"如果汽油价格翻倍其他人会怎么做"进行设想。同样的,小说家可能也会设想哈克如何看待吉姆的奴隶身份[1],文学批评家也许会设想读者对科利奥兰纳斯[2]的牺牲又作何感想。

6.直中要点的案例,尽管没有对照实验或样本容量不大,也具有一定的说服力。在现代经济史中,需求定律大获全胜的一次是它符合了1973—1974年间石油禁运期的经济行为:油价翻倍导致石油消费下滑,尽管非经济学家的预测不会如此。同样的,经济学家朱利安·西蒙在一场部分基于需求定律(和供给定律)的赌注中击败了生态学家巴里·康芒纳:目前"稀缺"的资源将变得更便宜,而不是更贵。这是一种叙事,而不是统计学上的拟合(尽管统计学家正朝着一个但凡识字的人都会认为是叙事的修辞方式的方向上转变。Mosteller and Tukey, 1977; Leamer, 1978)。我们能看出这是叙事。同样的,布思写道:"我们能想到的最敏感的长篇大论的神学记叙……缺少人们在回答'人类生活是怎样的'这个问题时某种心照不宣的东西,他们答道,'曾经在伯利恒那

---

1 哈克和吉姆是马克·吐温作品《哈克贝利·费恩历险记》中的人物。——译者
2 莎士比亚撰写的悲剧《科利奥兰纳斯》中的主角。——译者

样。'"（Booth, 1974a: 186）。

7.坊间的智慧也有说服力。例如，商人都相信需求定律是正确的，当他们想提高需求量时，就会给商品降价。为了营生，商人们有激励知道怎样做是对的。一个小小的教授又如何反驳这样的言之凿凿呢？实际上，去反驳的话又恰恰与经济学教授（以及生态学和进化生物学教授）的一个基本信念相矛盾，即人们通常不会面对获利机会而不采取行动。这种论证是诉诸人身（ad homirem，人身攻击），一种从旁观者的角色做出的论证。

8.学院派的传统知识也能使人信服。如果许多睿智的经济学家早就肯定了需求定律，那么单凭一个后来者怎么能反驳他们的言之凿凿呢？事实上所有科学都是这样，都建立在前人笃信不疑的论断之上。当然，来自权威的论证不总是决定性的，但也确实有分量。如果每隔五年所有问题都要被重新讨论一次，那么科学是无法进步的。

9.一般而言，定律的对称性也是一个令人信服的说辞，因为，再重复肯尼斯·伯克的那句话，"对形式的妥协会让人们随时准备接受与之相应的内容"。如果认定供给定律存在的话——而且确实有充分理由这样认为——那就很难否认与之具有"对称性"的需求定律的存在。在数学科学的更高层次上，诉诸对称会提升相信的比例。

10.单纯的定义就是一种强有力的论述，而且越是数学化的论述就越有说服力。例如，汽油的价格越高，人们可以花在所有物品包括汽油上的收入就越少（至少根据收入的某个定义或需求定律的某个定义看是这样。）

11.最后，还有类比。需求定律对冰激凌和电影票的消费而言是正确的，这一点没人否认，这使它被用在汽油上也更有说服力。类比让需求定律更权威。如果定律只适用于在现代主义意义上已"被证明的"微不足道的事务，那么定律不定律也就无人关心了。在实验室的老鼠眼里，樱桃汽水是一种奢侈品，这虽然很有趣，却不能作为人类科学发展的基础。但是，如果该定律适用于汽油（或老鼠）的话，那么我们就更容易认为它也适用于房地产；如果适用于房地产，那么也应该适用于医疗；跟着是劳动力市场；接着是政治权力；然后是爱情。类比对科学至关重要，但它当然也是一个最典型的文学手法。

以上十一个论证都是相信需求定律为真的好理由，但我再重复一遍，只有前三个是英国现代主义二分法定义下的"科学的"论证，其他八个则是艺术和文学的。现代主义者可能会试图把这八个理由精简为三个，他们也许会说，"类比是建立在一系列早期实验的基础上的"。不过诚然，我们确实更容易看到一般均衡、联立方程、三阶段最小二乘法拟合完整的需求方程组的有效性（理由1）是如何建立在误差项传统的权威上的（理由8），或建立在作为一种规范审美原则的"对称性"的吸引力上的（理由9），而非能直接看到类比和内省是如何被内化于计量经济学的。

英国现代主义者接着可能会说，"得了，得了。除非我们的研究员们有隐形测谎仪或者会读心术，否则你用来支撑论点的某些论据所依赖的内省都是不可靠的"（Machlup, 1955）。心智理智（minds）不存在，这是现代主义的一个假设——鲜有人提及也因而很少人讨论。令人费解的是，一个现代主义者在早上穿衣服时确认自己头脑清楚，开车上班的途中也认定其他路人也有理智，却在到达实验室、开门按下电灯开关那一刻，就否认先前那两种想法。在工作中，当他头疼时，他不再相信自己得了头痛症，当他的儿子哭时，也不再相信儿子大哭是因为伤心。

现代主义者可能还会绝望地说，"这些你所谓的'文学的'论据，最多不过是支持性的和可能的；只有科学的论证才是决定性的。"对此，我们给出的恰当回应是："谁说的？"任何实际做过实验或调整过拟合曲线的人都知道，他们也需要依赖类比（市场就像这条需求曲线）、形而上学的命题（时间序列是所有可能宇宙中的一个样本）和传统的权威论断（我们一贯假设误差项具有有限方差）。而且他们知道，这些论证也只是支持性的、可能性的。无论用什么方法，都没有完全的确定性可言。

符合现代主义方法论的诸多论证无论如何都不是经济学家信奉需求定律的全部理由。作为一个经验问题，这些论证只是整个故事的一小部分。几乎没有经济学家会把他们对需求定律超过15%的确信程度建立在前三个理由上，绝大部分会把85%留给"文学"理由而不是"科学"论证。你可以通过询问经济学家来检验这是否属实，看看他们会不会通过内省来证明其说服力（然后否认说服力有时候来自内省）。或者，完全运用现代主义（即行为主义）的方式，你可以观察一下经济学家在尝试说服与她持不同观点的人时，比如她的学生，都会使用哪些论证。她的大部分论证将依赖于自省，即鼓励学生审视他们自己的观点并通过批判性思维对其观点加以改进。她会展示她能想起来的几个相关案例，尤其是一些略显极端的例子，比如石油危机，并试着将它与学生认为遵循需求定律的产品加以类比。此外，她还会诉诸凸效用函数的特点以及传统科学论断的权威。不管班上的学生多么聪明，学到多深，一个在很大程度上依赖数据挖掘和其矿工所得出的计量经济学结果的老师，都是少见和差劲的。

这样看来，经济科学家会用很多手段去说服别人，就像演讲者说服其听众那样。因此我要重申一遍，他们并不是在向真空喊话：科学的修辞特性使科学具有社会性。而科学的最终产物——科学论文，正是一种表演。从认识论的角度看，它与其他文学表演的区别，并不比田园诗与史诗的区别大。然而认识论并不是重点，文学思维才是。

语言学的学科模式适用于经济科学

有一个更长的例子可以说明经济学家如何从文学的视角来审视自身学科并从中获益，那就是（运用）语言学。对于搞定量研究的知识分子而言，很明显，19世纪和20世纪最伟大的成就是物理学。而对于（界定小说完不完美的）文学知识分子而言，同样明显的是，19世纪和20世纪最伟大的成就是语言学。被认为有威望的思维方式取决于对物理学或语言学这两个模式中任意一个的遵从。自萨缪尔森的《经济分析基础》(Samuelson, 1947)以来，经济学就将19世纪的物理学作为效仿的榜样（模式）。或许，经济学应该试试20世纪的语言学了。

现代语言学的奠基人费尔迪南·德·索绪尔在他的《普通语言学课程》(Saussure, 1915: 79ff., 115ff.)一书中，花很大篇幅阐述了经济学和他创造的语言学之间的类比关系。值得注意的是，里昂·瓦尔拉斯，一位经济学家，其地位之于经济学就如索绪尔之于语言学一样，他与索绪尔于同时期在同一地区都取得了成功，并且他们对经济学家所谓的横向比较静态分析思维的重要性都有着相似的观点。两人的座右铭都是"今天，一切事物都相互影响"(Everything touches everything else, today.)。

索绪尔梳理出了两种理解社会的视角，即历时性的与共时性的(synchronic)。历时性（希腊语diachronic，意为"经历时间"，through time）是历史的、动态的，或（经济学家所说的）时间序列的方法，这一视角在他那个时代的语言学中很典型。这种理解社会的视角通过追溯词汇和语法的历史，解释了拉丁语calidus（意为"热"）是怎样一步一步演变为法语的chaud（意为"热"）。然而，索绪尔指出，在1910年，一个讲法语的人根本不用知道这些也能与其他讲法语的人交流：她只需要知道1910年现存的反义和类比的语言体系，让她能区分"热"(chaud)和"冷"(froid)就够了。换句话说，虽然历史语言学本身很有趣，但它也解释不明白人们在任一时期是如何使用语言的。

要理解一种语言在某个特定时期是怎样被使用的，我们需要的是一种"共时性的"（"同一时间的"）语言学，一种无关历史的、静态的、横向的关于一个法语使用者如何对另一个人说话的语言学研究。"历时性"和"共时性"这两种语言学曾经是，而且必然是，泾渭分明的。对一个说法语的人来说，只要在她的语言系统中 X（某个特定词语）保持与 froid（以及其他各种事物，如"卷心菜"或"猫"）的词义相反，那么，如果某种历史机缘让她使用 heiss 或 hot 而不是 chaud 这个词，这几个词对她而言就没有什么区别，她照样能正确地表达"热"。在索绪尔看来，共时性语言学和历时性语言学必然是两个独立的科学，一个沿着"承续轴"（axis of successions）发展，另一个沿着"同时轴"（axis of simultaneties）发展。听听下面索绪尔说的，他听起来多么像个经济学家：

> 对于一门牵扯到价值观的科学来说，这种区分是一种实际需要，且有时是绝对必要的。在这些领域中，如果不考虑这两个坐标，不区分价值体系本身和其与时间有关的相同价值，学者们就无法严谨地组织他们的研究。共时性和历时性这两种视角之间的对立是绝对的，容不得一点妥协。（Saussure, 1915: 80, 83）

索绪尔本人非常清楚地指出（Saussure, 1915: 79），经济学，特别是新古典主义经济学和奥地利学派经济学，是共时性的。这十分符合他所推崇的对语言科学的崭新构建,以至于像是他效仿了门格尔和杰文斯以及瓦尔拉斯等人的经济学似的。新古典经济学和共时性语言学都是有关附加于事物上的心理态度的价值理论(不管是词汇,还是毛织品,不管是chaud这个词还是毛衣/套头衫这样东西)。在这种经济学中,就像在这种语言学中一样,资源与人口是否精确匹配并不重要。某颗产自新泽西帕蒂赫什农场的小麦粒是如何出现在巴尔的摩的大卫·米奇家的晚餐桌上的,这无关紧要;同样,法语中代表小宝宝摸了热炉子会烫疼的词是chaud还是heiss,也并不重要。真正重要的,是麦粒从农场到了人们的餐桌上,或者我们有用来表示热的标志/符号。

索绪尔有个著名的例子来说明这一点,那就是8:25从日内瓦出发到巴黎的快车(Saussure, 1915: 108)。他观察到,为了旅行目的而在8:25分出发的列车总是同一班,尽管列车的实体组成从来不是完全相同的。车厢、乘务员、甚至发车的具体时刻,都可能稍有不同(在索绪尔时代的瑞士,发车倒很准时),当然,每天都变旧一点的车厢也不再是与原来完全相同的车厢了。然而,列车却仍是那一班,定义它的是它与其他火车的对应关系,以及它在乘客心里的用途。类似的是,经济学也正在远离像市场分配的确切构成或特定产品的来源这类问题,因为研究这类问题也无法真正解释清楚关于劳动力、制度历史、特定需求方对特定供给方的依赖等任何其他在承续轴上的类似问题。

经济学不断尝试解释,又不断失败。经济学中已经有过五花八门的课题,这些课题都试图让这门学科具有动态性,最好能让它运用于现实,赋予它一个历史视角,去弄清楚剩余价值到底承载了多少劳动力。简而言之,这些课题总是想把经济学变成历时性的。与共时性语言学的对比说明了为什么这类课题总是未能使经济学偏离其纯粹的静态。德国历史学派,新制度主义和旧制度主义,都尝试把历时性的枝节嫁接到共时性的树干上。但这些枝干总是脱落,可能会独自长大、繁茂起来,但却无法作为自曼德维尔和亚当·斯密以来的分析之树的分枝存活下来。

这并不意味着像经济史这样的历时性研究对经济研究整体而言毫无用处,就像历史语言学对语言学研究整体而言并非一无是处一样。同样的道理也适用于马克思主义政治经济学或者社会学的制度史研究。如此看来,经济史是形成共时性思维的原材料,它成了化学家兼哲学家的迈克尔·波兰尼谈论知识理论化所讲的"默会知识(tacit knowledge)"的一部分。共时性理论,比如新古典经济学或索绪尔的语言学,是适合进行数学化的。波兰尼写道:

> 一个数学理论只有依靠先前的默会知识才能被建构起来,且这样建构起来的理论只有在其所依赖的默会知识的前提下才得以作为理论发挥作用,这包括我们从中注意到的其理论背后的默会知识以及所有其赖以建立的先前经验。因此,消除所有默会知识去构建经验的综合数学理论的想法,只能证明是自相矛盾的,且在逻辑上是不成立的[Polanyi, 1966: 21;默会知识类似于红衣主教纽曼的"推论感/意象感"(illative sense,对那种东西的感受),Newman, 1870:第9章]。

换句话说，最初的化学家必须从试管中一些有趣的黏糊糊的古怪东西开始，或者说经济学家必须从关于某一经济体是如何发展的一些故事开始，也就是说，从她掌握一些默会的、通过经验得到的、历时性的概念开始。这种经验（用文学术语来说即叙事，或者用小说术语来说也许是对话）是一种可加以理论化的现象。你必须对这种历时性的研究对象有直接的理解/把握，才能对它得出一些共时性的创见。

文学思维或可改善应用经济学

至此，就文学思维是怎样应用在经济学家的言谈中，我已经列举了几个例子。我还可以继续列举很多这样的例子，很多很多。然而，每当面对"经济学是文学的"这句话时，只有经济学家才会首先想到把它应用于经济学家本身的行为或经济理论的结构上。对于一个非经济学家来说，他们可能以为这句话是在描述经济的特点。当然，在此我们有机会抛开"经济人"（homo economicus）这个伟大的玩偶（stick of a character），而把它替换为一个真实的人，比如包法利夫人。

如果可以，经济学中对个人行为动机的解读需要更加丰赡一些。经济学家不时地在心理学实验室中试图寻找比单纯的贪婪更复杂的一些个人行为前提，但她也没能找到什么有用的东西（不过可以读读 Scitovsky, 1976; Akerlof and Dickens, 1982）。实验心理学家倒是有些待价而沽的"玩偶",但却鲜有人买账。因此也不难理解为什么经济学家又跑到英语文学或者传播学实验室继续找找看有没有她在找的东西。她可能会让那些研究者偷偷兜售给她一些行为学的假设,就像他们一直都在推销着被哲学系明令禁止的哲学一样。

有些文学批评家已经大胆地这样去做了。经济学家听到有人谈论"人的行为"(human action)与"单纯的运动"(mere motion)截然不同(比如没有意识知觉的潮汐运动),他们攻击行为主义把全体人类当成一只大老鼠看待的幻觉,他们强调人类事务的目的性,并把这些与一个论断联系起来,即"许多不同行为的结果本身不能被视为具有相同目的意义上的一种整体行为,且这种整体行为代表了此类行为中的每一个(就像股票市场的整体运动从无数想法各异的交易员的无数决策意义上而言,并不能代表'个人的'行为)"——一个经济学家听到这一切,可能会觉得她自己正身处奥地利学派经济学家之中:也许是哈耶克,也许是米塞斯,或者像弗兰克·奈特等这样有着类似主张的人。但是,她实际上面对的是美国文学批评元老肯尼斯·伯克(Burke, 1968: 447)。伯克的思想和奥派经济学之间的相似之处是十分引人注目的,而他们在政治主张上的分歧则让二者思想的相似性更为突出。(并没有迹象表明他们有受到彼此的影响。)

文学和经济学的重叠交会之处并没有得到更多的挖掘与探索。文学领域的一位先驱库尔特·海因策尔曼,他的《想象经济学》(Heinzelmann, 1980)用很长的篇幅讨论了19世纪的经济学理论如何使用语言,以及反过来经济学理论又怎样对充满想象力的作家们的语言产生影响。马克·谢尔在他的《文学中的经济》(Shell, 1978)一书中对文学作品中(严格意义上的)货币隐喻的使用进行了编目。你能想到会发现些什么。

这里有个例子。经济学家和文学批评家二者都在谈论"偏好"(preferences)。当然,经济学家用这个词只是简单地指"人们想要的东西/人的欲望",就像价格合适的话,人们想要一些糖果那样。与其他一些经济学家一样,阿尔伯特·赫希曼注意到,如果只是停留在简单的欲望上,会导致经济学家们忽视更高层次的偏好,即对欲望本身的欲望(wants about wants)(Hirschman, 1984: 89f.)。在其他领域,这些"偏好"被称为品味(taste,口味)、道德(morality)或(被内华达山脉以西的人们称为)生活方式(lifestyle)。赫希曼的理念是,如果你想要成为能够欣赏莎士比亚的人,你就得把观看《维洛那二绅士》作为所受教育的一部分。你先要强加给自己一整套偏好,在这之后你就要以稀松平常的方式沉浸其中。你有对"偏好"本身的偏好,也即元偏好(metapreferences)(参见 Elster, 1979)。

要是文学批评家可以向经济学家传授一些有关元偏好的事情,并不足为奇。毕竟,文学批评在很大程度上就是有关元偏好的论述,像 I. A. 瑞恰慈、诺斯罗普·弗莱、韦恩·布思和肯尼斯·伯克等人都是个中好手。你也许会认为,老一辈的批评家们——菲利普·西德尼爵士、约翰逊、柯勒律治、阿诺德等人——实际上更值得学习,因为相比于年青一代文学批评家,他们更关心价值评价的问题（关于事物做得有多好，而不是简单地关注事物如何做）。不过，年轻一辈的一段话可以说明，文学观念是如何被用来理解关于"偏好"的经济学的。瑞恰慈在1925年写道：

> 就一个有关价值的快感理论而言［也即，此理论中只用到偏好，而不涉及元偏好］，人们可能会疑惑，既然［好诗总比坏诗要好，］那些确实喜欢它［即坏诗，像《欲情诗集》[1]］的人肯定会在很大程度上享受它；但就这里讨论的理论而言，那些已经过了欣赏《欲情诗集》这个阶段，继而能够享受像《英诗金库》那样更"好"的诗的人，是不会再回过头来从《欲情诗集》中获得快感的，这个事实就足以解释理论……（在我们看来，）对于那些公平地品尝过这两种作品的人来说，他们的实际普遍偏好就等同于这两者中带给他们快感价值更高的那一种。（Richards, 1925: 205f.）

经济学家一定会注意到，瑞恰慈的观点与经济学中的"显示性偏好"（revealed preference）相同，或者在国家层面上，与"希克斯·卡尔多的福利改善测试"是一样的。用萨缪尔森——最早提倡将严谨的数学分析运用于现代经济学研究的人——的方法来推理，如果你在能够买（买得起）任何一捆杂货的情况下，选择

---

[1] *Poems of Passion*，埃拉·惠勒·威尔科克斯（Ella Wheeler Wilcox）的一本诗集。——译者

买这一捆而不是那一捆,那么你买的这一捆杂货就"显示性偏好于"另一捆。在你看来,你能买得起但没有买的那一捆就是相对次等的。

重点是,瑞恰慈的实验其实是对(好)品味的显示性偏好检验。这是一种对元偏好进行排名的方法。你本可以去看经典漫画书,但实际上却选择去读陀思妥耶夫斯基的著作,因为你想成为会去读他著作的那种人。那么,"陀思妥耶夫斯基的阅读者"就是你的"显示性偏好"。一个人经过了享受在电视上看《爱之船》[1]的阶段,并转向享受观看现代戏剧(且不会再回过头去享受观看电视剧),这样的例子足以说明问题;一个人从享受现代戏剧转向享受大量阅读莎士比亚著作(且不会再回过头去享受现代戏剧),这个例子也又一次说明了问题:相比于现代戏剧,莎士比亚著作就是"元偏好",而相比于《爱之船》,现代戏剧则又成了"元偏好"。

同样的道理也适用于非文学性偏好,这也是为什么瑞恰慈的理念可以被经济学家使用。确切地讲,实际情况比这要复杂一些。我们确实会慢慢地从一个元偏好转向另一个,不过有时会像陀螺一样,转而回到一些基础的快感上。但这个理念终究是一个很好的开始。学习法式烹调的人们可能再也不会回去学德式烹饪法了。你沉浸于爱荷华市的生活方式,你将在爱荷华市生活作为你选择的"显示性偏好",是你在爱荷华对比海德公园时所做的选择;而选择生活在海德公园的人又是在对比在斯坦福时做出了这样的选

---

[1] *The Love Boat*,20世纪70年代美国的一档电视剧。——译者

择。如果你看到有自由选择权的人从斯坦福跑到海德公园，随后又搬到爱荷华，且再也没有回去，那么上面的说法就是成立的。同样的，通过旧时边境线上枪炮所指的方向，我们也可以看出哪些国家更受到人们的偏爱。米尔顿·弗里德曼正是用这个例子来论证他反对和平年代征兵的观点："我观察到，有很多起初支持征兵草案的人是在研究了多方观点和各种证据后改变了他们立场的；但我却从未见到有任何最初就支持自愿兵役制的人在详加研究之后而改变自己的立场。这极大地增强了我对自己所持立场正确性的信心"（Friedman, 1975: 188）。

这个测试吸引人的地方在于，它用恰如其分的现代主义的方式回应了一个现代主义的观点，即"你不能对品味进行排名"这件事。瑞恰慈的实验与罗尔斯的身处无知之幕后对政治宪章的测试实验十分相似；而这些实验也继而促成了经济学理论自20世纪40年代以来从个体向社会延伸的创新性发展，即期望效用理论。简言之，瑞恰慈实验或许是针对文学批评领域的，但它也适用于经济学。即使按照经济学家对可说性（sayability）的狭隘标准，对于由品味引导的偏好改变，本质上也没有什么不可说的（can't-sayable）。或者，不管怎么说，这个实验并不比人们对自己日常选择的普通评论，即经济学理论的通常说法更不可说。

因此，经济学可以被看作是文学文化的一个实例，也可以被看作是科学文化的一个实例，且这两者并不矛盾。有关科学的官方修辞往往窄化了科学的领域，要求科学厚此薄彼。而非官方的、日常的修辞，则采取了更广泛的视角，也是更令人信服的视角。

第三章
经济学的修辞手法

即使是数理经济学家也使用且必须使用文学手法：
保罗·萨缪尔森的案例

在正式修辞的掩盖下，经济学的日常修辞没有得到应有的关注。因此，有关经济学日常修辞的知识只能隐藏在研讨会传统、给助理教授的建议、评审员报告以及笑话中。如果经济学家愿意仔细审视自己的论证，他们可以做得更好。

请看以下两页（Samuelson, 1947: 1, 22-23）从现代经济学的开端——保罗·萨缪尔森的《经济分析基础》一书中随意挑出来的文本。这本出版于1947年的著作是经济学学术发展的一个局部高峰（local maximum）。这本书将经济学简化为19世纪物理学中的数学部分，即使今日读来也精彩绝伦。该书也为经济学正式修辞的建立奠定了基础。比如，在这两页的前一页，萨缪尔森骄傲地说着这样那样的假设"是有意义的、可推翻的假设，是能够在理想的观察条件下得到检验的。"（Samuelson, 1947: 121; 比较第3—5

页，84、172、221、257页）

但是萨缪尔森从不靠检验来说服别人，无论是在这本书里还是在他的其他著作中。

1.首先，他给出了一个一般数学形式，只要一行一行读下去，就能得到比较数据的统计结果。缺乏详细阐释造成的影响是，数学细节实在显得简单得微不足道（这让你不禁想知道为什么要提它们）。一个"有趣的"特例则是留给"感兴趣的读者做练习"的，它利用了应用数学的修辞传统，把人们的思考引到正确的方向上去。这些数学内容是以很随便的形式呈现出来的，暗示我们都有扫一眼就能读懂分块矩阵的能耐（并且与其他段落中的数学水平很不相称）。

当说到数学的时候，萨缪尔森用的是"我们"（we），而当说到经济学的时候则用"我"（I）。数学结果是要摆出来供人检查的。这些结果都是非个人的。它们对错与否对"我们"而言是显而易见的，只要我们不是蠢蛋。与之相反的是，经济学则以个人的和可辩论的形式出现。（萨缪尔森的勇气在经济学家中非同寻常，他大胆地引入了"我"；大多数经济学家在这种情况下都会使用被动语气。）在这里和书中其他地方，萨缪尔森在数学真理的冷静陈述者和经济学观点的兴奋提出者之间切换着身份。

这种显得精于数学且对数学方法运用自如的腔调对该书的影响力至关重要。相比之下，当时的英国作者（最典型的是J. R. 希克斯）出于不好意思和谦逊而把数学部分整个放进了附录中。在萨缪尔森的读者看来，他的数学技巧，那种处处精心营造出来的形象,本身就是重要且具有说服力的论证。他表现出一副权威的样子,而且恰如其分。数学有时是毫无意义的,就像在他这两页里,数学就是无关紧要的。重点是,有能力做成这样一件困难的事情(在1947年典型的经济学家-读者看来),本身就是具有专业能力的保证。

就效果而言,这种论证与一个人炫耀自己的古典教育很相似。能像母语一样阅读拉丁文并能像"姑母语"一样阅读希腊文的确很难得,这要求远超常人的勤奋。因此——或许在19世纪90年代的英国人看来——能掌握这种技能的人应该统治一个伟大的帝国;同样的——或许在20世纪90年代的经济学家看来——那些掌握了分块矩阵和特征值的人应该统治伟大的经济学。这种想法并不荒诞,也不是一种"谬论"或者"纯粹的修辞"。精湛的技艺(virtuosity)也是德行(virtue)的某种证据。

2. 他六次用到了诉诸权威的论证方法——对象分别是C. E. V. 莱泽,凯恩斯,希克斯,亚里士多德,奈特和萨缪尔森(诉诸权威是萨缪尔森学派的专长)。它常常被认为是最糟糕的"纯"修辞方式。不过,它确实是常见的且往往也是合理的一种论证,就像在这里的运用一样。不去诉诸权威,任何科学都无法取得进步,因为没有哪位科学家能重做先前所有的论证工作。我们都站在巨人的肩膀上(或者起码是站在一个由无数矮子组成的巨大金字塔上),而不时指出这一点是合理且有说服力的论证。1888年,一个值得我们关注的经济学、哲学和统计学权威——埃奇沃思用统计学方法证明了诉诸权威的合理性:"[抵消]误差的学说为人们服从权威的常识性做法提供了逻辑依据。权威所能做的——按照贺拉斯的说法,也即哲学能做的——就是避免大量的误差"(引自 Stigler, 1978: 293; 埃奇沃思似乎想到了 *Epist.* 1.1.41-42)。

3.他也有几项关于放宽假设(relaxation of assumptions)的呼吁。萨缪尔森写道,对货币的需求"是相当有意思……在人们承认……不确定性的时候。"又一次,希克斯对货币不产生利息的隐含假设在这里被放宽了,彻底将利率从货币的零回报假设上解放开来。放宽假设是现代经济学得以产出大量论文的原因。在放宽假设的重要性没有量化证据佐证的情况下,这类纯粹的推测(也即哲学家萨缪尔森宣称的那种)并不能作为什么证据。萨缪尔森很注意保持理论的虚拟语气(货币"将会没有用"),但他无疑想让人们正视他对纯粹基于流动性偏好的(也即,基于风险的)利率理论的批评,把这批评作为他对世界现状的评价。人们确实很认真对待他的评论,但并不是因为他在宣扬自己的方法论时所用的操作主义方式。

4.在这两页中有很多处用到了诉诸假想的虚拟经济体,这些经济体只有一两个产业,据说从中得出了具有实际意义的结果。自李嘉图以来,这就成了最常见的经济学论证形式之一,也即"李嘉图恶习"[1]。现代国际贸易理论最深陷其中;经济史倒是受害最浅。当然如果处理得当,就不称其为"恶习"了,但从证明的狭

---

[1] Ricardian vice, 指将高度抽象或简化的经济模型直接应用于错综复杂的现实世界的倾向。——编者

义上看，这样的论证也证明不了什么。"确实很可能会有一个不存在货币，但利率仍然很高的经济体。"好吧，确实。

5.最后是明确诉诸类比，这并"不……肤浅"。类比充斥于经济学思维中，即使在没有意识到自己在类比的时候——交易"摩擦"，收益"溢出"，证券"流通"，货币"枯竭"，这些都是萨缪尔森或生动或毫无生气的比喻中的一段里出现的含糊例子。不过，就像萨缪尔森用到的大多数别的修辞手法一样，类比和隐喻，在他的正式修辞（Official Rhetoric）中并没有什么地位。

在这五种手法中，有两个是文学性和修辞性的。诉诸权威和诉诸类比都是诗人会用的修辞手法。另外三个则只是修辞工具——用来说服别人的修辞手法。它们之所以是"修辞手法"，是因为我们用这些方式来讲话、交谈。在严格的笛卡尔主义看来，这样的修辞手法根本没有说服力。也不能通过演绎和证伪来证明。然而即便如此，这些方法在《经济分析基础》（和上千种其他著作）中全都用到了，而且用得很多。

我们对大多数的修辞手法都只有模糊的认识

经济学辩论的实践往往采取法律推理（legal reasoning）的形式，原因正如布思所言，"法律中发展起来的程序，是对我们日常生活中的每一部分，甚至科学领域都遵循的合理程序所进行的法典化编纂"（Booth, 1974a: 157）。经济学家在研究法学时，除了将其运用于经济理论，可能还有一些其他目的。本杰明·沃德在他的旧书《经济学出了什么问题？》（Ward, 1972）中考察了经济学论证中的法律类比。这种类比有很多。比如，就像法学家一样，经济学家也通过实例进行论证，即爱德华·列维所说的"当前案例与先前案例之间在控制条件下的相似性"（Levi, 1948: 7）。

在经济学法则上为案件辩护的细节/为经济法案件申辩的细节，跟正规科学方法没什么关系。由于经济学家对每天用的修辞并没有什么意识，因而很容易把它们归错类。比如，经济学中的一种常见论证是言语暗示（verbal suggestiveness）。"经济基本上是竞争性的"，这个命题可能不过是暗示人们这样看待经济，并确保这样做会有启发。同样，心理学家可能会说"所有人都是神经质的"：她的意思并不是说，在随机选取的样本中有95%的人会表现出强迫性洗手行为；她不过是建议我们要注意，"我们所有人"都具有神经质的成分（Passmore, 1966: 438）。如果错误地把这种表达方式当成正式的假说（Hypothesis），就会造成很多毫无意义的检验（Testing）。这个例子很像把货币主义方程式MV=PT理解为左右永远相等的恒等式一样。这个等式跟理想气体状态方程一样，不仅每一项相互对应，而且作为一个颠扑不破的有用概念，它在经济学中的地位，就像理想气体状态方程在化学中的地位一样。我们大可辩论说这个恒等式是有争议的，但并不能以"它不能经受检验"为由。反对该等式的论证相当于否定了它的启发能力，而不是否定了它在所包含的狭义和过时的哲学标准意义上的真理（Truth）。

经济学中另一种在正式修辞中没有地位的常见论证是哲学上的一致性（philosophical consistency）："如果你假设公司知道自己的成本曲线，那么你不妨假设公司也知道自己的生产函数——假设公司知道其中一个多过另一个同样可疑。"这种论证是典型的哲学话语，尽管总是隐含在"我们自然可以假设"这样的话中（Passmore, 1961; Warner, 1989）。这种哲学上的一致性，就像"对称性"作为合理性的评判标准一样，出现在许多研讨会上。一位劳动经济学家在研讨会上谈论了针对失业风险的补偿性差异，却只援引了工人的效用函数。有旁听者指出，失业对需求方的价值（即对公司而言的价值）并没有被包含在内。大家都觉得这句话很有说服力，就对将需求方纳入考虑后可能会对先前结论产生的改变进行了长时间的讨论。该论证源于"另一方是空的"（the other side is empty），即诉诸理论的整饬和对称在经济学中很有说服力。但经济学家还没有意识到其说服力之大。

有些修辞本身是自觉的。研讨会听众很反感"自圆其说"（ad hocery）。一个经济学家，如果只有她"有一个理论"能将这样那样的变量纳入她的回归时，她就会欣然承认是数据不够好。"有一个理论"并不像它看起来那么开放或者封闭，比如它取决于当时流行的推理方法。在1962年之前，任何一个把过去累计产出纳入解释生产率变化的方程式中的人，都会被指责犯了"自圆其说"的毛病。但在阿罗的《干中学经济学》论文发表之后（碰巧的是，这篇论文跟最大化行为或者别的经济学高阶假说并没什么联系），这么做就突然合情合理了。

经济学家在进行模拟分析（simulation）时并没完全意识到他们在使用修辞。他们通常会通过显示这个或那个变量在模型中的有效性，并对其参数进行粗略估计，来论证该变量的重要性。在宏观经济学中，一个特别恰当的例子是科克伦（Cochrane, 1989）。在历史经济学中这也很常见。尽管常见，很少有文章专门讨论这个问题（但请参考Zeckhauser and Stokey, 1978）。学生们完全通过研究模拟的例子来学习模拟分析，而在这个过程中，没人告诉他们这些例子是关于什么的。这种"偶然性"的教学方式，与计量经济学及其理论教学方法的"自觉性"大相径庭。经济学家们没有创造出评估模拟分析的标准——在A. C. 哈伯格简单的"三角形"超额负担理论模型和杰弗里·威廉姆森有关美国或日本经济的大型多方程模型之间有着很广泛的范围，因此评估模拟模型的标准不尽相同。而经济学家们并没有用来评价这些标准范畴的词汇。他们可以写对某种说法赞成或者不赞成的简短总结，但却很难找到规范的表达方式来有条理地阐述他们的见解。

模型是非修饰性的隐喻：以加里·贝克尔为例

然而，经济学修辞中最重要的例子，其实是隐喻。经济学家称它们为"模型"（model）。说市场可以由供给和需求"曲线"（curves）代表，就相当于说西风是"秋天的气息"一样，这都是隐喻。一个更明显的例子是"博弈论"（game theory，直译为游戏理论），这名字本身就是一个隐喻。显然，让我们在脑子里把军备竞赛想成一场两人之间的负和合作"游戏"（game），对我们理解其概念是很有帮助的。它的说服力立刻彰显出来，当然，它的局限也同时暴露出来。（一个不怀好意的机灵鬼曾说博弈论是有个好名字，但不能带来什么结果。）

非经济学家比经济学家更容易看到这些隐喻，因为经济学家们习惯了每天这样想，相信生产当然来自"函数"（function），商业当然以"周期"（cycle）运行。人们其实能够非常清楚地认识到一些隐喻，比如你能看到人们在对待"看不见的手"这个隐喻时所表现出的欣喜或者嘲讽。而且大家都知道，当有人问及一个机械的或者生物学的类比是否适用于整个经济体时，大家讨论的其实就是一个隐喻问题（Boulding, 1975; Georgescu-Roegen, 1975; Kornai, 1983）。同样，有些经济学家是能意识到这一点的，他们有意识地使用隐喻并在该领域做出了自己的贡献：比如，阿尔伯特·赫希曼提出的"退出"（exits）和"发声"（voices），或者J. K.加尔布雷斯提出的抗衡势力（countervailing powers）。

但很少有经济学家认识到，在那些人们以字面意义去相信的经济学理论中，隐喻几乎到了饱和的程度（一个认识到这一点的经济学家是威利·亨德森 [Willie Henderson, 1982]）。其他领域的研究者对他们每天使用的隐喻有更清楚的意识。有一本由哲学家、语言学家和心理学家写的有关隐喻的早前论文集的标题就是《隐喻与思想》（Ortony, 1979）。在物理科学中，隐喻的使用是很突出的。雅各布·布罗诺夫斯基写到，科学家需要"探索相似性；可悲的是，这一点已经被实证主义者和操作主义者从他们的机械世界中排除了，因此他们变得空洞。符号和隐喻对科学而言就像对诗歌那样不可或缺"（Bronowski, 1965: 36）。即使是实证主义者和操作主义者也同隐喻有所联系——比如"客观性"的隐喻，以及在任何情况下他们所使用的自己学科的隐喻。理查德·罗蒂说得更好："决定我们大多数哲学［和经济学］信念的，与其说是命题，不如说是图像；与其说是论断，不如说是隐喻。"（Rorty, 1979: 12）

经济学说理中的每一步，甚至是正式修辞的说理，都是隐喻性质的。这个世界被说成是"像"一个复杂模型，对它的量度就像对手边易于测量的代理变量（proxy variable）进行测量一样。复杂模型被说成像实际思考的一个简单模型，而实际思考就像一个更简单的计算模型。为了说服那些对此持怀疑态度的人，这个模型就像一个玩具模型，只要去听研讨会，人们就可以在脑子里跟着一起快速操纵与摆弄它。约翰·加德纳写道，

> 有一个叫做"烟"（Smoke）的游戏，在20世纪50年代，爱荷华的作家工作坊成员总喜欢玩。那个作为"它"的玩家［要想出］一些名人……接着别人就依次问他一个问题……比如"你是什么天气？"……马龙·白兰度，如果以天气为喻，就是撩人且捉摸不定的。把马龙·白兰度理解为一种天气，就是要有所发现（尽管这种发现既没用，又无法论证），而且同时要传达一些内容。（Gardner, 1978: 118-19）

在经济学中，类似的发现是有用且可以证明的。市场是一条什么样的曲线？工人是一种什么样的要素？然而，人们通常认为隐喻仅起到单纯的修饰作用。从亚里士多德时期一直到20世纪30年代，甚至连文学批评家也这样认为，将隐喻视为一种能够影响情绪的有趣类比，但它对思想本身而言则可有可无。"人是野兽"。如果我们想直截了当一点，那么这句话的意思是，在什么字面意义上我们可以说我们认为人是野蛮的，去除所有修饰以揭示其表面之下的直白意义内核。1958年，这种态度在哲学中也很常见："随着形而上学的衰落，哲学家们越来越不关心有没有上帝，而越来越热衷于理论干净与否，追求更高程度的语言卫生。结果呢，形成了一种隐喻不再受人们青睐的趋势。当时的普遍看法认为隐喻是一种常见的'感染源'"（Horsbaugh, 1958: 231）。现在普遍认为，这种对隐喻的怀疑是毫无必要的，甚至是有害的。因为，"去除"一种"修饰"，来"揭示""直白的"意义，这种想法本身就是一个隐喻。也许，思想就是具有隐喻性质的。也许，去除隐喻就是去除思想。这样看来，为遏制隐喻增长而动的切除手术，也许比感染本身还要糟糕。

问题是，在某种非修饰性意义上，经济学思想是否具有隐喻性质（Klamer and Leonard, 1994）。经济学中比较明显的隐喻是那些用来表达新兴思想的隐喻，其中一种新颖的隐喻是把经济学事务与非经济学事务进行类比。"弹性"（elasticity）曾经就是一个令人脑洞大开的新名词；"萧条"（depression）令人倍感萧索，"均衡"（equilibrium）把经济体比作碗里的苹果，这让人心里踏实多了;"竞争"（competition）曾让人们联想到赛马;货币的"流通速度"（velocity）让人们联想到打转的纸片。经济学中大量的词语都包含从非经济领域中拿来的"死喻"[1]。

把非经济事务比喻成经济事务则是另一种标新立异，新兴的"经济学帝国主义"[2]，比较明显地体现在历史、法律、政治、犯罪等各方各面，最明显的则是在经济学帝国的吉卜林——加里·贝克尔的作品里。比如，在他的诸多隐喻里有一个不那么古怪的隐喻，把孩子说成是耐用品，就像冰箱那样的耐用品。哲学家马克斯·布莱克指出，"一个令人难忘的隐喻会直接使用适用于某一领域的语言作为观察另一领域的透镜，让这两个独立的领域产生认知和情感上的关联"（Black, 1962: 236）。所以在这里，贝克尔就通过修饰语（一台冰箱）的透镜来看待主语（一个孩子）。

把贝克尔的隐喻的开头直译一下可能是这样的，"养育一个孩子最初的花费很高，孩子会陪伴你很长时间，并在这段时间里给你带来快乐，然而他们的'维护'和'修理'的成本也很高，二手市场也不够完善。同样，一个耐用品，比如冰箱……"二者之间的相似性清单可以列出很长很长，渐渐也会显出二者的不同点——"孩子，像耐用品那样，不是关心和疼爱的对象";"孩子，像耐用品那样，没有自己的主张"——由此可得，正如布莱克所

---

[1] Dead metaphors, 指长期以来把喻体和本体看作同一事物，导致其原意已经消失的比喻。——编者

[2] 经济学帝国主义由拉尔夫·苏特在20世纪30年代首次提出，指经济学家们使用经济学工具和方法（主要理性选择理论）不断地向其他社会学科领域扩展的现象。——编者

言,"隐喻思维是一种获得洞见的独特模式,不能将其简单地视为朴素思想的修饰性替代品"(Black, 1962: 237)。对一个重要隐喻的字面翻译永远做不到完备。经济学中的重要隐喻具有成功的科学理论中令人钦佩的特质,能够以前所未有的深层含意震撼我们。

但是,让经济学隐喻对经济学思考而言至关重要而非纯修饰的,并不仅仅是经济学隐喻丰厚的内涵。1936年,I. A. 瑞恰慈最早提出这一观点,他认为隐喻是"有关两种同时活跃着的对不同事物的思考,……其意义则是二者的相互作用所产生的结果"(Richards, 1936: 93,引文中下圆点为麦克洛斯基所加;也可参见Black, 1962: 46; Barfield, 1947: 54)。隐喻并不仅仅是一种语言技巧(verbal trick),而是"不同思想之间的借用与对话,文本之间的交流"(Richards, 1936: 94)。经济学家们将毫不费力地理解他这个经济学隐喻的意义,这是一种互利交换。与之相反的观念则认为,理念及表达理念的文字是即使加以新的组合也不会发生改变的独立组成部分,就像砖块那样(又见Richards, 1936: 97),好比相信经济体只是一群"鲁滨逊·克鲁索"[1]的集合(aggregation)一样。但自亚当·斯密以来的经济学所强调的是,一个充满互相交易的克鲁索的小岛,跟单纯的人群集合截然不同,而且前者往往更富裕。

贝克尔钟爱的另一个隐喻是"人力资本"(human capital),

---

[1] 《鲁滨逊漂流记》主人公。他在出海途中遭遇暴风雨,船倾覆,他孤身漂流到一座荒岛。跟现实世界的人相同的是,他也面临稀缺,也需要权衡取舍;不同的是,他没法交易,因为岛上没有其他人可与之交易。——编者

这个词是西奥多·舒尔茨在芝加哥大学发明的，它说明了两套理念——本例这两套理念均来自经济学——怎样通过交换内涵（connotations）来相互阐明。在"人力资本"这个词中，经济学中处理人的技能的领域与处理机械投资的领域一下子就统一了起来。两个领域的思想都得以改善：劳动经济学的改善是通过认识到这些技能尽管无形，却可以节制消费；资本理论的改善则是通过承认技能尽管缺乏资本化，却能与其他投资争夺一种节制的权利。相比之下，我们更需要注意的是，由于经济学家只是耐用品的专家，而对儿童了解甚少（或只有一般的了解），儿童是耐用品的这个隐喻可以说只有一个解释方向。在这笔交易中，获益的主要是"儿童理论"，它从耐用品理论（生育、婚姻、继承）中获得，而不是反过来。

经济学隐喻的成功之处也正是诗歌的成功之处，而这种成功也可以用类似的方式进行分析。关于最好的诗歌中最好的隐喻，例如把你比喻成夏日[1]，这种把A比作B的方式，欧文·巴菲尔德认为"我们觉得已被人述说过的B应该是必要的，甚至在一定程度上是不可避免的。因为在某种意义上，它应该是令人满意地表达A的最佳方式，如果不是唯一方式的话。思绪应该停留在它身上，也停留在A身上，这两者因而会以某种方式不可避免地融合为一个简单的意思"（Barfield, 1947: 54）。如果修饰语B（一个夏日，

---

[1] 指莎士比亚十四行诗第18首第一句"Shall I compare thee to a summer's day?"——译者

一台电冰箱,一笔资本)是可有可无的陈词滥调——在这些例子中当然不是,只是与经济学家相比,莎士比亚对他诗中的明喻更持自我批评态度——那么它就会与A脱节,形成一种机械的且不具启发意义的对应联系。但是,如果修饰语B至关重要,那么它就会与A融合,继而成为该科学领域中的一个主要隐喻,比如"人力资本"的概念、"均衡"的概念、"进入和退出"的概念,以及"竞争"的概念。就像一位诗人曾说过,隐喻是"对身份的完善"(consummation of identity)。

没人会否认经济学家常常使用比喻性的语言。在这门致力于计算利润和损失的科学中,少得可怜的幽默感大都来自当我们谈论劳动力市场的"岛"[1]时,资本市场的"油泥–陶土"[2]时,或商品市场的"柠檬"[3]时。通常研究主题越朴素,用的语言就越天马行空。比如,在20世纪60年代的增长理论中,有"大道"[4]和"黄金律"[5];在20世纪50年代的一般均衡理论中,有关于如何应对"拍

---

[1] 指"孤岛假说"(Island Parable),是一种解释求职性失业和通货膨胀之间的关系的假说,由美国经济学家埃德蒙·费尔普斯在1971年提出。——编者
[2] Putty-Clay Model,是关于经济增长中资本形成前的可变性和资本形成后的固定性的一种模型,由美国经济学家罗伯特·索洛于1967年提出。——编者
[3] "柠檬"(lemon)在美国俚语中通常表示"次品",所以柠檬市场也称次品市场。——编者
[4] 指大道定理(Turnpike Theorem),即高速增长定理,由美国经济学家道夫曼、萨缪尔森和索洛在1958年提出。——编者
[5] 指经济增长黄金律(golden rule),由美国经济学家埃德蒙·费尔普斯在1961年提出。——译者

卖者"[1]的长篇大论。一个接受过高等数学和统计学训练的博学人士如果偶然翻开了《计量经济学》，她会为其中充斥的隐喻而惊掉下巴，会在各种寓言中找不着北。

寓言（allegory）是一种冗长的隐喻（实际上是隐喻和故事的结合），而且所有这类修辞都是比喻（analogy）。我们可以按明确程度对比喻进行排列，明喻（"好像"）是最明确的，符号（"需求曲线"）是最不明确的；也可以根据长度进行排列，短到比喻，长到寓言。经济学家，尤其是理论家，常常会编织"假说"或者讲述"故事"。像我之前说的，"故事"（story）这个词在数理经济学中已经开始具有一种技术意义。故事就是寓言，逐渐成了扩展了的象征。一个有关交易日、拥有货物的商人、自负往来成本在各地挑选货物的顾客的故事，可以阐明不动点定理[2]。正如一名叫罗伯特·希格斯的经济学家和诗人所说，"讲得好的故事永流传"。

经济学中的数学和非数学说理都依赖隐喻

关键的问题是，反过来用数学方法来修饰人类行为是否也具有隐喻性质。如果不这样认为的话，你应该会认同言语经济学中

---

[1] 指拍卖者假设（the Golden Rule），是一种解释市场实现一般均衡的假说，由法国经济学家瓦尔拉斯提出。——编者
[2] 不动点定理，在经济模型中常被用于证明竞争性均衡的存在性问题，例如多人非合作对策中均衡点的存在性等。——编者

像"企业家",或者更明显的"看不见的手"这种表达具有隐喻要素,并认为这是数学的语言卫生会摒弃掉的(隐喻性的)"幻想(fancies)"。20世纪二三十年代前卫的思想家们就持有这样的观点,他们曾启发了经济学方法的现代主义概念。他们说,当我们搞言语经济学时,就变得多少有些放松,对我们的"故事"大行文学之事;但当我们搞数学研究的时候,就会收起所有幼稚的念头。

但是,经济学中的数学化理论既是隐喻性的,也是文学性的。比如,让我们来考虑一个相对简单的例子,生产函数理论。生产函数理论用到的词汇本质上就是隐喻性的。"总资本"(aggregate capital)讲的是把一些东西——沙子、砖块、玩具等——类比成"资本"(资本本身也是一种类比),用有意义的方式"加总"起来;同样的,"总劳动力"(aggregate labor)也是如此,只不过更特殊的是,"总劳动力"加总的是人们集中注意力认真工作的一段时间,这是根本看不见摸不着的东西。甚至"生产函数"这个概念本身就涉及将事物主体(生产事物的构建,可以看作是才智、纪律和计划等)与修饰性喻体(一个数学函数,可以看作是高度、形状和单值等)进行类比的惊人隐喻。

这些理念所具有的隐喻内容对其19世纪的发明者而言是鲜活而生动的。但对其20世纪的使用者而言,隐喻则在很大程度上已经"死"了,但即便如此也不能忽略隐喻要素的存在。在20世纪60年代的两个剑桥之争中,隐喻就以令人警醒的方式从棺材里跳出来复活了。[1]这次争论之激烈表明，争论的焦点早已不再是数学或事实本身。争论双方用数学思辨和制度事实相互攻讦，但真正重要的问题是那些你对隐喻进行提问的东西：它是否具有启发性，令人满意吗，恰当吗？你怎么知道？它和别的经济学诗歌相比如何？我们要用这种方式谈论吗？为什么不呢？麻省的剑桥做了一些战术撤退后，也即在和这些重要问题无关的终极形而上学的观点上让步后，双方都感到疲惫，最终也没有得出定论。经济哲学家丹尼尔·豪斯曼在他关于该话题的著作中（Hausman, 1981）提到了这一点，并几乎指出了争论没有定论的原因。争论无果而终的原因是，这些重要的问题都是文学性的，而非数学或者统计学的（或哲学的）。争论双方回答的都是不合适的问题，就像要用数学或者统计学方法证明为什么女人不能是夏日那样。[2]没人注意到这些。若非如此，总量生产函数思想（在其不可能性的数学证明面前）和一些英国剑桥学者奉行的总量经济学理念（在其不具有实践性的统计证明面前）的持续生命力，就会成为一个谜。

即使经济学隐喻看起来确实死得透透的，但它也难以逃避这些文学问题。1939年，文学家C. S. 刘易斯指出，任何超过"奶牛实际上是紫色"这个层面的讨论，任何对"原因、关系、心理状态或者行为"的讨论，"……（都）不可避免地具有隐喻性

---

[1] 两个剑桥之争指的是20世纪五六十年代英国剑桥大学经济学家琼·罗宾逊和皮埃罗·斯拉法与美国麻省剑桥镇的麻省理工学院经济学家保罗·萨缪尔森和罗伯特·索洛之间在经济学理论和数学立场上的争论，也称为"剑桥资本争论"。——译者
[2] 引用了莎士比亚十四行诗《我可否将你比作一个夏日》中的比喻。——译者

质"（Lewis, 1939: 47）。他指出，就这类讨论而言，从言语隐喻逃离到数学隐喻并不是一种真的逃离："当一个人声称能不受自己话语中掩藏的隐喻的影响而进行独立思考时，我们可以且只能在他真的为这些掩藏的隐喻预留了空间的情况下……才允许他这样声称……而这种新的看法本身往往也是隐喻性的"（Lewis, 1939: 46）。如果经济学家忘了并坚决否认生产函数是一个隐喻，但还要继续讨论它，那么结果只会是纯粹的句法措辞（verbiage）。在这种情况下，我们可以在满足语法规则时使用"生产函数"这个词，但它却不会有任何指向意义。

老派的哲学家动辄就指责他们不喜欢或者不理解的论证形式"毫无意义"，但其实这种指责也适用于他们自己。刘易斯写道，"任何写作的意义都与作者对其自身文字（literalness）的信服成反比"（Lewis, 1939: 27）。一个经济学家（认为她是）在字面意义上谈论需求曲线、国民收入或者经济稳定，其实她做的是"纯粹的句法"（mere syntax）。"伪装成意义的纯粹句法所占的比例，在政治评论家、记者、心理学家和经济学家中可能达到100%，在儿童故事作者的写作中则大约占到40%。数学家通常不会忘记他们用的符号都是象征性的，所以意义所占的比例会上升到90%，而剩下的10%则为句法措辞"（Lewis: 49）。如果经济学家无法将社会事实与经济学图景一一映射，从而让两个独立的领域融合并产生一种认知和情感上的关系，那么她就没有在思考：

> 我从未随意丢过一条"弯曲的"需求；

我从未想过丢一条。

但我现在可以告诉你：

我宁可丢也不愿画一条。

未经检验的隐喻是对思考的替代——这是建议人们去检验和审视隐喻，而不是试图禁止隐喻，那根本不可能。都柏林大主教理查德·惠特利博士宣扬自由贸易和其他古典政治经济学作品中的主张，也写了有关修辞学要素的19世纪标准著作，是他让人们注意到这样一个隐喻，那就是把一个国家实体比喻为个体，因而国家实体能像个人那样从自由贸易中获益。他对这个比喻的恰当性也给予了一定的关注：

> 对此，有人回应说，国家与个体有着巨大的差异。而且在很多情况下都是如此……[他历数了这些差异，比如，提到国家生命的无限延续性]而且，每个人的交易，只要他是自由的，都会受他个人的管理和约束，即每个人都既是受益方又是损失方；尽管他的机警可能受到利益的强化，且他的判断力可以通过所处环境得到锻炼，他却可能只接受到有限的教育，没有掌握一般原理，也不会装作精于哲学理论；而一个国家的事务则由国会、众议院等部门来管理和约束，这些部门大都由见多识广又深思熟虑的人组成。（Whately, 1846: 101-102）

干预的理由不能说得比这更好了。这里的隐喻是为思考提供情景和工具，而非思考的替代品。

隐喻会唤起人们的一些态度，而这些态度最好是保持开放且置于理性控制之下。这在各党派中所盛行的意识形态的隐喻上体现得十分明显："看不见的手"考虑得太过周全，太能安抚人心了，以至于我们可能会毫不抵抗地接受其统治；资本主义的矛盾则是极具预见性的，是如此的科学与精确，以至于我们可能会不加探究与审辨地接受它们的存在。

然而，即便是中庸普通的隐喻也能承载意义。经济学中的隐喻通常承载着其特有的科学权威，也常常承载着科学权威对道德中立的主张。抱怨我们本无意引入道德前提是没有用的，因为我们确实将其引进了。"边际生产力"是一个很好很全面的词，是一个精准的数学隐喻，它包含了一种极具说服力的社会性描述。不过它本身还带着一种气质，一种好像已经解决了社会生产所带来的关于分配的道德问题的气质，因为人们在社会中合作生产东西，而不是各自进行生产。它携带的这种信息令人恼火，因为它可能与经济学家的目的相去甚远，经济学家们只是想用它来表明对竞争所产生的分配方式的认可。与其天真地使用这些术语，我们不如承认经济学中的隐喻也可以包含这类政治信息。

最后，隐喻强调的是主语与修饰词在某些方面的比较；尤其是，隐喻会撇开其他方面。马克斯·布莱克在谈到"人就是狼"这一隐喻时指出，"任何我们能毫不费力地用'狼语'谈论的人类特点都得到突出强化，而任何不能这样谈论的特点都将黯然失色"

（Black, 1962b: 41）。正因如此，经济学家们会意识到，这就是非数理经济学家抱怨数学"遗漏"了真理的某些特征的根源，或者是非经济学家抱怨经济学本身就"遗漏"了真理的某些特征的根源。这些抱怨本身往往也是陈词滥调、不知所云。然而，对这些抱怨的回应也同样不尽如人意。一种回应说，隐喻为了简化故事而省略一些部分只是暂时性的，但这种说法显然没有诚意，因为它通常只适用于经济学家同时拟合五十个方程的情况。另一种回应说，隐喻最终会受到事实的"检验"，这是一个令人心动的承诺，但却很少兑现。

更好的回应应该是，我们之所以喜欢隐喻，比如把自私的经济人比作为计算器，是由于其在早期经济学诗歌中很突出，或者是因为相比于别的隐喻（比如说，人是有信仰的苦行僧，或人是清醒的公民），这个隐喻更适合人们去自我反思。在《新修辞学》（Perelman and Olbrechts-Tyteca, 1958: 390）中，皮尔曼和奥尔布-莱希茨-泰提卡写道："对一个类比的接受……常常等同于我们对这个类比所突显特征的重要性的判断。"这个不起眼的论断之所以如此出色，是因为它虽然出现在对纯粹文学事务的讨论中，却也能轻易地适用于经济科学。

经济学家和其他科学家可能没有你想象的那么孤立于文明世界之外。他们的论证方式和信念来源——比如，他们对隐喻的使用——与西塞罗的演讲或者哈代的小说相比，并没有太大区别。这是一件好事。正如布莱克在讨论"原型"（archetypes）作为科学中的延伸隐喻时曾写道（Black, 1962b: 243），"当对科学模型和原型的理解被人们视为科学文化中可敬的部分时,科学与人文学科之间的鸿沟就在一定程度上得到了填补。"

统领着经济学的主要修辞手法:罗伯特·索洛的例子

展示经济学中隐喻性特点的最好方式,是尽可能地隔绝文学事物,让这个特点在纯粹的经济学范畴中展现其作用。一个很好的例子是1957年发表的一篇有关生产函数和生产力变化的著名论文,作者是美国经济协会前主席罗伯特·索洛,他也是诺贝尔奖得主,且在这个领域的其他方面也声名显赫(最令人惊讶的是他在这门枯燥无味的科学中所表现出的熟稔和智慧)。

这篇论文十分重要,任何一位对这个话题有所了解的经济学家都知道这一点。索洛的这篇论文,以及他在同一时期的其他相关论文,开启了一个新的经济学研究领域。如果自省和调查问卷不能说服人的话,那么这篇论文被其他经济学论文广泛引用的统计数据便足以说明其重要性。发表十年后,这篇论文平均每年仍能获得超过25次的引用,且之后的十五年仍能保持年均超20次的引用。(表一)

索洛试图探究美国人在1909年至1949年间收入不断增长的原因。他尤其想知道这其中有多少是由于更多的机械、建筑和其他实体的"资本",而又有多少是由于别的因素——也许主要是人们日益增长的聪明才智。他在论文开头这样写道:

在当今理性设计的计量经济学研究和超投入产出表中，要严肃谈论总生产函数，我们就要比平时更"自愿地暂时放下怀疑"（willing suspension of disbelief）。我想描述的这个新的小问题是一种分离变量的基本方法，把人均产出变化中基于技术变革的部分与基于人均资本可用性的部分区分开。这两种基于不同因素的总量经济学究竟哪种更有吸引力，我个人倾向于都有可能。从中性技术变革这个特殊情况开始研究是很便捷的。在这种情况下，生产函数取其特殊形式 $Q=A(t)f(K, L)$[1]，倍增因子 $A(t)$ 量度的是随时间变化的累积效应。（Solow, 1957，再版于 Zellner, 1968: 349-350）

表一　索洛1957年论文的年度引用次数，1966—1982

年份	引用次数	年份	引用次数
1966	25	1975	25
1967	22	1976	30
1968	28	1977	19
1969	28	1978	14
1970	30	1979	16
1971	21	1980	27
1972	23	1981	25
1973	24	1982	17
1974	24		

来源：*Social Science Citation Index.*

---

[1] K和L分别代表劳动和资本这两种生产要素。——编者

接着他使用数学技巧和完全竞争假设得出倍增因子A(t)。

文学理论家们，如肯尼斯·伯克（Burke, 1945: 503-517），详细讨论过的四个主要修辞手法在这里起了作用：隐喻（metaphor），转喻（metonymy），提喻（synecdoche）和反讽（irony）。索洛对生产函数的论证就同时建立在隐喻上。他小心翼翼地介绍着不同的"总量生产函数"（并不是真的有什么不同，只是为了修辞效果而营造出来的），认为我们每日的营生就像一个数学函数。我们每天的工作生活内容是责任、习惯、爱、冲突、野心、阴谋和仪式所组成的一团乱麻，应该就像黑板上用粉笔画的曲线那样。正如我所说，经济学家早已习惯了这种修辞方式，以至于他们都意识不到这些其实都是修辞，只有非经济学家才会认为这样的隐喻非常大胆。难怪索洛说这样谈论生产函数需要我们"自愿地暂时放下怀疑"。

生产函数中的K（资本）和L（劳动）是转喻，那让另一个与所讨论的事物勉强有些联系的东西成为其象征符号，就像白宫对总统的象征那样。L的使用让我们不那么注意制作面包的具体过程，转而注意那所需的一小时工作时间。这一小时也只是一种象征，与心作为情感的象征，或酒瓶作为酒的象征没什么两样。K的使用也把充满了乱七八糟的物质生产资料的真实工作场所简化为一个象征性概念"资本"（K）。索洛当然很清楚这种做法有多大胆。尽管他也用常规方式进行了辩护，但他声称"不会用有关加总及指数的花哨数学定理来证明这些讨论是合理的"，并在脚注中引用了琼·罗宾逊对"试图为资本数量赋予确切含义的一些巨大困难"

的讨论（引自Zellner, 1968: 350及注释；两个剑桥之争在那时才刚刚开始）。

用A(t)来表示"技术变革"是另一种主要的修辞手法，即提喻，用部分代表整体；他这篇论文也正基于此。这种标记说乘数A取决于时间，其数值随着技术专家变得更聪明而增加。但索洛也承认（Solow, 1957: 350），"劳动力教育的放缓、加速、改善，以及所有其他因素"也会造成乘数增加。对这个计算持批评态度的人，比如，埃弗塞·多马、西奥多·舒尔茨和索洛自己，都称这个算式仅仅"说明了我们的无知"。正如索洛在论文中虽略带歉意却持续使用的那样，他深知称A(t)为"技术变革"是一个大胆的提喻，即用部分代表整体并随着整体一起变化。

索洛把它写进了一段包含一点简单数学和巧妙利用经济对话惯例的段落中。到论文第二页，他已经提出了自己的主要观点，并说服了大多数阅读他文章的经济学家。他用数学的对称性、经济科学对传统权威的诉诸以及观点化的修辞手法，即隐喻、转喻和提喻，说服了他们。

尤其要提到的是，他也用反讽来说服别人，也即"对观点的观点"（perspective of perspectives）（Burke, 1945: 512）。我们可以看到他颇具讽刺意味地向"理性设计的计量经济学研究"低头（他知道，正如他的一些读者也清楚的，这样的理性是受到怀疑的，尽管在1957年时，计量经济学家们倒是一本正经地对此无知无觉）。他称自己的理念描述仅仅是一个"小问题"而且"很基础"，这个小问题如此基础以至于以前没人想到过，而在索洛之后，一整个学术产业都来研究这个小问题了。（事实上，G. T. 琼斯在他1933年出版的《收益递增》一书中以双重价格的形式提出过这个问题。索洛没听说过琼斯这个经济史学家，尽管他知道20世纪50年代很多以历史为导向的经济学家，比如瓦拉瓦尼-瓦伊、施穆克勒和阿布拉莫维茨，都曾尝试去量化同一个东西。其他提出过这个问题的人就没那么大的影响力了，因为他们没像索洛那样明确地使用生产函数这个隐喻）。他嘲讽头脑清醒的人，以此来保护自己免受批评："我个人倾向于都有可能"（Solow, 1957: 350）。"技术变革"的提喻在受到质疑时就会被带有反讽意味的双引号所保护，尽管双引号随着质疑的消失也就淡出了人们的视线。

反讽是主要修辞手法中最复杂的。一位专门研究过19世纪历史写作的主要修辞手法的历史学家海登·怀特曾这样描述反讽的复杂性：

> 反讽预设读者或者听者已经知道，或者能够认识到，那些用来赋予事物具体形式的隐喻、转喻或者提喻对所指之物特征的描述是多么荒诞可笑。在一定意义上，反讽具有"元比喻"（metatropological）性质，因为反讽是在自我已经意识到可能误用了某种修辞语言的情况下使用的。因此，反讽可以代表一种意识状态，在这种状态下，语言自身的问题已经被意识到了。反讽指出了所有"现实的语言刻画"（linguistic characterizations of reality）中潜在的愚蠢之处，同样也指出了反讽所拙劣模仿的信念的荒诞性。因此，正如肯尼斯·伯克

所指出的，反讽是"辩证的"（dialectical）。（White, 1973: 37）

最老练的经济学家，就像大多数老练的小说家一样，钟爱反讽（Booth, 1974b）。反讽以一个你能加以改编的现有对话为前提；从某些方面而言，这个对话本身就是成熟的。比如，索洛一直以来的学术伙伴和盟友乔治·斯蒂格勒，就在谈到消费者偏好这个指导性的隐喻时写道："把典型的家庭——一个由爱、便利和挫折组成的复杂混合体——视作商业组织，这当然很奇怪。惟其如此，经济学家们用了很多的才智与技巧去解释这种看待家庭的方式"（Stigler, 1966: 21）。

如此看来，经济学隐喻对于经济学修辞而言是非常重要的，并不仅是虚饰（frills）。没有哪个经济学家在谈论问题时能不借助隐喻或者别的主要修辞手法。相比于简单的诉诸事实或逻辑，经济学家更注重的是打动他们的听众，尽管事实和逻辑也会不时出现其中。

第四章
科学主义修辞：约翰·穆特是怎么说服人的

穆特的文章写得不好，但很重要

让我们再详细分析另一个例子，这个例子相比于索洛的来说更缺乏魅力，但同等重要。1961年，约翰·穆特在《计量经济学》（统计学和数理经济学领域的重要期刊，也是经济学现代主义的代表刊物）上发表了一篇论文，题目是"理性预期与价格变动理论"。发表后很多年都没人注意到这篇论文。后来是小罗伯特·卢卡斯和托马斯·萨金特让这篇论文出了名，他们在1981年（Lucas and Sargent: xi）写道，这篇论文有"一个出奇无闻的头十年"。这个评价并不草率。像索洛的论文一样，尽管这篇论文很早就得到殊荣被收进阿诺德·策尔纳的《经济统计学和计量经济学读本》（Zellner, 1968），但在很长一段时间里，并无人问津。在一个急于自觉地将自身塑造成像物理学（见表二）那样活跃的学科领域里，对这篇文章的引用模式并不寻常。仅在1982年它就被引用了74次；即使像索洛的那篇重要的论文，一年至多也才被引用30次而已。当时一个不起眼的小火花,却在长久之后引发一声巨响。

这篇论文过了很长时间才受到重视,因为它写得实在糟糕。我们可以猜测很多引用它的人可能从没读过这篇论文,或者即使读了也没读懂。这个例子从反面论证说明了在成功的科学里,良好的写作是多么重要。伽利略是意大利散文大师;庞加莱、爱因斯坦和凯恩斯的文字对科学和社会造成的影响几乎与其数学的影响一样大。

表二 穆特1961年论文的年引用量(1966—1982)

年份	年引用量	年份	年引用量
1966	5	1975	20
1967	3	1976	33
1968	2	1977	41
1969	2	1978	47
1970	4	1979	44
1971	2	1980	71
1972	9	1981	56
1973	10	1982	74
1974	10		

来源:*Social Science Citation Index*,该数据始于1966年。

即使以美国学术生活的宽松标准来衡量,穆特的文采也算不上好或者具有影响力。他的文章缺乏条理,常常因分心而跑题,跳跃性很大,动辄从大的主张跑到不合适的例子上去。他没有区别形式的细枝末节和经济学思考的重大修正。尽管没有《计量经济学》的读者会绊倒在其中欠缺优雅的数学上,但她可能确实想知道作者用它到底想证明些什么。

这篇论文其实有一些专业上卓越的标志,比如对数理经济学的熟练掌握(这在当时没有多少经济学家敢说自己懂),以及广博的参考书目,但即使是这份期刊的严肃读者也会很容易视其为自说自话。显然很多读者就是这样想的。尽管它在发明上有更多可观之处,但它在安排上实在太过笨拙,读者难以用心阅读。

不过穆特提出了一个重要的观点。对生猪周期或者存货累积以及别的动态发展问题的主流解释的问题在于,这种说法暗示经济参与者还不如经济学教授对经济事务有洞察力。经济参与者被认为对变动反应慢,但据说教授们却知道参与者行动的迟缓,并能够追踪他们的缓慢调整。这就好比听众声称他们比演员还清楚台词。在穆特提出他的理论之前,主流的解释是,人们多少会对一些未来的发展情况做出正确判断,并为此慢慢调整和适应。而穆特的观点是,教授们,即使他们的人类模型是正确的,在预测未来上也不会比养猪人、钢厂老板或者保险公司更准确。这个观点是一种智识上的谦逊。教授们宣称他们承认经济参与者起码具备一些常识,他们也愿意将这些常识体现在专业理论中。这种常识就是"理性"。因而,穆特将他的观点命名为"理性预期"(rational expectations)。

使穆特对这一观点的论述变得尤其重要的是它在宏观经济学上的应用,最早是斯蒂芬·特诺夫斯基和小罗伯特·卢卡斯做的,后来就有更多人加入。穆特的论文成了每隔五年就横扫宏观经济学的某个学派的金科玉律。在凯恩斯经济学或者20世纪60年代的货币主义模型中，经济参与者总是一脸震惊。乡巴佬抓起报纸，说道："我的老天！政府已经在萧条期间减税了！"然后瞪大眼珠子，"唉呀妈呀！政府在长期通胀之后终于减少货币增长了！老天爷！"最后晕倒。操纵这么一帮笨蛋是很容易的，因此在20世纪40年代和50年代，人们产生了这样一种信念，即操纵经济是很容易的，就像记者们所说的，去"微调"它。20世纪70年代的各种理性预期模型则走向了另一个极端。这些模型认为经济参与者是个心怀天下的人。"哦，对，减税。"他打着呵欠，然后点着金烟嘴里的香烟说："嗯，我看通胀已经持续好几个月了。"随后缩坐回俱乐部的椅子里，"联储是时候收紧银根了。"然后给经纪人打电话，抿一口苏格兰威士忌，捧着《巴伦周刊》打起盹来。

穆特的主要观点可以用人们听得懂的语言来表达

穆特是用什么办法来说服别人的？这是个批判性问题而不是历史性问题。批判性问题并不取决于经济思想史中的常见因素——谁影响了穆特的论文，他的手稿是怎么传开的，宏观经济中的什么状况促使这篇论文的想法成熟了，以及这篇论文的思想是不是在奥地利经济学、芝加哥金融学或者增长理论里早就提过了。这篇论文的历史性只在历史如何引导其发挥影响力的角度看才有意义。用索绪尔的话讲，这里的问题是共时性的（synchronic），而不是历时性的（diachronic）。

下面是我重新"翻译"的一些重要句子。要说服经济学家这里所选的正是要点并不难。

穆特：	翻译：
A.本文的目标是勾勒出一个预期理论，证明其结果——作为一级近似——与相关数据是一致的。（Muth, 1961. 相同引用见Zellner, 1968: 536）	这篇论文所提出的问题是，人们如何猜测未来会发生什么。答案则是通过农业市场中的一些事实来验证。
B.我想表明，由于预期是对未来事件的一种有依据的预测，因此本质上预期与相关经济理论提出的预测是一样的。冒着可能会将这种纯描述性的假设与一种有关企业应该怎么做的声明相混淆的风险，我们称这样的预期是"理性的"。有时人们认为，经济学中的理性假设会产生与观察到的现象不一致或不足以解释现实的理论，尤其是随时间变化的现象。（例如，Simon, 1959）。而我们的假说正是建立在一种相反的观点上的：动态经济学模型所假定的理性还不足够。（Muth, 1961: 537）	普通人所做的猜测可能并不比经济学家的预测更好或更差。我把这种猜测称为"理性的"，为的是与那些现有理论所假设的非理性的、不合理的愚蠢区分开。经济学的批评者对"理性"的敌意是普遍存在的。我想另辟蹊径：看看假设人们在预测未来上与在现在买面包上同样理性，到底能走多远。

穆特：	翻译：
C.这种假设有以下三个主张：(1)信息是稀缺的，而经济系统一般不会浪费信息；(2)预期的形成方式尤其取决于描述经济体的相关系统的结构；(3)格伦伯格和莫迪利安尼（Grunberg and Modigliani, 1954）所说的"公共预测"，对经济系统的运行没有任何实质影响（除非这种预测基于内部信息）。这与宣称经济学的边际收益产出为零并不是一回事，因为单个公司的预期仍然可能比理论有更大的误差。	换句话说，我想说的是，人们在猜测时是很谨慎的，而经济学家应该肯定人们这种谨慎的态度。如果人们小心猜测，谈论未来就没什么意义了——人们会考虑到他们的谈论所带来的影响。比如，宣布繁荣即将到来将不会造成任何影响，除非这样说的人真的知道什么我们不知道的事。经济学家确实知道一些事，尽管并不像他们现在对猜测的概念所暗示的那样。他们知道，个人的一堆猜测在一大群人中平均下来就变得不那么古怪了。
D.该理论并没有断言企业家的苦心经营在各方面都与函数系统相类似；它也不宣称企业家的预测是完美的，或者他们的预期都是一样的。（Muth, 1961: 537）。	商人不必经过数理经济学训练就能像经济学家那样猜测未来。他们对未来的猜测也不必完美或一样。

续表

穆特：	翻译：
E.如果这个理论的预测大大优于企业的预期，那么对于"内部人"而言就有很多机会从对此的了解中获利——通过库存投机（如果可能的话）、企业运营或者向企业出售价格预测服务等。如果企业的总预期与该理论的预测相同，那么获利机会就不再存在了：……即预期的价格等于均衡价格。（Muth, 1961: 539）	理性猜测的概念很有道理。如果经济学家能比商人猜测得更好，那么经济学家就发财了。然而他们并没有发财。一个农民猜测生猪价格，平均下来最终会得到市场价格：农民猜得更准。
F.既然假设企业家行为的所有其他方面都是理性的，那预期先前并未被视为理性动态模型就蛮出乎意料的。从纯理论的角度来看，我们有充分的理由假设理性是存在的。首先，这是一种适用于所有动态问题（如果为真）的原则。我们不必以完全不同的方式对待不同市场和系统中的预期。其次，如果预期不是相当理性的，经济学家将有机会从商品投机、经营企业或者出售信息给企业所有者等行为中获利。再次，理性是一种可以修正的假设。系统性偏差、不完备或者不正确的信息、记忆力差等，都可以用基于理性的分析方法加以检验。（Muth, 1961: 550）	经济学家在人们买面包或者造船时，就视他们为理性的经济人，而在他们猜测未来时就不这么看，这样做并不对等。从审美的角度看，用同一个理性原则更好一点。我说过，如果经济学家聪明到能知道商人做得不够理性，那他们就发财了。此外，理性常常是思考人类事务的一个不错的出发点，尤其是经济事务。当然，在这之后你都可以举出各种无知或愚蠢但看起来合理的行为。

续表

穆特：	翻译：
G.然而，唯一真正的检验是这些涉及理性的理论，是否能比别的理论更好地解释观察到的现象。因此，我们将在这个部分比较理性预期假说和"蛛网定理"[1]的一些经验性结果。理性预期的影响尤其重要，因为人们往往认为蛛网定理是动态经济理论中最成功的尝试之一（如Goodwin, 1947）。然而，似乎没有哪个农业问题或者商业周期的研究者会严肃对待蛛网定理，但该理论得出的可能结果确实偶尔在现实中出现。例如，人们有时认为牛市和猪市价格波动的主要原因是农民自己的预期所致。结果呢，蛛网理论的预测一般会呈现与企业的预测恰恰相反的迹象。(Muth, 1961: 551)	但我到现在为止所做的这些论证都只是蛋糕表面的糖霜，而非好的科学方法。蛋糕才是我的概念的解释力，它比其他与之竞争的概念更好地解释了世界。特别地，在农产品市场中（以及对一般繁荣和萧条的研究中），与我的概念相竞争的理论是"蛛网定理"。没人真的严肃对待这个"定理"，或许是因为他们不用想就觉得它不够理性。不管怎么说，这个定理说当生猪价格处在高位时，每个农民都认为价格会一直维持在高位，而农民会因此扩大存栏量，趁着价高赚钱。然而，等到小猪长成大猪的时候，其他农民也都有很多生猪存栏待售；因此价格实际上下降了，与农民预期的恰恰相反。而可怜的农民从来不长记性。

[1] 是一种引入时间因素，考察在纯粹竞争条件下价格和供求关系的周期性变动这一循环现象的理论。——编者

续表

穆特：	翻译：
H.有一些关于企业预期的质量的直接证据。黑迪和卡尔多（Heady and Kaldor, 1954）已经证明，在其研究的那个时期，平均预期明显比简单推断更加准确。（Muth, 1961: 552）	黑迪和卡尔多表明，企业会吸取教训，或至少比理论所推断的做得好。
I.报告的预期似乎常常低估了实际发生的变动的程度。……这类发现明显与蛛网理论不一致，蛛网理论一般需要一个负的相关系数。（Muth, 1961: 553）	别的作者也发现农民对价格变动的预期并不像实际价格变动那样大，但他们起码预测对了变动方向；蛛网定理则认为他们会错判方向。
J.蛛网模型的证据在于一定数量的商品价格的类周期波动。生猪周期或许是最广为人知的，但牛和土豆有时也被人们引述为符合"定理"的其他商品。……对蛛网理论而言，观察到的生猪周期太长了，这一点由科斯和福勒（Coase and Fowler, 1935, 1937）在1935年首次发现。伊齐基尔（Ezekiel, 1938）给出的牛的价格图作为蛛网定理的证据暗示了一个长得不得了的生产周期（5—7年）。其他商品的连续价格峰值之间的间隔往往比三个生产周期都长。（Muth, 1961: 553-54）	蛛网的整个概念都建立在，比如说，生猪价格的上下变动上。但生猪价格的上涨和下跌往往比养猪花的时间更长。问题往往就在这里。我大胆猜测，问题的原因在于，关于农民如何对未来进行猜测的非理性理论本身就是错的。

穆特在论文中经常使用科学方法

在这里我们要问，为什么表达如此糟糕的论证竟获得了认可。一篇论文一旦成为金科玉律，那么它的晦涩自然也就成了一种修辞上的优点。这篇论文是用外语写成的，但这种语言是神圣的，就像古教会斯拉夫语一样。

这篇论文具有修辞吸引力的关键是其风格，因为那是一种科学主义的风格。卢卡斯和萨金特是这一观点最著名的支持者，他们认为这篇论文是"新近经典论文中写得最缜密、最紧凑的论文之一：引言中的每一句话都很重要，而且其中很多已经扩展成完整的论文。穆特以宽泛的、口语化的方式介绍他的假设，并将其作为经济均衡一般原理的推论进行推动（motivate），然后转向具体的、确定性等价的例子"（Muth, 1981: xvii）。这一赞誉本身就是科学主义的，利用了现代主义的典型修辞。"以宽泛的、口语化的方式介绍……作为一般原理……的推论进行推动，然后转向具体的、确定性等价的例子"，这样的话术是十足的现代主义。你可以从一般原理递推出较低层次的假说，因此对较低层次假说的检验便是一种对原理的间接检验。对推论的探讨是同一种传统的一部分（顺便说一句，这也是一种与缜密和紧凑相关的特殊优点，是数学系而非工程系的数学优点）。这些假说源于在严格的合理性论证之前的发现。你可以用数学（此处所使用的语言）来"推动"一个证明，但又有点跳出严格证明这一模式，来向读者说明你到底在干什么。

对于要用什么来证明信念，穆特自己也说过类似的话，用的也是现代主义语言。在选段的第一句话中，他含糊地宣布，他在论文中接下来要论证的大多数观点，以他自己的标准来看，在认识论上是缺乏说服力的。证明"其结果……与相关数据是一致的"（A段）确实是科学真理的实证主义标准，但他的论文几乎没有这样做。他确实展示了如果他足够严谨的话，他的信念就不会显得荒唐可笑，比如养猪投机者进入养猪生意只赔不赚的条件。这些就是他拿来证明与他的观点"一致的"那些"数据"的质量。在连篇累牍地展示了诸多在实证主义认识论中不会有一席之地的观点之后，他在论文快结尾处不耐烦地给自己下了个实证主义的定论："然而，唯一真正的检验，是这些涉及理性的理论能否比别的理论更好地解释观察到的现象"（G段）。这些话让我们不禁联想起那个人们普遍接受的观点：科学说理的丰富性要被简化为一个至关重要的实验了，一个"真正的检验"（与迪昂提出的困境——"没有哪个检验是至关重要的"不同）。由于其他观点是些"理论"，科学的工作就成了否定或者支持这些理论（与库恩认为的"常规科学的历史是让事实与不变的理论相适应"不同）。相关的试验取决于"观察到的现象"，我们多么渴望得到坚实而客观的数据啊（与波兰尼揭示的真理——"科学知识在认识论上并不特殊"不同）。

穆特论文中对科学方法的使用主要是一个风格问题，这个问题源于一种现代主义的对话。他的论文并没有在公理证明或者数据的曲线拟合上得到人们的认可，尽管他是用现代主义推荐的体裁来写的。论文中的现代主义并不是论证的转变,而是风格（style）的转变。

现代主义的"非修辞性"意识形态和现代主义者的实践之间的冲突从一开始就很明显了,而后在风格问题上反复出现。阿梅莉·奥克森贝格·罗蒂认为笛卡尔"尽管严肃地推荐过'发现'（discovery）和'证明'（demonstration）的方法,但他几乎从不遵循那些方法,也几乎从不重复同一种写作体裁"（Rorty, 1983: 548）。阿梅莉提到,笛卡尔对一般论证话题的攻击,比如他对诉诸权威或常识的攻击,都颇具讽刺意味,因为他"发现自己用的正是他意图攻击的那种模式"（Rorty, 1983: 548）。自培根和笛卡尔以及17世纪后期的科学论文作者以来,任何想说服别人的科学家都必须采用这种现代主义风格了,就像穆特那样。达尔文就是一个具有代表性的例子。修辞学者约翰·坎贝尔就认为达尔文"小心翼翼地认真重述了自己的发现之路,好使之看上去与培根的归纳主义传统标准相符"（Campbell, 1984: 15）;而爱德华·马尼尔也写道,"这个理论的早期版本并不符合科学解释的'假说—演绎模型',尽管它们表明达尔文有意用符合这个模型的方式表达他的观点。"（Campbell, 1984: 77, 76,这两页引用了马尼尔的话）

穆特论文的风格诉诸道德和情感,诉诸其本人作为科学家的角色,也诉诸其读者作为科学家同人的个人形象。"我"这个字只出现了两次（有一次就出现在上述选文中）,这样便能与允许国王、编辑、有绦虫病的人以及诚实的科学家们使用更有尊严的"我们"二字的惯例相一致。这种风格在其他方面往往是间接的,正好适合科学家（你可以通过违背这种风格惯例而让缺乏安全感的科学家更慌）。在所选的三十个句子中，有十句的主句用的是被动语态。那些显得自信甚至有点狂妄的地方，大多也出现了表达适度的科学谦逊的词加以缓解：理论只是"作为一级近似"（A）才有效；"我想表明"（B），而不是断言；这个理论为人们所忽视，"蛮出乎意料的"（F）；行为"似乎常常"（I）与别的理论不一致。且通观全文，作者把一堆古典语言科学词汇灌输给读者："纯描述性的假设"，"观察到的现象"，"结果的客观概率分布"，"分析方法"，诸如此类。

诺思罗普·弗莱认为，"哲学［和科学的］在风格方面的大多数困难从根源上讲都是修辞性的，其原因在于我们总感觉有必要使理智（intellect）摆脱情感（emotions），并将其单独考虑"（Frye, 1957: 330）。他考察了詹姆斯·密尔的一句典型的语义含糊的句子，像上面翻译穆特的那种风格翻译密尔的句子，然后揣摩，就像你们揣摩穆特那样，"如果詹姆斯·密尔的意思是那样，为什么他不能那样子说呢？"这个问题的答案是，"这种风格由对理智坚定而绝对的忠实所促成。他不会屈尊使用任何花哨的说理艺术、裹了糖衣的诠释或情绪饱满的词汇；他只会诉诸自我加强的理性本身的冰冷逻辑，当然，加剧这种态度的，还有维多利亚时代所特有的观念，即认为文体风格越是艰涩，为它费尽脑汁而培养起来的道德和智识素质就越高"（Frye, 1957: 330）。在前一页中，他写道，"显然，所有这些至少在设法净化修辞的情感内容中的语言交流；然而，这一切给文学批评家的感觉就是，它们本身就是修辞手段"（Frye, 1957: 329）。

不过，当然了，穆特文章的形式旨在说服别人，不是糊弄，而是说服。如果是用清晰直白的、适度的，或非科学的方式（尤其是最后一种）去写，这篇论文最终就不会是一篇成功的科学论文了。如果他用我翻译成的那种直白风格去写，就不会有人奉之为金科玉律。一言以蔽之，这篇文章像其他任何科学作品一样，是修辞性的，就连它的那种不诉诸修辞的风格，也是修辞的。

穆特诉诸的其实是学术圈

穆特论文中那种客观的、尊重数据的、严肃的现代主义风格所提出的认识论是指，那种优越的认知形式即认知是由自己独自来完成，即"唯我"（solusipse）。也就是说，真正的认知是个人和唯我的（solipsistic），不是社会性的（social）。笛卡尔主义者说，想要让你信服2的平方根是个无理数这个古老的证明，别人根本不用对你说什么。你对这个证明的认同并没有什么社会性可言。

但相反，说服性的知识具有社会性。穆特的论证渐渐为人们所信服，这本身就是一个社会性事件。他的那些论证并不是写在天上的，也不像笛卡尔想象的那样，写在一个审视自我的人的心里。天文学家的"确信"（conviction）靠的是"一系列仪器的制造者、天文学家和核物理学家，他们都是各自领域的专家，天文学家必须信任并相信他们每一个人。所有这些知识，所有我们的知识，都是建立在这种群体性上的。让实证主义者和［哲学］分析者感到困扰的是，为什么他不请教别人只靠自己就可以检验真假"（Bronowski, 1965: 57）。

知识具有社会属性的证据在于，在穆特所处的社会中，并非所有人都被他说服了。他要说服的是一个由经济学家组成的特定群体，而不是这整个时代。被说服的不是所有人，而是那些具有可识别特征的人。用现代主义的词汇来讲，他的那些论证并不全都"令人信服"（compelling）。他的那些论证并不像数学中的一些（并非全部）最简单和最古老的证明那样，也不像物理学中的一些（并非全部）最简单和最引人注目的控制实验那样，能够迫使我们认同，这点可以从罗伯特·戈登、詹姆斯·托宾和本杰明·弗里德曼等聪明的经济学家拒绝接受穆特的论证上看出来。

这篇论文所用的正式修辞除一致同意外，再无其他，因为它自称是一篇"与事实一致"的合格的实证主义文章。但当然了，在科学论证中，非强迫性的思维表达更为常见。当诚实而智慧的生物学家就人类血亲之间所遗传的利他主义倾向的强度持不同看法时，或者当诚实而智慧的物理学家对贝尔定理的重要性看法不一致时，他们肯定是在用现代主义要求的那样使用论据论证，而不是不容置喙地以结论性的方式强迫别人同意。

穆特的论文实际上几乎不含任何现代主义的"确信"（certitudes）。我之前已经提到，他的主要观点是理性预期更广泛地运用了一种进入原则，这种原则经济学家在别处几乎每天都在用。常见的模型"所假定的理性还不足够"（B）；"既然假设企业家行为的所有其他方面都是理性的"(F)，那么为什么在这里不这样做呢？这其实是诉诸了一种我们前面讲过的修辞，即哲学上的一致性。穆特只是简单地指出经济学理论应用中的一种疏忽。这就好像出于某种原因，理解牛顿力学定律的天文学家还没注意到作为地球卫星的月亮的运行也可以用这些法则来解释一样。而一篇论文如果指出这一点，解释说地球、木星和火星的运行，甚至包括木卫三和火卫一的运行也可用该定律解释，那么人们会立刻认为这篇论文说得对。穆特的论文正是这种情况。

我注意到，这一类比并不能说服所有经济学家。不过它对其他一些人却具有魔力。一旦理解了穆特的论证，他的一些读者几乎立刻信服得五体投地，也就是说（如果他们是看透了论文的"严整"（compactness）的那一小群人），差不多读到第二页就会被其说服。比较一下索洛说服其读者的速度，或起码比较一下相信生产函数隐喻的那部分读者被说服的速度。如果获得了部分认可，这样的速度就没有什么不科学的。

在穆特转向那些似乎"表现良好"的数学模拟时——不是在恰当的现代主义风格上"预测良好"的模拟，他也没有与科学的传统割裂。这种模拟只是计算和拟合，并能够与现有理论并驾齐驱。托马斯·库恩在比较了其对"发现的逻辑还是研究的心理学"一文的观点与波普尔的观点之后，认为总体而言，一个科学家更应该关心的是，评估他"对如何将自己所研究问题与公认的科学知识库的总体建立起合理联系的最好猜想。科学家必须以现有理论为自己研究的前提，将其视为游戏规则"(Kuhn, 1977: 270，着重号为库恩所加）。我重申一遍，科学并不是用预测来"检验"理论的。对模拟的各种尝试大多是科学家制造的谜题，而这些谜题"就像填字游戏一样，挑战的只是他自己的聪明才智。遇到困难的是他自己，而不是现有理论"（Kuhn, 1977: 271n，着重号为库恩所加）。

模拟在科学中的作用在有关恐龙灭绝的对话中很明显。新的解释认为，数百万年前，一颗彗星撞击地球，造成了自然版的"核冬天"。正如某位书评人对某本关于该话题的书所评论的，"主要问题在于如何对其进行量化的解释。我们必须寄望于有人现在做出一个数学模拟，这样的模拟能以精确的数量准确灭绝或延续所有特定的物种"（McCrea, 1983）。其实自20世纪80年代以来，一场相关对话就在天文领域展开了，用的也是完全一样的修辞手法。有一个天文学观点，以观察到有规律的物种灭绝这一现象为开头，认为太阳有一个伴星，一颗叫作"复仇女神"（Nemesis）的矮星，它的轨道会周期性地干扰围绕太阳的彗星带，导致很多彗星雨点般地进入太阳系。或者，也许造成这种干扰的是一颗行星X：

> 尽管行星X模型似乎也足以解释周期性的物种灭绝，但惠特迈尔先生说，他不认为这个模型比"复仇女神"模型更好。他写道，到目前为止，"复仇女神"模型已经经过很多详尽计算的检验。不过，如果行星X模型也能经受类似计算的考验，他继续说，"我会认为这是比'复仇女神'更好的模

型"，原因有二，他补充到。最重要的一个理由是，人们很早就假设有一个行星X存在，所以科学家们"就不用发明什么新的理论了"。第二个理由是，相比于伴星"复仇女神"的轨道而言，行星X的轨道离太阳更近，这意味着这个轨道可能更加稳定。(*Chronicle of Higher Education*, February 20, 1985)

当这个谜题被解开的时候，科学界会鼓掌庆祝，但庆祝的不是科学的假说—演绎模式下的一个事件。经济学和穆特的情况跟这很相似。

外显论证在修辞上是复杂的

穆特在展示了他的例子可以在不严重违背事实的情况下被模拟出来之后，他已准备好为它进行更直接的辩护。他很早就说过，"信息是稀缺的，而经济系统一般不会浪费信息"（C段；对比同一段中对"经济学的边际收益产出"的评论，该评论也是相同的观点）。这种说法在经济学中很常见：经济学家很喜欢给他们的同人提出深刻但困难的小测试，就像古典主义者喜欢引用《希腊选集》里恰当但晦涩的句子一样。正确的反应应该是把"理解"表现得轻而易举。

在穆特的例子中，我们要理解的是，他把未来生猪价格的信息与其他可以买卖的东西相类比。如果这个类比有说服力的话，那么你就会相信商人在"信息"购买上达到了最优,或者至少达到他们在其他更常规的购买中所表现出的最优程度。他们在购买卡车货运服务或者购买圈养场地时,不会让购买最后一单位的成本和其用途的边际价值之间存在任何差距。因此,不存在浪费,也没有错配。穆特说,在购买有关未来的信息方面也不存在错配,这意味着根本不存在经济学家可以施展拳脚的空间。当商人做好他们的工作时,未来实际上会给他们带来他们预期能够得到的平均回报。这个观点并没有"宣称企业家的预测是完美的"(D)。他们并不总能百发百中,但至少他们的命中点都能分布在离靶心不远的地方,这样一来,经济学家就没法靠给他们兜售如何提高命中率的建议来赚钱了(E、F段接近中间部分)。

他"从纯理论的角度"(F段)出发所做出的三个更进一步的论证很有代表性。这些论证都是纯美学的,也就是经济学家在称一个论证很"理论"时的意思。我前面已经提到,当人们问经济学家们,为什么他们几乎都笃信自由贸易时,他们会说这是个能够说服他们的"理论上"的论证。但如果进一步追问就会发现,说服他们的其实是一张漂亮的图表,而能够说服一个坚定的实证主义者的证据其实并不存在。那么这里所讨论的,可能就解释了为什么穆特立即对自己之前的纯"理论"论证进行了反驳,严厉要求自己寻求实证的美德并"解释观察到的现象"。

这些论证都是源于对"对称性"和"适用性"以及"个人特点"的讨论,与现代主义的法则相去甚远。穆特认为,他的理性预期理念将会形成一个统一的预期理论,在其所有的应用中都是对称的。这种理论追求一种社会本质的统一性，或者更准确地说，是一种想统一地理解社会本质的愿望。他再次争辩说，经济学家们如果真像其他理论所假设的那样聪明的话，他们早就变得更加富有了（还是E段落）。这种论证实际上是诉诸人身，而且具有法兰克福学派哲学家将其与批判理论（即与科学理论相对）相联系的自反性特点。

最后他指出，我们可以方便地调整理性预期，以适应社会的种种不完美。在科学理论中，灵活性[1]经常受到赞扬，它确实也应该被赞美。但是灵活性只是一种承诺，即理论能够躲过严格的检验，毫发无伤地躲过实证主义的折磨。再没有比这更符合朴素的证伪主义的了。正如穆特所说，他用到的所有论据都是"很好的理由"；但它们并不符合许多科学家仍然信奉的狭义上的认识论。

即使在他把自己拉回到"真实检验"后，穆特也没有沿用现代主义的形式。他的"观察"（H、I、J段）都是对他人研究的汇报，已经脱离了初级实验的优势。实际上，它们主要是对理性的无数可能替代方案中的一个的合理性的攻击，而不是在实证主义传统所设想出来的替代方案之间的完整、公平的竞赛。穆特引用的黑迪和卡尔多的论文用到了农民自己诸多预期的自我报告，而这在经济学家的实证主义方法中是禁止使用的。I段中讨论的回归系数会遭到无数反驳，穆特本人也很清楚。而J段中的观察，生猪价格

---

[1] Flexibility，该词在不同的学科中有不同的译法，也可译为"弹性""适应性"。——编者

周期实际上比猪的繁育期要长得多（繁育期对别的预期理论而言很重要），这一点根本不具有决定性意义，穆特自己也说："外生干扰因素的正序列相关"意味着农民可能要连续经历多个极不景气的年份，进一步延长猪出栏时间，延长养猪周期。对"非理性"生猪周期的反驳可能只是表面上的。用技术性的话说就是，穆特提出的检验是"识别不足的"（underidentified）。

然而，说穆特的"观察"不能说服那些始终如一的现代主义者，并不是说它们不能说服理性的经济学家。经济学家不可能是始终如一的现代主义者，也不可能永远保持理性。穆特论文的说服力来自其中非正式的论证所具有的丰富性与普遍性，远远超越了正式内容的狭隘。在经济学界，出自公理证明、统计检验（尤其是回归）或者诉诸竞争模型的论证都很有威望。但从逻辑上讲，它们都难以令人信服，甚至其本身也不是很有说服力。你大可以用输入的是垃圾意味着输出的也是垃圾[1]来反驳它们中的每一个。不过即便是最有反骨的经济学家，如果想在圈里混下去的话，也终归要向形式屈服。她会为这些方法在形式上的成功表示高兴——"老天，这论证真是太精彩了：真是干净利落的证明/统计检验/对经济学学术传统的运用！"——即使她一点也不想相信其形式下的实质内容。

说穆特通过修辞手段进行说理，这当然不能算是一种批评。恰恰相反，这是难以避免的，甚至是好事。除了言语交际、戏剧

---

1 Garbage in implies garbage out，也就是所谓的"用数据说谎"。——编者

艺术和相关领域的一小群专家群体外，对文本修辞的研究常常是对其加以批判的开端。有一种有关修辞分析的修辞学。一个圈外人阅读伊丽莎白·沃克·梅克林和杰伊·梅克林于1983年发表在《中央州言语期刊》上的《甜言蜜语：反对"糖"的道德修辞》一文时，迫切盼望看到论文通过修辞分析来对"糖"进行抨击的论证，这实际上是被误导的。不过这种论证并没有出现。人们指望看到这种论证的期待很天真，然而批判性思维并不一定指一般意义上的"批判"。

穆特的文章是典型的经济学文献，充满丰富而未经探索的修辞。这正是我要说的：经济学家们并没有意识到掩盖在他们谈论风格之下的丰富修辞宝藏。当然，这种丰富性并不令人惊讶。经济学家们用与其他专业辩论家同样的方式进行说理，并不比辩论家们仍然使用与西塞罗时代相同的常见话题更令人惊讶（Burke, 1950: 56）。没错，你可能会对这两种说法同样感到惊讶，并满怀好奇和敬畏去研究它们。比如，一个人类学家也许会去研究夏尔巴人（Sherpas）或者伊隆戈人（Ilongot）的修辞，看看同样的论证手法会不会像我们用的时候一样具有说服力，他肯定能做出不少成果，就像有的人类学家也确实研究且做出了成果。无论如何，对经济学所用的修辞的研究并不一定会像对计量经济学的研究助长了糟糕的计量经济学那样，助长不好的修辞。

穆特的修辞与其他领域的别无二致

穆特的修辞应该是我们所熟悉的,因为它用到的是我们的文明中很常见的修辞手段。不同的研究领域都从相同的修辞手段清单中选出它们所用的部分,而这个清单则是通过教育传授给我们每个人的。

我们来想象一下把各种修辞手段都塞进一个储藏室里。这里放着12打诉诸权威,那里是一堆三段论,架子顶上放着157个隐喻(几乎没有新鲜的),隐喻后面塞着一打坛子式的模型,还有一个显然是二手的设计论证,摆在窗边。这些和其他修辞手段都可以为我们所用。比如说,像经济学这样的研究领域有时会大量运用设计论证,而很少用到诉诸科学家特性的论证方式;而在别的时候,则会用到另一堆不同的东西,然后把用过的那些都放回储藏室。在知识论意义上,没有哪个修辞手段是更优越的。使用存在性定理而不是类比来实现说服人的目的,根本没有什么可骄傲的,尤其是考虑到所用的这个修辞手段组合并不是永久性的。今天用试验进行论证的人,可能明天就成了用诉诸权威进行论证的人。

简言之,任何一个领域,如经济学,与另一个领域,如历史或物理学,都在两个方面有所不同。首先,它们有时会选择使用其共同修辞手段库中不同的部分。我们可以预见到很多重叠。其次,它们的研究对象不同。一门科学是一类研究对象和一种谈论它们的方式,而不是一种认知真理的方式。

论证的重叠部分尤其需要用事实加以证明(factual demonstration）。毕竟你不会看到工程师每天都用"看不见的手"这个隐喻，或者神学家使用布劳威尔的不动点定理（虽然他们可以这样做）。通过深入研究论证细节，你可以在不同于经济学的领域中看到这些重叠的部分，它们逐条展示了与穆特论证的相似性。

不管你用什么参考系，必须围绕经济学展开的三个领域是古生物学、纯数学和拉丁文学研究。如果我们接受把外部世界存在的事物与我们认知事物的方式联系起来的现代主义，那么这些领域就必然成了明显的事实、确凿的证据和纯观点的王国。而进一步研究后你会发现，这些领域并非如此。

关于古生物学，我已经讲过该领域中有关大灭绝的对话是如何使用模拟这一手段的。经济学对模拟这种修辞手段的使用已经随着计算机时间的价格下降而大大增加。即使在不用电脑的时候，经济学家也会用这种修辞手段，比如，用它来思考粮食作物减产对价格的影响。这是一种数学类比。在这一点上，经济学家这样做与其他"科学诗人"并没有太大不同。这也不足为奇。斯蒂芬·杰·古尔德描述了另一个例子。寒武纪初期，物种的突增是进化中的一个巨大谜题。1973年，史蒂文·斯坦利解释了这一现象。他假设在这一阶段突然出现了以其他生物为食的生命形式，比如海草的海域中出现了单细胞食草动物。以占优势的生命形式为食，让这些新的生命形式得以在与先前占优势的生命形式的竞争中生存下来，继而产生新的食草动物。为了比较斯坦利的解释与穆特分析的相似之处，有必要把古尔德的大段描述引用在这里：

斯坦利并不是从前寒武纪群落的经验研究中得出他的理论[1]的。这是一个演绎论证，建立在一个生态学的既定原则上，同时不与任何前寒武纪世界的事实相矛盾，而且似乎与一些观察结果特别一致。在一段直白的结论段落中，斯坦利提出了四个应该接受他理论的理由：（1）"该理论似乎解释了我们所知道的有关前寒武纪生命的事实"；（2）"它是简单的，既不复杂又不牵强"；（3）"它是纯粹的生物学，避免了对外部控制条件的特别援引"；以及（4）"它在很大程度上是由成熟的生态学既定原则直接演绎出来的产物"。

这样的理由与多数高中所教的以及多数媒体所宣传的有关科学进步的简单观念并不一致。斯坦利并没有援引从严格的实验中获得的新信息作为证明。他的第二个理由是一个方法论上的假设，第三个理由是一种哲学的偏好，而第四个则是对既有理论的应用。只有斯坦利的第一个理由提到了前寒武纪的各种事实，而它只是指出他的理论"解释了"已知事实（很多别的理论也能做到这一点）。但科学中创造性的思想正是这样——不是一种对事实的机械汇总和理论的演绎，而是一种涉及直觉、偏见和其他领域的洞见的复杂过程。最好的科学，是将人类的判断和聪明才智注入这一过程中的。（Gould, 1977: 125）

---

[1] 即收割理论。——编者

该理论"解释了我们所知道的［为数不多的］事实"（如斯坦利用白话所言），这也正是穆特的主张，它立即得到了支持，以免我们因一些事实的匮乏而停顿太久，或因依赖诉诸该领域的推理传统和更简单的论证的审美乐趣而变得沮丧。发现进化论和经济学使用完全一样的修辞手段并不奇怪，因为它们就是被分开抚养长大的同卵双胞胎。不管怎么说，穆特和斯坦利的理论从修辞的意义上讲是相似的。

在纯数学的意义上，这个观点是由马克·斯坦纳在1975年所描述的，乔治·波利亚在他有关数字和数量修辞的书《数学中的归纳和类比》中相继提出（Polya, 1954）。伟大的瑞士数学家欧拉本来希望能找到一个简单的表达，他假设存在一个表达式，来表示无限求和：$1+1/4+1/9+1/16+\cdots\cdots$，即无限项正整数的连续平方的倒数之和。对不熟悉无限求和的读者而言，这个运算的逻辑直到被欧拉写出的很长时间之后才得到全面严格的论证，而没有什么明显的理由认为这个表达式之和应该存在（尽管稍做计算就可以认为它确实存在，并且差不多等于1.64）。欧拉展示的是18世纪数学家常用的"从帽子里揪出兔子"的把戏：这个和正好是$(\pi)^2/6$。对非数学家而言，π如此频繁地出现在明显与圆无关的表达式中，真是令人震惊。

欧拉创造的论证建立在很多事情上，其中正好就有斯坦纳所说的，"基于过去的经验，他知道像π这样的常数很可能出现在这样的情况里"（Steiner, 1975: 105）。同样的，穆特基于过去的经验也知道理性模型易于操纵，并且很可能得出十分简单的结果。欧拉觉得他的结果是"简单而美观的"（这是斯坦纳的说法，Steiner, 1975: 105），穆特也这样认为。欧拉看不到还有什么别的可能，就像穆特认为蛛网定理没有优点而只有许多缺陷一样。作为一个著名数学家，欧拉证明了这个公式直到小数点后20位在经验上都是正确的。穆特的材料就没那么准确，但他也提出了同样的观点，将现代主义认识论包装为"唯一真正的检验"。

欧拉的说理网络中最重要的一个分支是等式的代数推导，但推导取决于关键"却无法由现有条件证明的……归纳之'跃'"（Steiner, 1975: 103）。这一"跃"是一种如有限二次方程 $0=3+4x-10x^2$ 和诸如 $0=x/1-x^3/(3)(2)+x^5/(5)(4)(3)(2)-x^7/(7)(6)(5)(4)(3)(2)+\cdots$ 这样的等式之间的类比。欧拉解释说这些都应被视为"无限"次等式，不过斯坦纳写道，"当时不存在任何'无限加法'的公理，甚至是形式"（Steiner, 1975: 106）。正是在数值模拟上"欧拉的天才和勤奋证明"才让"利用有限和无限之间的类比"这个概念成果丰硕（Steiner, 1975: 106）。即使以18世纪的数学标准来看，"欧拉也没有证明他的结果"。但至关重要的一点是——"我们必须承认欧拉有资格为他的发现充满信心，这一点毫无疑问"（Steiner, 1975: 106）。

穆特亦然。他的发现，尽管明显比欧拉的更存疑，也建立在一个未经证明的类比上，即普通物品和有关未来的信息之间的类比。与欧拉既有的理由（warrent）类似，他声称二者都是生产、分配和清晰计划的对象。像欧拉的类比一样，这个类比同样具有很大的说服力。跟欧拉一样，穆特也有足够的理由使用类比，即在其他应用中，类似的类比"产生了其他结果，这些结果也能够被推导证明到小数点后很多位"，而且它是"一个能让人们想起很多先前证明过的定理的类比"（Steiner, 1975: 107）。这是穆特使用"理性的"（rational）这个词的负担。他指出，在帮助人们理解上，对人类行为和方法论计算之间进行类比的其他应用已经被证明是富有成效的。当然，它们确实成果丰富。像古生物学家一样，数学家论证的方式跟经济学家也没有太大不同。

欧拉的另一个定理是伊姆雷·拉卡托斯关于数学修辞研究的实验的对象（Lakatos, 1976；将其描述成"修辞研究"肯定会气坏拉卡托斯和他的徒子徒孙们）。有关笛卡尔-欧拉多面体定理的对话曾有过很多正确但相互矛盾的证明，尽管照纯粹现代主义的说法，应该只有一个才对。正如拉卡托斯对话中的老师所说，"这些证据，尽管可能无法证明，但一定会有助于改善我们的猜想"（Lakatos, 1976: 37）。穆特的证明并没有"证明"理性预期定理在绝对、终极、现代主义意义上是正确的，就像欧拉也没有更充分地证明他的定理一样；他们阐明并改善了这些定理——在心里装着读者的情况下。

在拉丁语文学中有个例子，讲的是对共和晚期和帝国早期诗集在安排上独树一帜的理解。海伦娜·R. 德特默（Helena R. Dettmer, 1983年及后期作品）发现诗人们在安排他们的书籍时会注意方法得当（你也可以说是理性地安排），他们很细心，甚至会在相对应的小节中对行数总和施加数字模式。比如，她写的有关贺拉斯的颂歌诗体（Odes）的专著发现，在这些诗歌中存在大量嵌套环结构，把彼此相隔百千行的诗歌联系起来。颂歌1.1与（早就广为人知的）颂歌3.30在主题和韵格上对应，颂歌1.2和颂歌3.29在主题上对应（尽管这一点还没人怀疑，但这对理解贺拉斯对和平赋予者和自由守护者屋大维·奥古斯都·恺撒的态度意义重大）。同样的，1.3与3.27相对应（稍有偏差），1.4与3.28相对应，1.5与3.26相对应，等等等等，呈现出令人惊叹又出人意料的对称之美。

某些诗因其在编排上体现出"结构性"的严整对称而引人注意，而对这些诗歌，德特默发现了几十个令人震惊的算术上的事实：本书前半部分的14首结构性诗歌与后半部分的14首对应诗歌的行数总和（而非单首诗）完全相同（348行）；中点一侧的五首结构性诗歌与另一侧对应的五首诗歌的行数总和均为124行。德特默说，尽管难以置信，"这种数学上的对称十分'显著'（significant），因为它为我们提供了明确且令人信服的证据，证明所有结构性诗歌已经被我们找出来了"（Dettmer, 1983: 525, 531；注意德特默并没有受过统计学训练，而他在这里对"显著"一词的使用正是在其统计学意义上的，即如果"没有对称性"的假设是真的，则拒绝该假设的概率低）。

共和晚期和帝国早期的其他拉丁语诗人也用到同样的技法。比如，在卡图卢斯的小书中，德特默发现了一系列的数字定理，其惊人程度不亚于欧拉的定理，而且比穆特的定理更为精确（Dettmer, 1984a）。以主题和明显的语言呼应为依据，把中（长）诗分成以下各组，标记为A（也即诗歌64），B（诗歌61和62），B'

（68a和68b），A'（65和66），C（63），和C'（67）。注意一个推论，（就像欧拉的代数、斯坦利的收割理论[1]和穆特的理性预期理论一样，"产出的其他结果也可以得到验证"，）罗马诗人将他们的诗歌安排在平衡的循环中，如德特默在对贺拉斯、维吉尔、普罗佩提乌斯、奥维德等其他诗人的分析中所证明的那样。以字母标记一小节中的诗歌行数，符合定理：A–B+A'–B'=C+C'。

这真是让人叹为观止。你可能会完全相信关于自然数 π、前寒武纪生物或者猪农的理论，但你可能从没想到诗人也会这么做。这个发现以及很多德特默详细分析过的例子改变了我们对拉丁诗人的看法，使我们更加钦佩他们诗歌的艺术性，而不只是他们的艺术本身。把诗意嵌入到业已证明的结构中，可以解决许多我们对文本和诠释上的疑惑，从"这本新书是谁的家"一诗的第九行"哦，处女的守护神"的推测正确与否，到对罗马人思维方式的理解。

我们这里要说的最重要的一点是论证的特点。德特默那本有关贺拉斯的书长达550页，系统地分析了成百上千个言语呼应和主题线索，把它们嵌入到有两千年历史的有关贺拉斯的学术研究的对话中去。如果"科学的"这个词的意思是"精确的、数量的、完备的、令人信服的"，那么这个研究就完全是"科学的"。德特默意识到要让很多古典研究学者相信这种数量上的对称性是很难

---

[1] 收割理论（cropping theory）指出，捕食者往往捕食数量多的物种，以避免出现一种或少数几种生物在生态系统中占绝对优势的局面，为其他物种腾出生存空间。——编者

的，大多数经济学家在隔着文化鸿沟的文学和科学二者之间会选择更数学的那边，而古典主义研究者则会选择更文学的那边：

> 不管你喜不喜欢数字（很多人确实不喜欢），事实是数字都存在。这些数字和它们的含意真实存在，[诗人们执迷于]增加或删除诗句以形成某种模式，这确实毁掉了我们对诗人一手握着尖笔一手捧着蜡板坐在枝繁叶茂的梧桐树下写作，祈求缪斯赐予灵感的浪漫幻想。[但数量的模式]为文学批评提供了一个极具价值的工具。（Dettmer, 1983: 7-8）

对数字修辞的使用只可能被禁止在诗歌研究中使用它们的认识论理论所否定。公认的认识论妨碍了科学。没有哪个古典主义研究者理解或者信服德特默的研究，尽管她已经无可争议地证明了在卡图卢斯和其他拉丁语诗人的作品中均出现了类似结构。她的发现在她自己领域中可媲美遗传学和板块运动，不过大多数古典主义研究者并没有听说过她的理论。德特默是对的，但这并没有让她在修辞研究界获得认可，这个领域的人们可以不理会数字，仅仅因为它们不是文字。类似的，基于认识论的原因，像穆特这样的经济学家也不认可来自内省和权威的论证的公认地位，并因文字并非数字而对其不加理会。

德特默研究的科学精确性，尽管相比其他研究更多地以"数字"的形式表现出来，但也正好是最佳古典学术研究的特征。斯蒂尔·康马杰在《关于卡图卢斯的一些诗歌的笔记》（Commager,

1965）或者罗纳德·塞姆在《卡图卢斯诗歌中的皮索和维拉尼乌斯》（Symeon, 1956）中正是以完全一样的方式来论证的。确切地讲，他们论证的是文学和历史内容，比如在共和时期的罗马语言学证据的背景下，诗中某一行应该如何理解，或者在家族和党派的政治证据存在的背景下，应该如何理解公元前60年到前59年的某位马其顿总督是什么身份。但是，在对修辞手段的使用上，他们也可能是在争论公元1950年的"养猪户"的用法，或者公元前6亿年的某种食草动物是什么。主体不包含认识论。如果"科学"意味着"不可置疑"，那么科学就没什么"科学"可言了。如果科学意味着"极具说服力"，那么更加清晰和诚实的思考才是科学的。

很多文学和科学现代主义者所秉持的一个相反的观点是，只有某些特定的研究主题才是科学的，且对它们的研究总是依赖于某些一成不变的修辞手段。穆特论文中所展示的现代主义方法论断言说，只有试验、统计程序，或公理化才是"科学的"。

方法论主义也感染了古典文本批评，而且在那里就跟在经济学中一样，一无是处。比如，体现在众多拉丁语格言中的一个文本批评方法论规则是，要尊重文本。马克罗比乌斯的《农神节》（*Saturnalia* 1.6）的每一份现存手稿中的第14行都提到一种服装，读作"totam"。而不动脑子的科学主义，也就是那种无论如何只在乎测量和公理化的科学主义，会反对将其校订为"togam"[1]这种众所周知的男性服装，即使这个所谓的"totam"在拉丁语文献

---

[1] 托加袍，古罗马男子穿的宽松大袍。——编者

中只出现过这一次（Willis, 1972: 7，他的论证在这一点上很有说服力）。

这类在应用方法论规则时表现出的自发的愚蠢，让诗人和文本批评家A. E. 豪斯曼大为光火。就"越诚挚的文本越好"（即使是错的或者毫无意义的）这个原则，他写道，

> 对待这种矫情蠢话的最好方法是，把它们从文本批评的领域转移到某些人们不得不使用实在且感性的词汇的领域，这么做会迫使他们思考，不管他们多么不情愿。我要让他告诉我，到底哪个更重，是高个男人还是胖男人。"高"和"胖"都是形容词，它们甚至能把一个校勘者从谎言的世界转移到现实世界中来，现实世界里都是相对有思想的人，比如屠夫或者杂货店老板，他们要靠大脑才能生活。（Housman, 1922: 1063）

有人说经济学与其他领域截然不同是因为经济学有其独特的方法论，对待这种自命不凡的蠢话的最好方法是，把它们翻译成相对更加实在和感性的用语。哪个是更有说服力的证据，是一个0.90的相关系数，还是一种毫无争议的内省？或者一般来说，这是方法论的规则才能决定的。但知道一般来说如何如何并没有什么意义。一个经济学家并不是在一般意义上研究经济的。她要做的是非常具体的经济学研究。因此，如果她做得好的话，她就会使用共同的修辞储备库里具体的修辞手段。

第五章
历史经济学的受众问题：作为修辞学者的福格尔

我重复一遍，按照传统和正确的说法，修辞是一种批判性探究，不仅仅是"赋予真理以有效性而是……创造真理"（Scott, 1967: 9）。历史写作自有其修辞（Hexter, 1971; White, 1973; Novick, 1988），这非同小可：它限制了历史学家可以使用什么样的证据以及需要诉诸哪种逻辑，如果她想要留住读者的话。而经济史也有其修辞。

文本曾经很重要

《铁路与美国经济增长》出版于1964年，这本书是罗伯特·福格尔在约翰霍普金斯大学的经济学博士论文的修订版。与该书的修辞相关的是，福格尔很晚才开始研究高等经济学，那时他已经三十岁了，此前他热衷于激进政治。据他自己说，在左派进行反思的1956年发生了很多历史事件，让他转向对经济史问题的学术研究，而非政治研究。这本书是他的第二部著作。他在哥伦比亚大学做的硕士论文也已出版，题目是《联合太平洋铁路：一个不成熟企业的案例》（Fogel, 1960）。到1964年，他已经在"克里欧计量学者"（cliometricians）[1]中小有名气，这个学派由当时为数不多的经济学家如布林利·托马斯、亚历山大·格申克龙、安娜·施瓦茨、沃尔特·罗斯托、罗伯特·高尔曼、道格拉斯·诺斯、威廉·帕克、兰斯·戴维斯和J. R. T. 休斯等人组成，他们试图让经济史以经济学的形象示人。1964年出版的这本书让福格尔在历史学界和经济学界中更加知名，尽管该书的论证中心已经在很多会议上引发了经济史专家的争议，而且这篇论文在两年前就已经发表过了（Fogel, 1962）。引发他们争论的是书中强有力的论证形式及其骇人听闻的结论：美国经济增长跟铁路没什么关系。

然而这个结论悬而未决。艾伯特·菲什洛次年发表了他在哈佛大学做的博士论文，其中他关于1850年代的观点与福格尔关于1890年的观点非常相似。同时冒出来的发现源于同时发生的刺激因素，即罗斯托在几年前声称铁路会让美国"起飞并进入自身可持续的增长"。福格尔的论文是在国民收入领域的首席研究者西蒙·库兹涅茨的指导下写的，从他论文最初的开题报告中可以看出，他在开始做这项研究时，期望罗斯托对铁路的激情能够得到证实。但事与愿违的是，福格尔转过来攻击了这种观点。

---

[1] 克里欧是司职历史的希腊女神；"克里欧计量学"即计量史学，该学派运用自然科学中的数学方法对历史资料进行定量分析，计量史学在20世纪六七十年代风靡欧美各国。——译者

对于某类职业经济学家的读者而言，福格尔著作中的主张可以总结为以下三点：

1.一般认为，铁路是造成美国增长的一大因素。

2.然而，从铁路、运河和货运车辆的运输费用来看，铁路运输成本差不多比其他交通方式便宜一半，且承载了一半的运输量；另外，运输行业收入占到国民收入的10%。

3.如果亚当·斯密在天有灵且世界一切正常，那么省下的50%运输成本乘以50%的运输量再乘以10%的国民收入等于国民收入的2.5%，这个数算不上什么重要因素。

证明铁路贡献小的这种三行证明（有些经济学家称其为哈伯格法则[1]）的形式是由彼得·麦克莱兰（McClelland, 1975）设计出来的，用于航行法案的经济史研究，它已成为克里欧学派的常规做法。例如，加里·霍克就在对1865年英国和威尔士的研究中沿用了福格尔的计算，也给出了三行证明（Hawke, 1970: 173）。

菲什洛的书也很明确表达了同一个观点，还比福格尔写得好，他用了历史学家更为熟悉的说理技巧，而且人们对其评论更友好，不过最终却没有那么大的影响力。福格尔新颖的论证形式吸引了年轻人的注意，却让老一辈感到愤怒。这种关注和愤怒都引发了各种有关方法论的声明和谴责，并最终让他获得1993年的诺贝尔奖。

---

[1] Harberger's Law，也叫"哈伯格三角"，是芝加哥学派奉为圭臬的有关国民收入和自由贸易的法则。——译者

福格尔的书是"克里欧计量学"的原型。三十年来，这本书一直很受欢迎且仍然启发着模仿者和带着敬意的评论者。这本书带来的不仅仅是一种方法论上的进步。单单一种创新并不能解释所有经济增长，这个观点已经让很多对"铁骑"[1]和大炼钢炉怀有浪漫主义幻想的人们清醒过来。

该书的论点主要集中在前五十页的精妙展示中。论证攻击的对象是"不可或缺公理"，即认为铁路不可或缺的观点。攻击是这样进行的：福格尔在第10页和第11页把这条公理翻译成一个断言，声称铁路的出现增加了国民收入。他在第12页指出，如果有很好的铁路替代品，那么铁路的出现就不会让国民收入增加很多。一个很好的替代品，比如说运河，可能仍然要求生产地发生重大转移，丹佛也许会衰落而圣路易斯可能会崛起。但倘若这确实是一个很好的替代品，其对经济整体的影响会很小。

在第19页和第20页，他把铁路比次优选项多获得的收入标记为"社会储蓄"（social saving）。在第20页和一个很长的脚注中，他认为强使假设的替代品运河像铁路那样以同一模式运输货物，会让他的测量成为真实情况的上限。也就是说，他对社会储蓄的测量值将会是始终比真实情况略高，但无法测量出来的数值。如果他发现来自铁路的社会储蓄很小，那么更有理由（a fortiori）说，真实的社会储蓄应该更小。在第22、23和24页，他检验了铁路的替代品，比如货车和水路运输，认为如果水路运输广泛可行

---

[1] Iron Horse，此处指代火车、机车。——编者

的话，那么社会储蓄将很小。在转向线性规划（Fogel, 1964: 26）并又重复了一次他顺理成章得出的结论，也即在他的推理过程给出了一个下限的测量之后（Fogel, 1964: 28），他进而估计了水路运输的成本（Fogel, 1964: 44-47），并把成本分拆为不同的部分。比如，虽然在冬季水路结冰时，人们需要更多的粮食和肉类储备，但这种储备成本也只是一个小数目（Fogel, 1964: 44-46）。他在第47页谦虚地把这些思考描述为"随意的"（casual），不过却得出了一个大胆的结论：鉴于此，铁路仅让国民收入增加了0.6%。

这个数字与全国主要地区之间的交通有关，特别是中西部粮仓与东部城市以及欧洲之间的运输。在第三章，福格尔计算了在中西部能省下的成本有多少，这个数也很小。在第四章，他提出铁路建设的次级效应也是小的，而不是很大（再次与罗斯托相反）。在第五章，他尤其攻击了罗斯托的观点，即铁路建设对钢铁的需求大大刺激了钢铁工业发展。最后，第六章作为总结性的结束乐章，鼓钹交杂，得出了关于理论和统计数字在历史中的作用的广泛结论。

该书的核心部分就在前五十页——正是这一部分对计量方法的运用最能刺激效仿者的想象力，也最能激怒批评者。在短短几页中，福格尔就让一些人相信铁路并没有主宰美国经济增长，同时又让大多数人相信，这个问题还需要更多的研究才行。这恰恰是福格尔式的也是克里欧计量经济学的特点所在。

这本书的修辞色彩最浓

福格尔是非常有意识地在使用修辞。首先,其行文有力量:没有儒雅的含蓄;只有直截了当的"砰、砰、砰"。文章中他不断重复其目的,示意使用了这种或者那种论证形式。"隐含的主张"是一回事;"至关重要的方面"是另一回事;这一点与那一点"毫无争议";"但定理并不主要是关于"X,"而是关于"Y;而且"如果定理……只是断言"Z,"则没有理由质疑它"。这些有关其论点及其反对者的话都出现在第10页的同一段中。直到最后,论证都保持了这种自我引述(self-referential)的特点:作者的计算是"随意的"而且"可能存在很大误差",这种自我贬低的描述(相比较索洛的"讽刺")能让读者做好心理准备去相信"有理由对结果保持信心"(Fogel, 1964: 47);这种估计"可能太低",但即使把估计结果提高,可能也不会太多;"的确"(indeed)——这本身就是个用来论证的词,就像"实际上"(in fact)或者"尽管如此"(nonetheless)——即便对相反的结果做出极其慷慨的让步,其估计也仍然偏低。

本书在铁路部分用到的这种带有浓厚修辞色彩的辞藻开创了一种新的经济史风格,一种在克里欧计量学中变得十分重要的法庭辩论式风格。该书使在经济史中使用更有理由论证(the argument a fortiori,其本身就是一种激进的修辞手段)变得十分流行、有说服力,而福格尔也一再使用这种修辞手段。与这种自觉的方法论创新相伴相生的是一种更适合法庭而非研究的风格,这种风格受到年轻学者的广泛效仿。

福格尔给美国经济史这片明显偏右翼且非犹太化的领域带来了纽约犹太知识分子，尤其是左翼知识分子特有的那种华丽的犹太法典式辩论传统。将有点激烈的口吻和对所有能想到的论点进行有条理的处理相结合的方法——古代称之为愤慨（indignatio）[1]、劣喻贬损（diasyrmus）[2]、枚举（digestion）[3]，以及堆叠（diallage）[4]——是马克思本人发明的，而且由他附加到自觉的科学主义上。在20世纪40年代，你会在工会知识分子准备的案例中看到这些，那些案例往往是关于生活成本指数构建等世俗问题的科学，但却是强硬的、好辩的且像律师似的科学。福格尔的著作也是这样。

福格尔很自知地披着科学家的外衣。他所有的方法论论文宣扬的都是他所谓的科学史，尽管他也大度地看到其他种类科学史的优点（参见Fogel and Elton, 1983: 65-70）。他在著作中所用的语言，就像穆特那样，充满科学主义色彩："现在可以提出这样的假说"（Fogel, 1964: 19）以及"实验"（Fogel, 1964: 22）；"对上述假说进行检验的客观标准"是X（Fogel, 1964: 20）；通过合理的科学方式，我们已经有一些"估算"（estimates）（Fogel, 1964，第22页一直到最后），一个"推论"（inference）（Fogel, 1964: 22），"现

---

[1] 激起观众的鄙视和愤怒。——编者
[2] 通过一种可鄙的比拟来贬低对手的论点。——编者
[3] 对讨论的论点进行有序的列举，一个问题的多个含意，等等。——编者
[4] 用若干论据确立一个论点。——编者

有证据"(available evidence)(Fogel, 1964: 22),一个"数量级"(order of magnitude)(Fogel, 1964: 23),一个需要"以下数据"(the following data)的"方法"(method)(Fogel, 1964: 26);等等。验证假说用到的是类似于沿着斜面滚动小球(或者,似乎是并没有实际操作过,就声称小球沿着斜面滚下来了)这样的语句。达到的效果是:"我是一名科学家:听我的。"

福格尔面向的读者,对于什么是好的学者角色,即经济学家和历史学家,持两种不同的观念。诉诸科学家的角色对这两类读者都有一定的说服效果,或者说对任何参与到我们这个热爱科学的文明中的人而言都有一定的说服力。福格尔诉诸历史学家时,他展现出了对与铁路有关政府文件和行业出版物的驾轻就熟,这一点非同小可(Fogel, 1964: 44-45 nn. 53, 55)。在提到每一个数字时用到的"温馨提醒"(soothing words of caretaking),也是他对历史学者这一角色的职业道德要求的一部分:"前述观点是基于一个[仅仅是]假设的例子"(Fogel, 1964: 12);"计算很粗略(crude)"(Fogel, 1964: 23);估算"可能有很大的(considerable)误差"(Fogel, 1964: 47)。有些历史学家对数字有所保留,并愿意人们指出他们的这一不足。所有人都对福格尔建构数字的大量方法之周密印象深刻。单纯从篇幅看,他这本书对历史学界有一种道德上的吸引力。

但福格尔主要吸引到的是经济学家,呈现出来的是"犀利的经济学家"(Sharp Economist)的角色(ethos,道德形象)。1964年的经济史在美国各大学的经济系里正处于守势,新的技术官僚一身亮甲，趾高气扬，把经济史贬低为老古董（新技术官僚还没用这身新铠甲进行过任何战斗，因而也还没发现其实这身铠甲也没什么用）。年轻的经济史学家必须证明自己在技术上有能力，这对他们至关重要。福格尔就一再展示他光彩照人的经济学铠甲。比如，在第44页，他就表达了一种假装的怀疑（false doubt，其希腊语修辞术语叫"aporia"），对冬天在水路运输上损失的时间的价值可以计算表示怀疑。然后他在接下来两段中优雅快速地展示了它实际上是如何算出来的。最奇怪的是这样一个提议：把"一个相对新颖的数学技术——线性规划"应用于模拟反事实运河系统的问题（Fogel, 1964: 26；这项技术当时已经有近二十年历史）。提出该建议后，他用了长达两页的篇幅来讨论，然后在没有进行任何计算的情况下突然放弃了，且再也没有提起，但这其实已经实现了它的效果——树立了作者的科学家角色。他的修辞令人恼火，它过于狂热，妨碍了他想要进行的角色塑造。反讽、距离感、幽默，这些修辞的效果更好，尽管在开辟一个新领域时并不总是如此。

这本书大量使用了普通话题

让我们从福格尔书中拿出两页多文字，并把它们逐句与经典修辞手段的特征清单进行比较。选出第10—12页是为了与穆特作品中选出的部分在长度上相一致，以便于对他们修辞的丰富性做对比。这两页是书中最重要的部分,对中心观点进行了初步论证,而后才介绍经验研究。将福格尔的写作与之进行对比的清单出现在拉纳姆1991的著作中。在人们公认的经典修辞手段中,福格尔在这两页里就用到了20种之多:

这部分整体上用到了堆叠,也即就一个论点堆叠各种论据,其重点在于要突出铁路的替代品有多好。在堆叠中,他用到了以下这些:

他重复地使用舍小求大(paramologia)的修辞手法,即牺牲一个小的论点以更好地论证一个更大的:"如果必要性公理只是断言[X]……那就没有理由质疑它"(第一段)。"尽管证明景气心理学(boom psychology)爆发式发展的证据……相当可观……"(第三段)。"即使证明了铁路产生的效果既独特又重要"(第四段)。让步是他最具个人特点的修辞手法之一;关于该修辞的实质效果,他说,"即使我向我的对手让步,承认其这样那样的观点,我的观点仍然会赢。"

他一再地让人们注意他的主张是事件的重要方面。在第一段结尾,铁路替代品的重要性由下一句开头的首语重复(anaphora)修辞得以强调:"关键的方面……关键的方面。"出于效果考虑,同一个观点通过两种不同的表达方式来重复,这就是论点重述(commoratio[1])。这两个句子的内部结构十分平行,在这样的

---

[1] 为了强调,对一个强有力的论点用不同的表述重复若干次。——编者

平行结构中，第二句中省略的部分（ellipsis，省略[1]）可用第一句中对应部分的表达相抵（isocolon，同长同构[2]）。第二段开头再次重复了要点；第二句仍在重复：对要点用不同的表达方式重复四次（tautologia，同义反复），近乎冗言（pleonasm，无尽的重复）。但这正是该书的要点，也是让其隐含的读者难以理解的部分。如果说有哪一点值得强调的话，就是这一点——更有理由（a fortiori）——吧。第三、四段通过攻击其他观点，也就是对"铁路'不可或缺的'"的其他解释，来吸引读者注意中心论点,在此使用的修辞手法是消除法证明（apophasis）[3]，依次否定除要点之外的所有其他观点。

他一再地贬损相反的论点（diasyrmus）——一种非常明显的雄辩技巧，历史学家在使用它时都十分小心谨慎。福格尔和其他经济学家一样，用起这种修辞手法来肆无忌惮。比如，他在第二段的后半部分对所谓铁路的独特贡献的论证，就因缺乏科学证据而饱受争议。通过考察表达该观点的用词，你就能理解他为何受到非议："几乎以一己之力"；"系统性的"；"几乎"；"可疑的"；"而不是根据事实所表现的"。在第四段（Fogel, 1964: 11），他再次用讽刺的口吻贬损区段信号和路轨监察员的不可或缺，用的是

---

1 就类似原文"balancing the phrases in the first sentence, leaving off phrases in the second"省略了后半句的"sentence"。——作者
2 指措词的长度近乎相等或结构一致。——编者
3 通过排除法来证明。——编者

归谬法（reductio ad absurdum）[1]。

他反复指出决定性证据的欠缺。他再次诉诸理想的现代主义历史学家或科学家，这些人如果没有科学所证明的小雨预报是不会带伞的。文中多次提到的"证据"是定量的。这种现代主义的定量手法，在过去严肃思考说服手段的"非量化文明"中很少用到。

现代主义者对完全符合要求的现代主义证据的热情衍生出了第三段中的手法（Fogel, 1964: 10f.）："至今还没人拿出过证据。而且拿不拿得出来证据都很值得怀疑"（No evidence has been supplied. And it is doubtful such evidence can be supplied，注意这里的平行结构）。这是现代学术生活的一个普通话题（common topic），对所有自视为知识分子的人都很有说服力。第11页结尾的例子是模拟法（simulation），这是福格尔主义者的最爱，通篇不断出现，如在第23、24、47页。模拟法是经济学和其他定量科目中的一个特别话题（special topic）[2]，它们仅对领域内的专家有说服力。

我们可以很容易把福格尔论文中的论证归到经典范畴里，与之相比，穆特的就不那么容易归类。和很多经济学家一样，穆特似乎很少把含有修辞色彩的观点带到结论中去。穆特说"X是这样的，这相当令人意外"，但就是这样一个老式讽刺性修辞——"惊叹"（thaumasmus，表达惊叹）的带有希望的开场白（换作福格尔

---

[1] 即反证法，是通过断定与论题相矛盾的假定的虚假，来确立论题的真实性的论证方法。——编者
[2] 与普通话题相对，表示不寻常，不平凡。——编者

可能会把它扩充成一个段落），穆特也立即放弃就此继续做文章，转而诉诸"理论理由"。可以在下一句中看出，直接诉诸"理论理由"其实是对审美标准的追求，尤其是奥卡姆剃刀原理[1]；因此紧接着那个"美国问题"直接被提出。这个论点是针对个人（而非理据）的，也就是说，根据学科特点，它只适用于说服经济学家。但穆特甚至很快放弃使用这些对他的论证十分关键的普通话题。他没有沉溺于四重反复和拓展阐述，没有论点重述，没有同义反复，也没有假意否定。

福格尔的修辞与经济学主流的不同之处在于福格尔对标准问题——论证的普通话题的大量使用。大量使用这些普通话题会受到"纯粹使用修辞"的指控，这也正是福格尔面临的麻烦；相较之下，使用非普通话题，即那些吸引经济学家或历史学家的特殊话题，则会因避免纯粹使用修辞而得到赞誉，修辞就这样消失在经济学科学家或历史学科学家的面具之下。

迄今为止，在福格尔丰富的普通话题中，最重要的是他对下限和上限的论证。他在这本书中尝试寻找铁路收益的最小上限（least upper bound）。如果上限很小，那么我们更有理由（a fortiori）相信铁路真正的影响也很小。他常常引用这个观点（比如，在第20、23、28、45、47页）对不利于他的观点加以反驳。这种论证受到十分广泛的使用。比如，在狄更斯的小说《我们共同的朋友》中，罗格·赖德胡德在试图作伪证陷害加弗·赫克森

---

[1] 该原理声称"如无必要，勿增实体"，又称简单性原则。——编者

时就用到了这种论证："他对我说，'罗格·赖德胡德，你是个百里挑一的人'——我想他说的是万里挑一，但我不确定，所以选个小点的数字，毕竟阿尔弗雷德·大卫的职责重大"（一份证词；谢谢巴里·舒普提供的引文）。

严格来说，对上限和下限的论证结合了舍小求大（paramologia，牺牲一个较小观点以得到一个更大的）和更有理由（a fortiori）这两种论证的要素：

a. 舍小求大：即使承认要素X对真值（Truth）的大小有很大的影响，与我的论点相悖，但这也不影响真值很小这一点的正确性。

b. 最小上限：即便我对真值的估计过高，也叫它"错值"（Erroneous）吧，如果错值都很小，那么真值也理应很小。

c. 更有理由：估计的错值必然比真值更大；错值很小；那么我们更有理由（a fortiori）相信真值也很小。

换句话说，这里"舍小求大"的修辞手法是常用的数学方法的一个翻版，而这个数学方法又是一个常用的论证手法的一个翻版。

福格尔对这些修辞手法和论证手法的使用让很多研究生开始走上"低估"和"高估"事物的职业生涯。在这类事情上（以及在经济学中，尽管不够显眼），常见的历史修辞要求"准确"（accuracy）。对公元5世纪雅典人口的估计必须是"准确的"；对"美国经济具有竞争力"这样的描述也要针对其"准确性"进行评判。一个物理学家会证实"准确"这个词在没有界定错误的情况下是毫无意义的；而一个文学批评家则会证实论证的准确性取决于对话的语境。正如奥斯卡·摩根斯坦曾在一本被忽视的探讨应用数学修辞的经典著作《论经济观察的准确性》（Morgenstern, 1963）中所认为的，世上根本没有绝对意义上的"准确"。

这本书也使用经济学的特别话题

如此看来，福格尔对经济学方法的贡献是经典修辞方面的，体现在其关于普通话题的探讨中。但当然了，福格尔也像任何其他经济学家一样，在书中使用了经济学话语中的特别话题（这么做的确能够在一定程度上让他在职业道德方面显得和其他经济学家一样）。这种特别话题是专门为专家准备的思想，放好在标记为"仅供经济学家使用"的储藏室里，随时能被取用并以十分精彩的形式为经济学论证服务。普通话题的探讨诉诸的是大多数人都可以理解的理由；而特别话题诉诸的是只有专家才能理解的理由。举个例子，福格尔在第11页提到"从土地价值的意外变化中盈利的机会"就是交通改善的一个结果。一个历史学家读到这里，除非是像弗雷德里克·梅特兰或马克·布洛赫那样具有与生俱来的洞察力的天才，否则是不太可能意识到资本收益意义上的利润，必须是在人们的意料之外才有可能存在。没有接受过经济学训练的人很难意识到，如果人们普遍预期土地价值会上涨，那么盈利的机会就不存在了，因为这时土地价值已经上涨了。非经济学家完全无法理解"意料之外"（unexpected）这个词的力量。在这里，福格尔对他的经济学同人们如是说，就像在说题外话一样。

他还在第10页提到"次优选择的增量作用"。对经济学家来说，这个词就像是熟悉的诗歌一样，让人联想到那些体现在优美图表中的思维结构。他也加入了使用这个隐喻的行列。另一方面，非经济学家不理解为什么"次优选择"会变得尤其重要。即便他理解，要相信这一点，他还需要相信人们做事都是有充分理由的。但非经济学家相信的是自己知道人们常常不会这样做：他很可能相信，如果剥夺人们心爱的铁路，他们有时会选择步行，或者坐马车，而不是选择相对更有效率的运河交通。而"增量"（incremental）对非经济学家的思维模式而言同样陌生，非经济学家认为铁路又大又笨重，根本不会产生什么"增量"。特别话题会引发经济学家的特别反应。

一个经济学家去吸引经济学家同行的机会成本是逐渐疏远了非经济学家。天下没有免费的论证。一种跟经济学家交流的渴望解释了第13页顶端论证的突然转折——一个漂亮的芭蕾舞单脚尖旋转。福格尔在转折之前耐心地向历史学家解释为什么对铁路价格的操纵并不一定会造成整个国家的收入损失。但经济学家又问了：要是操纵带来了垄断该怎么办？另一个经济学家反驳说（抛出熊彼特的名字：共识）：垄断可能对你有好处。推测遇到了相反的推测。

有些特别话题非常特别，特别到它们根本算不上话题。也就是说，即使是经济学家，大多数在初次读到时也无法理解。当它们在一个学术对话中被重复足够多次，就会带上话题特点。福格尔预料到会有批评，并做了准备，用很多这种隐晦的小论证来消除批评（这种修辞手法是procatalepsis，预设反驳[1]）。一个篇幅较长的例子是第16页关于运河边际成本的无证据讨论。在福格尔的无铁路反现实世界中，运河必须能轻易地承担起加诸其上的额外负担。"现有数据"应该表明运河可以轻易做到这一点。然而这些"数据"只是粗略的常识，在这种情况下，即便是经济学家也不容易看出这种常识的含意。

另一个用来预先避免潜在批评的论点则出现在第12页的一个从句中："鉴于总储蓄和资本-产出比的历史稳定性。"就像有关运河边际成本的论点一样，这点在后面拓展为一个很长的部分。这两个例子都与对铁路的社会储蓄很小的三行证明有关。所谓"储蓄率稳定的事实"，是由福格尔的导师西蒙·库兹涅茨提出的。福格尔在这里隐晦地提出，如果这个说法是正确的（若把人力资本考虑进来，则不正确），就可以规避一个潜在的批评。这个批评的观点是由杰弗里·威廉姆森在几年之后提出的，他认为铁路造成了储蓄率的大幅上涨。如果在铁路建成后储蓄率实际并没有上涨，那威廉姆森的观点就错了。

福格尔在每一页里都塞进了大量的经济学内容，甚至比充满密集论证的理论著作还多。

---

[1] 指在对手提出反对的论点之前，说话者就预想到这些论点，然后先行提出并予以驳斥。通过不同的方式构建对立的论点，说话者可以保证他的立场听起来更有力，更容易被认为是对的。——编者

文本创造其受众

有关特别话题和普通话题的讨论预设了在受众中存在专业读者和一般读者的划分。修辞突显了受众。作者所做的并不仅仅是从现有人口中选出自己的读者。在他的头脑中,或者他文字的语气中,读者变得不仅仅是他的选择,也是他的创造。这个观点是由肯尼斯·伯克、沃克·吉布森、韦恩·布思、路易丝·罗森布拉特和其他修辞批评的倡导者提出的(Burke, 1950; Gibson, 1950; Booth, 1961: 138; Booth, 1974b; Booth, 1979: 268ff.; Rosenblatt, 1978)。举一个布思最爱的例子:《爱玛》的作者简·奥斯汀创造了一个作者的角色,即一个"隐含的作者",这个"隐含的作者"与奥斯汀创造的另一个角色,即"隐含的读者"进行对话。如果现实中的读者想要欣赏或相信这本书,那他们必须代入"隐含读者"这一身份(见图二)。作者可以操纵的领域是字里行间中的一切,而读者会跟随作者的思维。真正的读者"为了体验,会代入书中的语言所要求我们接受的那一系列假定的态度和品质。"沃克·吉布森接着说,"一本糟糕的书,是一本我们会发现其创造的读者是我们不愿成为的那个人,我们拒绝戴上那个面具,我们不愿扮演那样的角色"(Gibson, 1950: 1, 5)。当然了,这个只有这个小戏的隐含作者才有发言权。是他在对隐含读者说话。这就是为什么重点在于修辞。

真正的作者	简·奥斯汀；罗伯特·福格尔
真正的读者	韦恩·布思；迪尔德丽·麦克洛斯基
隐含的作者	一个极度聪慧且具有洞察力的奥斯汀；一个极具科学和历史学专业素养的福格尔
隐含的读者	1810年前后的一位有修养的听众；1964年前后的一位反事实的克里欧计量学者

图二 作者创造了一个隐含读者和一个隐含作者

福格尔似乎需要两种隐含的读者，分别是对历史感兴趣的经济学家和对经济学精通的历史学家。这二者在词意上近乎矛盾。处于两种方法之间的争议地带，就如美国经济史在20世纪60年代时那样，不能只有一种读者。不过大量的著作，也包括福格尔的著作，都只预设了一类读者，这类读者能够注意到不同评论对有关固定资本-产出比率的细微差别，或者能够理解联合交通协会的《管理董事会纪要》（1896）所蕴含的智慧。在福格尔写作的年代，几乎没有真正的读者能够扮演他理想中隐含读者的角色。

但是，福格尔及其他先驱的作品之卓越，及时地为福格尔的书创造了真正理想的读者，即克里欧计量运动（群体）。福格尔是个在海德公园搭起临时演讲台的演说者，一段时间后，聚集了一帮真正能够欣赏其演说的听众。学术对话就是这样变革的：人群一点点聚集在一个与众不同的演说者周围，他拥有一个与众不同的隐含读者。听众与其说是选出来的，不如说是训练出来的，靠不断试着想象自己就是那个隐含读者而训练出来。类似的情况似乎也在现代数学中出现了。希尔伯特的形式主义纲领已经发展到今天的数学家只能理解希尔伯特式这一种形式的严谨性的程度。这类数学家的读者会因为有人尝试以实际的或者其他方面的动机来推动数学论证而感到不解与困惑。对某些形式的讨论充耳不闻的听众已经聚集起来。

福格尔创造了一个更具体的隐含读者,不仅仅是广义上的经济史学家。他的读者是个认真的家伙,热爱科学,沉迷数据和下限,对他相信的东西有点固执,但对争论则持开放态度,对论证的细节也很耐心。这样一个隐含读者不像成功的学术散文中更常见的隐含读者那样迷人。相比之下,艾伯特·菲什洛的书所创造的隐含读者更疏离更散漫,他对讽刺十分敏感,会被言语的风趣逗乐,对争论激烈的经济学很不耐烦,却对间接的叙事耐得住性子。这倒有点像最佳历史研究的隐含读者。

尽管福格尔很清楚,面对对的读者,他的观点只用三行话就能说清,但他还是觉得有必要多写九千行。这三行证明依靠都是现代经济学隐含读者的特殊性。证明只需把有关论证铁路不可或缺性的文学性话语翻译成代数,然后利用市场的逻辑做出最简单的推论即可。福格尔在第11页就给出了这种证明,接着在第23页和第24页以稍稍不同的形式又重复了一遍［在第23页他举出了能更好反驳的相反情况,即"反证"(exadversio)］。但这并不能说服那些福格尔希望创造出来的读者,也不能说服他在当时凭借自己的口才创造出来的读者。

接着，福格尔在修辞的使用上下了很大功夫。风格、体裁、受众，都不是"单纯的形式（form）问题。"海登·怀特说，"历史学家与其潜在的公众读者之间的联系是通过意识的前理论层面（pretheoretical，尤其是语言层面所形成的"（White, 1973: 429）。阿梅莉·奥克森伯格·罗蒂也再次很好地表述了这一点。经济学研究就像哲学研究一样，很大一部分（并非全部）讲的都是实质（substance）的东西：

> 确信（conviction）通常是由一种充满魅力和权威的风格来承载的：其明确和凝练，语句的韵律，及其展现出的"爆炸性"的意象。但往往是一个作品的形式保证了其合理性：一段表明血统延续的献词，一份无异议声明（nihil obstat），指出引自某权威的脚注，以及由某个著名大学出版社给出的出版许可。这一系列的脚注、附注、图表、表格、公式的使用是很有分寸且谨慎的，表明作者对形式的持重与严肃。严肃，注意细节，认真而不固执，普遍性和关注细节的平衡，简单而不过度地使用意象和隐喻——这些对哲学合理性而言是必不可少的。（Rorty, 1983: 546）

福格尔所做的远不止是在既有学术体裁之内和既有读者的范围内的工作。他还创造出了新的体裁和受众。

很久以前，威廉·罗宾逊就在《雄辩演讲术：提倡者手册》中写道："每一次演讲实际上都是一次对话，在这样的对话中，听众的怀疑和反对意见是许许多多无声的疑问,需要由演讲者大声做出回答"(Robinson, 1893: 29)。它有时候是一种新的谈话风格,新的说话方式。福格尔(这里用罗兰·巴特所作的区分)与其说是一个书写者(writer),不如说是一个创作者(author)、一种新体裁的创造者、一个马克斯·普朗克或杰拉尔德·曼利·霍普金斯、一个新的对话方式的创作者,而非既有体裁的使用者。即使是会计室和火车站的科学,也要用到诗人和数学家的修辞。

第六章
科斯《企业的性质》的律师口吻修辞

科斯通过诉诸公理和证明解决了他的角色问题

1937年,一位年仅27岁的作者,写了一篇名为"企业的性质"的论文,这个作者在起草这篇论文之前甚至一个字都没有发表过(1934年初夏;见Coase, 1988c: 19;这篇论文主要基于他在1932年10月做的一个讲座,当时他21岁),这样"一个几乎不懂什么经济学的年轻人",遇到了一个难题。这个难题是,如何在读者头脑中塑造一个值得他们去聆听的角色。到了1960年,情况反过来了,此时他已经49岁,在经济学界即便称不上扬名天下也算是颇有名气了,他不用再为这个难题发愁了,甚至可以用十分随意且颇具自嘲的方式以"本文"(This paper)这样乏味的开头写道:"本文讨论的是企业对他人造成有害影响的那些行为"(Coase, 1960: 95)。

在1937年论文的绪论中,罗纳德·科斯宣称,"过去,经济学理论因不能清楚说明其假设而饱受诟病"(Coase, 1937: 32)。他受到了公理化修辞的启发，这个自笛卡尔以来的法国式主张认为，只有当我们清楚意识到是从哪条公理出发时，我们才知道自己要表达什么意思。即使在1937年，这类主张对一个年轻的经济学家而言也是有用的，并且到现在已经变成了一门必修课。科斯引用了一句尼古拉斯·卡尔多的话（他在该段中也提到了其他五位著名的权威经济学家），他认同"经济学理论中一种从个体企业而非整个产业开始分析的研究趋势"（Coase, 1937: 32），这一趋势由希克斯在《价值与资本》（1939）中提出，并随着保罗·萨缪尔森作为其经济学的主要研究方法而臻于完善。先假设一个寻求最大化的个体，且对其自身的局限和偏好都很清楚，然后继续分析，这样下去你就会知道你想说的是什么意思了。除非用公理性的语言表达出来，否则现在很多经济学家根本没办法理解一个论证。

但在那篇论文和他后来的著作中，科斯其实并没有展开论证他在开篇所讲的笛卡尔式的纲领。实际上，他的论证方法是英国式的，充满经验主义且是非数理式的，总的来看十分杂乱，也没那么正式。他自己说过，他是通过1930年至1931年的"工作及工厂管理"课程进入经济学的，"这些课程其实并不适合我，但对一个既不懂拉丁语又不喜欢数学的年轻人而言，还能做什么呢？"（Coase, 1988b: 5；在Coase, 1998: 45中，他说道，"我很幸运，1932年适逢大萧条的高峰，在工业行业找工作很难，于是我去邓迪市［经济与商业学院］，成了一名经济学家"。）科斯从来都不是萨缪尔森式的经济学家，那种钟爱刻板严谨的数学方法的经济学家。他像所有20世纪30年代的年轻经济学家一样，对新的经济学体系充满热情，这种体系"具有一种优点，就是能够用图表［后来用等式］画满黑板，而且不用了解现实世界发生了什么就能讲上一个小时"（Coase, 1988c: 22）。然而他后来摒弃了这一点。20世纪60年代，当乔治·斯蒂格勒将他对科斯1960年那篇著名论文的一个命题的错误理解称为"科斯定理"的时候，保罗·萨缪尔森不屑一顾地问"定理在哪呢"？那个从中可以严格推导出"如果—那么"语句的公理体系，那个能让他人懂得我们意思的唯一方法在哪呢？它并没有在《社会成本问题》里，也没有在《企业的性质》里。[1]

科斯也讲高级经济科学的语言，建立一个值得相信的专业角色，他在论文后半部分若有所思地总结道："因而，在其他条件相同的情况下，企业会倾向于扩张：（a）组织成本越低"，等等。他用的"其他条件相同""因而"以及"倾向于"（tend）都是读者和经济科学家都认可的严谨且传统的论述范式。当承担起科学家

---

[1] 我要说明一点，我一直坚信被错误命名的"科斯定理"（其实是斯密或埃奇沃斯或者阿罗－德布鲁定理，被那位优秀的经济思想学者乔治·斯蒂格勒误称为"科斯定理"）并非科斯1960年文章的本意（见McCloskey, 1985: 335-40；详述于McCloskey, 1997b）。那篇文章并不是想说明我们已经生活在完美无缺的世界里（如斯蒂格勒倾向于在这个例子和别处假定的那样），而是恰恰相反。如果我们确实已经生活在这样一个完美的世界里，当然也就没必要搞什么政策了，从亚当·斯密以来的经济学家都不断指出这一点。实际上，正如科斯在1937年那篇文章中也提到的那样，交易成本的存在让我们的世界与黑板上的最优情况相去甚远。但我对说服其他相信这种解读的经济学家已经不抱希望了，因为唯一和我想的一样的经济学家正是科斯本人（Coase, 1988: 15, 174），而我们知道他有多么缺乏说服力。科斯对经济学的主要贡献是提醒经济学家，就像当卡尔多假定"所有相关价格"是已知的时候，他会抱怨道"但真实世界明显并非如此"（Coase, 1937: 18）。对科斯定理的误解源于经济学家认为科斯也像他们一样，想试图逃离这个真实世界。——作者

的角色时，年轻的科斯尤其喜欢用"倾向于"，这个词在第46页（Coase, 1937）成了虚拟指代，在该页完整的六个句子中被重复使用，并在脚注中也出现了一次。

这种论文修辞在当时的经济学中十分流行。同样的，科斯也沉溺于勾勒提纲、提出预期并进行总结，这些现代写作文体的"诅咒"，其实是从更早时代的日耳曼教科书中借鉴来的：类似"这一点已经在前面一段提出"；"在上一部分已经考察过的问题"；"这一点将在下文进一步讨论"；以及"上述因素"，这些短语在论文中俯拾皆是（Coase, 1937: 44, 47, 51n. 41, 53）。经济学已经形成了一种严密的提纲挈领式的修辞，就像专题论著一样，以便取得"形式上"的胜利，你可以在马歇尔的《经济学原理》（1920）等著作中看到这种形式，且在欧文·费雪的《利息理论》（1930）中你可以看到最乏味的一种："第一次总结""导言""文字理论""数学理论""进一步讨论""第二次总结""文字理论""数学理论""用几何学术语的第一次近似""用几何术语的第二次近似""第三次近似"，等等（Fisher, 1930: xiii-xiv）。经济学家们把费雪这本伟大而又难读的书视为经济学论述的杰作，由此能够看出该学科对论述的理解以及衡量标准。

但科斯是辩护律师，不是证人

然而，科斯的核心修辞在一两页后就变得再明显不过了，并不是笛卡尔式、科学式或者专著式的。他的核心修辞是律师式的。这正是科斯修辞的重点：它既师承于法学院，又适用于经济系，因而有望开创一种新的经济科学风格。

那篇论文读起来就像简报。作为一个在英语世界受过训练（这在欧陆很寻常）的经济学家，科斯从一开始就沉浸在对法律的研究中，这并不常见。他在1929—1930年在伦敦政治经济学院当本科生时曾说，"我没修过经济学课程，尽管有些课程包含经济学内容，但大多数并没有。我投入时间最多的课程是法律，尤其是工业法。我对案例和法律论证非常着迷"（Coase, 1988b: 6）。这种律师式的修辞并不仅仅是年轻时的一时兴趣，它定义了科斯主义的研究方法。

比如，他所用修辞的一个律师式的特点是"爱争论"（disputatiousness）。科斯在充分列举各种可能性（在希腊修辞中称为diallage，即堆叠）之后，一再坚决反对这个或那个论证方式，就如他在反驳弗兰克·奈特（一个在很多方面与科斯很相似的经济学家）的观点时所写的，"但那些[像奈特的人]……好像在引入一个与问题并不相干的论点"（Coase, 1937: 40-41）；又如，"莫里斯·多布所给出的理由因而是不可接受的"（Coase, 1937: 47）。这篇论文充斥着这类尖锐的争论，常常附带着一个人名："这肯定是不正确的"；"奥斯丁·罗宾逊的结论……看来是绝对错误的"（Coase, 1937: 50, 51n. 44）；诸如此类。这么绝对的口气肯定无法让英国经济学界爱上这个年轻人，因而在律师式的交叉询问中互相看不惯。

这种对抗性的修辞在很多细节上表现出来，比如科斯热衷于用"但是"开头。"但是……为什么这种组织是必要的？"；"但是这在真实世界中明显是不对的"；"但是他没有延伸出这个观点"；"但是很难相信正是那些措施……让企业得以产生"（Coase, 1937: 35, 38n. 18, 39n. 19, 41）。这种修辞在第44页又出现了三次，第50页反驳奈特的时候又出现了两次，第51页反驳卡尔多、奥斯丁·罗宾逊和琼·罗宾逊的时候在页尾句子开始处又出现了两次。这种修辞也表现在对"不仅……而且"（源于拉丁语的一种修辞方式，尽管科斯否定拉丁语"non solum...sed etiam"）句式的过度使用，仅在第一段就出现了两次。

另一个律师习气的表现是科斯总是诉诸政治相关性，这与当时典型的经济学学术修辞很不一样。在这一点上，他倒没那么不同寻常。萧条的20世纪30年代已经让很多经济学家，甚至很多诗人，对政治十分警觉。他们一直难以放下"社会主义"这一选项：计划的难题可以"用一个词来概括，那就是俄罗斯"（Coase, 1988b: 8）。因此，"对那些以价格变动可以解决经济问题为由反对计划经济的人，我们可以指出我们的经济体系中实际上存在着计划，只是与上述个人计划［他指的是'个人（individuals）……发挥预见性并在各种选择中做出选择'（Coase, 1937: 34）］不同，且它与通常所说的经济计划相类似"（Coase, 1937: 35）。

在行文安排上，科斯也是经济学领域中的律师。他遵循了雄辩式（forensic speech）的修辞模式，也即古典演讲术的六个部分（相关内容见 Lanham, 1991: 171）。论文开篇的绪论（exordium）和

第一部分之前的无编号段落就能成功抓住读者的注意力。随后的叙述（narratio）陈述了各种事实，并继之以分类详述（partitio），将有争议的主张与没有争议的主张分开，并对各方加以解释。科斯在第一部分做了这两件事。事实是企业存在，而这可以毫无争议地通过假设有个组织企业的"企业家"来解释（Coase, 1937: 35）。然而，我们必须把争议焦点缩小到"在这片统筹与合作都是无意识进行的海洋中，有意识的自觉力量小岛就像凝结在一桶牛奶中的一块块黄油"，这是丹尼斯·罗伯逊的一句令人难忘的话，之所以令人难忘主要是因为科斯恰当地引用了它（Coase, 1937: 35）。"企业的显著特征就是作为价格机制的替代"（Coase, 1937: 36）。好吧：为什么要替代它？答案是举证（probatio），也就是证明，在较长的第二部分给出，在22页中占了10页。他的假设是"建立企业有利可图的主要原因似乎是，利用价格机制是有成本的"（Coase, 1937: 38）。他给出的证明，除了论文结尾之外，都在模仿法律的修辞，而不是数学的修辞，这是一种使用科学法则的语言，在演讲中途开始总结的修辞。第三和第四部分以经典形式构成了一个反驳（refutatio），告诉读者"为什么上述理由……要比其他已有的解释更可取"，比如奈特的"不确定性"概念或者上升的成本曲线（Coase, 1937: 47，在第三部分的开头）。第五部分是个结语（peroratio），简单地诉诸了科学检验的修辞，接着便声称看待企业的这种新方式在科学上是"行得通的"。

奇怪的是，结语部分其实表达得含糊不清，这倒显示出一种英伦风格（因此也可以联想到发现DNA的那篇两页长的宣告的最后一段——专门用来感谢资金赞助方）。科斯这篇论文的最后一句话又否定了之前的内容："但对这一观点的详细论述反而会使我们更加远离相比之下较为简单的'定义'和'分类'的任务"，即重新定位经济学这一相对简单的任务。一个出庭律师可以这样在最高法庭上完成他的结案陈词；无论是法国还是美国的律师，都难以拒绝在法官面前虚张声势、滔滔不绝的诱惑。

律师式的修辞诉诸事实

科斯修辞的另一个律师式的（和英国式的）特点是他不断使用事实或者世界上所有所谓的事实来解决问题。你或许会想到，经济学总会诉诸事实，毕竟经济学是门科学。但经济学家既是社会哲学家，也是社会历史学家，而且他们已经发明出各种修辞的"借口"，以便尽量把工作只留在黑板上。数理经济学家佳林·科普曼斯曾在他颇具影响力的《关于经济学现状的三篇论文》提出了一个经济学研究纲领，那就是要积累与事实严格区分的"黑板经济学"的结果，"为的是对二者加以保护。该纲领认为假设法［又是笛卡尔式的］应该作为确保这种区分的主要工具"（Koopmans, 1957: viii）。经济学家会一再声称，与物理学家相比，他们能拿来"变戏法"（conjure）的事实少得多了（这个断言是错的），因此必须依靠假设性的方法。另一个数理经济学家罗拉尔·德布鲁就在他就任美国经济协会主席的演讲中表达了这样的观点。德布鲁承认，经济学家认为他们一直效仿的物理学家其实并不关心假设的一致性，但经济学"并不被认为拥有一个足够可靠的实验基础"，因此，"经济学理论不得不依附于逻辑对话的规则，且必须放弃内部不一致的便利"，并只能呆在黑板上了（Debreu, 1991: 2）。

科斯则不然，他经常抨击"黑板经济学"（Coase, 1988a: 19, 28）。从一开始，科斯就是个热衷于对经济进行实地考察的人，是个商业世界的天文学家。比如，早在1932年去美国的时候，他就接触到经济社会学，当时他正努力解决企业理论的问题："我仍然记得在一个采购商（我想是美国联合碳化物公司）的办公室里度过的最有启发的一天，我听他打电话"（Coase, 1988b: 8-9）。科斯引述了当时给一个朋友写的信里吹嘘的话，"在提问这门手艺上，我是个一流的律师。我能在 ［商人们］ 没有意识到的情况下让他们承认成本的问题……我总能得到想要的一切信息"（Coase, 1988b: 14）。与大多数经济学家推崇的方法相反，科斯会真正与商人交谈——让人震惊，对吧。1932年，"通过与商人交谈，我确定 ［盘剥只为一个需求方供货的供货方的］ 风险是真实存在的…… ［但］ 我发现，我比需要面对这个问题的商人更担心"（Coase, 1988d: 44）。

再强调一遍，仅仅是《企业的性质》一文中的措辞就能说明其经验主义的倾向。比如，科斯喜欢用"事实是"这个丑陋的短语，尽管实际上他总是用它来引出一种逻辑上的思考，而不是真正的事实（Coase, 1937: 35, 37, 52）。笛卡尔式的修辞则会注重严格意义上的前后逻辑是否一致，就像在萨缪尔森-库普曼斯-德布鲁影响下的经济学那样。科斯诉诸事实的频率与其说是20世纪晚期的经济学风格，还不如说是律师风格。"事实上，没有什么比我们现代世界中发生的实际交易更多样化的了"（Coase, 1937: 45），这句话是保罗·萨缪尔森写不出来的。

科学的修辞会将事实（如果有的话）限定在论文结尾，作为一种对假设的检验。在这方面，科斯的论文似乎受到一种科学模型的影响，这种科学模型由伦敦政治经济学院的莱昂内尔·罗宾斯提出。如前所述，第五部分（结语）通过提问理论如何"与真实世界……相适应"来宣扬自己（Coase, 1937: 53）。现代经济学文章的普遍安排是，首先，好多页都是讲"理论"的，接着，在很久之后，是"检验"，模仿的是经济学家所认为的科学方法。科斯在这里的转折看起来也是一样的。但第五部分的"与现实接轨"的效果却很古怪，因为论文从头到尾都在用律师的口吻诉诸世界上的各种事实。科斯一再诉诸论点的"相关性"（第53页："上述因素似乎是相关因素"）。在这篇论文以及科斯的整个学术生涯中，他其实都没有摆脱世界事实的引力而进入模型空间。（现在权威的经济学期刊中有一半的文章都达到了"逃逸速度"[Leontief, 1982]；值得注意的是，科斯在1932年拜访过刚从俄国移民过来的列昂惕夫，科斯与他讨论了企业的问题[Coase, 1988b: 12]）。而科斯与世界"接轨"的最后一搏，则是以长篇引用一本法律书籍的形式出现的，放在当今经济学广泛采用定量方法的修辞语境中，这似乎很难成为有说服力的结语。承认法律是证据，这是法律和经济学发展的成果之一。这种证据从来都不能与经济学家们采用的科学方法的一般版本良好适应，就科学方法而言，纯粹的文字是无效的，只有数字才能构成检验。

因而，科斯否认了人们可能会仅仅为了指挥别人的乐趣就设立企业的想法，他指出，老板们通常比他们的下属赚得更多（也就是说，老板们似乎并不是为了得到乐趣才支付工资，不像纯粹乐趣假说认为的那样），而且在企业存在的地方，指挥别人的乐趣一定很小才对（Coase, 1937: 38, 38n 16；比较43n. 26）。这个观点在逻辑上和经验上并不具有决定性。当然，这也不是什么定理，不像萨缪尔森的各种定理那样。它也不是什么绝对的"科学检验"。商人经常谈论他们当老板的乐趣，说他们仅仅为了记数而领薪水。不过，作为公司交易成本理论的法律案例中的一个论据，科斯的论证还是不错的。正如亚里士多德所说，这种论证是"恩梯墨玛"[1]，也即，所有科学和法律所依赖的那种不完备的三段论。

不过，科斯毫无疑问是个经济学家

古典修辞的第三部分，在"风格"和"安排"之后，是"发明"，即对论据的发现。与其风格和安排相反，科斯的发明艺术并

---

[1] Enthymeme，即省略推理法，得出或然式证明的修辞式推论，出自亚里士多德《修辞学》。——译者

不是律师式的。他的发明艺术是彻底且一目了然的经济学家风格。如果他的风格和安排让经济学家感到困惑，那么他的发明则会让律师感到困惑。让人困惑可不是赢得读者的好办法。科斯指出，他正在创造一位滞后了"三四十年"的新型读者（Coase, 1988d: 33），这位读者能够同时欣赏尊重事实的律师风格和伴有经济学假设选择的争论。就像福格尔一样，他是一个auteur（作者）——在文学批评家中十分流行的法语词，一个新形式的创造者。科斯暗示到，律师式的经济学家或者经济学家式的律师的隐含读者在1937年还不存在。

科斯的思辨中具有深刻的经济学家特点和非律师特点的地方，在于他不去直接面对当前的问题，转而通过研究其替代选项来解决问题。这就像一个为小偷辩护的律师要辩护说，毕竟这个小偷本可能会成为谋杀犯，因此我们应该为他的这份克制而对他宽宏大量。经济学家总要考察想象世界中的其他可能性，比如机会成本，关注进行有关行动所放弃的其他替代选项。如果在1932年写了一篇关于企业的讲稿的年轻人"几乎不懂什么经济学"，但他对这个领域的理解比很多专家教授都要深。在讨论那篇文章意义的一篇论文中，科斯很欣赏他在1934年左右写的一些笔记，他在笔记中探讨了避免将欺诈作为创办企业的一个理由。他从其他被放弃的选项的角度进行了论证，"一个批发商可以专注于发现谁值得信赖……因此，通过跟这个批发商合作，一家消费企业可以消除欺诈的影响。但这是一种成本，也许可以通过"整合"来减免……"，也就是说，通过让消费企业和供给企业整合成一家大企业的方式来减免（Coase, 1988c: 30）。类似这样的推理是《企业的性质》的核心。

这种推理其实是反事实的，律师和历史学家对这种方式感到不安，但像科斯（以及福格尔和穆特等人）这样的经济学家则认为这是唯一的思考方式。一个律师在思考某人违背合约时找的是亚里士多德所称的"动力"（efficient）原因，比如，能得到的直接收益。一个经济学家找的则是"最终"（final）原因，在黄色的树林中走这条路而不走那条路所能实现的终极目的。

简而言之，科斯的修辞是混杂的，也因而令人迷惑不解，这也解释了从文章发表到其产生影响之间漫长的时间间隔。尽管从某种意义上它是一篇20世纪30年代经济学的典型论文，它的修辞却是相当律师式的。不过在对经济学推理的投入上，它也同样热诚（科斯将其归结为他的老师阿诺德·普兰特："我得益于非凡的运气"[Coase, 1988b: 6]，指普兰特在1930年到伦敦政治经济学院任职）。因此，在1937年科斯也没有律师读者。

《企业的性质》讲的是经济的修辞

《企业的性质》的"修辞"还有另一层意义。科斯的作品把经济学扩展到人们相互对话的世界中，也就是说，人们在这个世界中实践修辞。亚当·斯密在两个世纪前同样谈到了这个问题。他写道，分工是"有一定倾向的……交换、交易、易货……的结果。

[我不会进一步考察]这种倾向是不是人性中的那些初始原则之一……或者，似乎看起来更有可能，它是理性和言语能力（faculty of speech）的必然结果"（Smith, 1776: 17）。《国富论》并没有再次提到言语能力的基础作用，尽管作为修辞教授出身的斯密确实频繁提到商人和政客是怎样说话的。他的基本公式中的一半，理性，后来成了经济学家们特有的执迷之处，尽管，再强调一遍，斯密并没有过多地追求这一点。"经济人"并不是一个斯密式的人物。是后来的经济学家们，尤其是保罗·萨缪尔森，将经济学简化为一个局限条件下的最大化者，一个"寻求的人"（Seeking Man）。相比之下，"说话的人"（Speaking Man），从来没被重视过，即使在制度经济学中也是一样。一个人默默地行动，只为自己而行动。科斯之前的经济学家均表示，这就是效用函数、制度、社会阶级或者产权的意义所在。正如科斯总结的，"[传统经济学理论中的]消费者并不是一个人，而是一个一致的偏好集……我们有没人性的消费者、没组织的企业，甚至没有市场的交易（Coase, 1988a: 3）"。没必要说话。

斯密如果活着是不会同意这一点的。在他的另一本书中，斯密挖掘了言语能力背后的东西（它促成了交易的倾向，进而促成了分工，带来了国家财富）。他将言语能力与说服力联系在一起，也就是说，言语意味着影响他人："被人相信的欲望，说服别人、引领和指导别人的欲望，似乎是我们所有自然的欲望中最强烈的。或许，这种欲望是一种人的本能，正是这种本能造就了人说话的能力"（Smith, 1790, VII.iv.25: 336）；斯密是这样一类作者，他清楚知道他在《道德情操论》和《国富论》中使用了相同的短语[1]。

言语能力，可算得上是律师执业的必备技能，但对经济学家而言则是个谜。但是，言语能力在经济活动中所占的比重大得惊人，不应该一直被忽视。就拿工作类别来说，让我们做个有理有据的猜测，猜一猜每个类别的工作花在说服这件事上的时间占比是多少。初步的结论（见Klamer and McCloskey, 1995）是，1.15亿雇员中有2820万人，或者说约占劳动力总数1/4的人，都在做说服的工作。

这个结论也得到了其他调查结果的证实。沃利斯和诺斯将国民收入的50%算作科斯所讲的交易成本，谈判成本则是这些交易成本中的一部分。同样的，美国工人中有一半以上是白领工人，有些不是靠嘴谋生，但退一步说，很多人确实是靠嘴谋生，从这个意义上来说，很多蓝领和粉领工人（尤其是粉领）也是靠说话谋生的。而在靠说话生活的人中，有相当一部分是说服者。秘书们在公司的行政机构中推动一份文件的通过时，经常被要求做说好话和旁敲侧击的工作。或者，下次你去买西装的时候可以注意一下售货员所做的说服工作。服装专卖店比没配备有"修辞学"修养的导购的折扣店收费也更高。此间差别就是说服的价钱，"是你呀，亲"或者"鱼图案领带真是亮眼"。正如斯密所言（Smith, 1762—1763: 352，这里用的是现代拼写），"大家都在实践演讲术……[因此]大家能够机敏且认真地去管理自身事务，或者说去

---

[1] 即言语能力。——编者

管理人;而这就是每个人(男人和女人)在日常生活大多数时间里的实践……是所有人长期的工作和职业"。或许,并不总是所有人,但至少在斯密的时代有相当比例的人是如此,在现代,起码有25%的人是这样。

换句话说,科斯回到了斯密式的修辞纲领。他把马歇尔完全沉默的经济学(阿克塞尔·莱永胡武德不无同情地将其归纳为一种发条玩具经济学)拓展到言语能力。科斯所谓的交易成本,实际上就是说话成本。导致低交易成本的原因恰恰是带来流畅对话、通俗语言和数学家的"精确定义"的原因。在"交易成本"这个词后面的就是商人的谈话。"我会跟你做买卖,也会与你商谈……里亚托[1]有什么新闻?"谈话为做生意建立了关系。你或许会说,谈话建立的是一种重复博弈,或者起码是重复博弈的氛围,是为了让人们放心,让人们相信他们已经含蓄地承诺过要像朋友那样行事。想象一个没有彼此打趣、氛围严肃的21点牌局。牌局的经济目的是让倒霉蛋跟他的钱以令人愉悦的方式分开。如果庄家只是冷冰冰地高效发牌,那么模拟21点游戏的机器就会和真人牌局一样受欢迎了。事实显然并非如此。

科斯在制度和新古典经济学之间搭建的桥梁当然就是后来人们所称的"交易成本"(他称其为"营销成本";Coase, 1937: 40, 42, 43, 43 n.24)。这些成本包括"发现相关价格是什么"(Coase, 1937: 38)的成本,"为每笔交易谈判并单独签订合同"(Coase,

---

[1] Rialto,意大利城市威尼斯的市中心地区。——译者

1937: 38-39）的成本，"预测"（Coase, 1937: 39）的成本，"不确定性"（Coase, 1937: 40）的成本以及销售税和价格管制（Coase, 1937: 41）的成本。用科斯自己的话说，"[考虑到市场是自动进行决策的，为什么企业仍是必要的这个问题的]答案是，意识到在市场经济中进行交易是有成本的，而且有必要将这些成本纳入分析中"（Coase, 1988b: 17）。

但科斯将经济学拓展到律师式话语世界是谨慎的，他一直留意让理性持续发挥作用。科斯问，在面对市场给出的以比本厂定价更低的价格生产曲轴的订单时，一个理性的经理应该怎么做。这种分析考察的是企业，但视角仍然是交易所在市场的视角。比如，对"独立"或"控制"的渴望并不单独发挥作用。科斯把它们放在一个市场中，作为一个经济学家，他本能地反省道，享受从属地位的工人"愿意接受在某人的手下少干点活"，而享受领导权的领导"则会愿意为了指导别人而放弃一些东西"（Coase, 1937: 38）。

早在第一次世界大战前，德国和美国的一些制度主义者就写过，新古典经济学忽视了制度。但他们犯了一个错误，而科斯式的制度主义的缓慢发展则避免了这个错误。跳到对制度的直接研究，尽管是显而易见且可以理解的，但事实证明这是一个错误，因为这种飞跃为了更好地追求言语能力而无故摒弃了理性。这个错误是在使用律师式风格的同时没有保留任何经济学风格。大多数批评法律经济学运动的法学教授们都有这个问题，他们并没有像科斯那样在二十一岁的时候就掌握了机会成本的理性推断。举例来说，这个错误的现代版本，就是商业史学家阿尔弗雷德·钱德勒的著作，他对经济推理的了解就像萨缪尔森主义的经济学家对商业话语的了解一样。二者都对自身的无知沾沾自喜。相比之下，科斯经济学则既懂经济推理又懂商业话语。

科斯经济学是反现代主义的，是"哥特式的"；其修辞则是后现代的

我已经说过，即使是1937年的文章，其所展现的科斯经济学也是英式的、律师口吻的、经验式的；不是法式的、萨缪尔森式的、数学的。19世纪建筑批评家约翰·拉斯金写道，对水晶般完美的理想主义追求一直是古典主义和文艺复兴时代的精神负担，而现在我们或许可以说它已经成为现代主义建筑的梦魇。他攻击了孤胆天才的独裁，他们在自己温暖的房间里沉思，试图将想到的体系强加到我们所有人身上。关于文艺复兴，他写道：

> 它的主要错误……是不惜一切代价追求完美的病态要求……像韦罗基奥和吉贝尔蒂［想想马克思或萨缪尔森］这样的人不是每天都有……其能力之强足以让他们将发明与科学结合、方法和情感结合，并且华丽地收尾……欧洲在他们身上只看到了方法和结果。这对当时人们的思想来说是全新的，而他们为了追求它而完全无视其余。他们大喊，"这一

点，从此以后在我们的工作中不可或缺"；而我们服从他们了。底层工人为了确保得到这些方法和结果，只能用自己灵魂去交换。(Ruskin, 1851—1853: 228-229)

拉斯金的观点与经济学和其他领域中的实证主义是一致的，都寻求一种全面的、可检验的理论，独立于政治家、手艺人或经济科学家的实践技能之外。一种"诠释经济学"则另起炉灶，就像经济学家们在实际工作中所做的那样（见Lavoie, 1990; Cosgel and Klamer, 1990）。用拉斯金的词说，这是"哥特式经济学"，是寻找统一场论（field theory）的圣杯的终结，是从笛卡尔之梦中觉醒。"这种常识性的改变需要付出极大的努力，使我们摆脱过去两个世纪以来所接受的教育的束缚，并清醒地认识到一个真理……：伟大的艺术……不是一而再再而三地重复同样的东西……所谓的哥特精神……不仅敢于，而且乐于去触犯每一条奴役性原则"（Ruskin, 1851—1853: 166-167）。

而这就是科斯修辞的重点，甚至在他的处女作中就十分明显。他颠覆了理论和实践的等级体系。大多数人都有一个有关理论的简单理论，在这个理论下，单纯的笨蛋也会努力去实践理论家们的"方法和结论"。但这是一种奴性的理论。哥特精神可以在应用经济学最优秀的著作中看到，比如经济史学家罗伯特·福格尔和农业经济学家西奥多·舒尔茨的作品，金融经济学家罗伯特·席勒和统计经济学家爱德华·莱默的作品；最重要的是可以在罗纳德·科斯的法律经济学中看到。哥特精神在该领域的惯常科学中是看不到的，这种科学对保罗·萨缪尔森、肯尼斯·阿罗和劳伦斯·克莱因等毋庸置疑的天才奴颜婢膝。

乔治·斯蒂格勒和其他曾在20世纪五六十年代围着逻辑实证主义尸体的方法论主义者成功克服了这种常识。实证经济学在那段时间是有用的，因为它在1965年左右迫使经济学家们进入一个狭窄但值得尝试的纲领中。但实证经济学从那时到现在都是一种自愿实践的愚蠢，就像晶体学家和哲学家迈克尔·波兰尼将科学方法描述为3×5纸牌理论那样。那是一种糟糕的修辞，声称我们只需要范围很窄的狭义论证，因为只有狭义论证才是真正科学的。在这种方法论中，论证是否丰富、相关或者具有说服力都无足轻重。我们将靠功利主义伦理的一些残羹剩饭过活，那是些明显不重要的统计实验，一些包裹在最老旧的实证主义和行为主义手册中的证据规则。这种修辞对芝加哥学派经济学的学术标准具有灾难性的影响，而且如果它曾得到更有力的执行的话，罗纳德·科斯彻底不可能开始他的学术生涯。

恰恰相反，科斯的"哥特式"经济学让一个饱受诟病却体现了常识和一般道德的词被重新提及——"诡辩的"（casuistic）。科斯的"哥特式"经济学被认为是"诡辩的"，而不是普遍主义的（universalist）；是普通法（common law，判例法），而不是法理学（juris prudential）。他的经济学是一种逐案审查法：如果你赞同黑板经济学说的灯塔是"纯粹公共物品"的完美例子，那么就拿起书本，调阅证词，并检查真实的案例吧（科斯在1974年就是这么做的）。如果你觉得养蜂人和果农是通过合约不可能解决外部性问题的完美例子，也请这样做吧（Cheung, 1973）。艾伯特·詹森和斯蒂芬·图尔敏拯救了"诡辩的"这个词，使其免受人们的傲慢蔑视（对比"修辞""实用主义""无政府主义"）。他们认为，在亚里士多德对特定美德的研究正在复兴的背景下，它是一种完全现代的伦理学方法（Jansen and Toulmin, 1988）。在这个意义上，科斯研究经济学的方法正是诡辩的，寻找手头适合的故事、隐喻、事实与逻辑，并避免不合理地执着于其中一个。这种坚持案例与原则同样重要的伦理故事风格对大多数现代经济学家而言是陌生的。正如科斯自1937年以来就一直提倡、但在很大程度上没人采纳的观点那样，经济学和法律都需要一种修辞，这种修辞既是律师式的，又是经济学家式的。

第七章
未经审视的经济学量化修辞

即使是在最狭义的技术性问题上,经济学家对于是什么让观点变得有力也有着共识,这是一种未经审视的共识,一种他们只能以心照不宣的方式传授给研究生的共识,一种抑制住对正式修辞的尴尬的共识。

例如,修辞标准是衡量市场一体化的必要条件

数字能说明问题吗?根据正式修辞,答案是肯定的:只有数字能说明问题。大多数经济学家认为,一旦你把一个问题简化为只与数字相关,你就把这个问题从人力所能及的范畴内剥离出去了。这正是量化修辞错得离谱的地方。

最好的量化经济学家很清楚这一点。这个修辞观点简直不能再简单了。那就是,在人类的对话中,数字的高低只是相对某个标准而言,而唯一相关的标准则是由参与对话的人提供的。零下

十摄氏度,对于美国弗吉尼亚州的居民来说简直要冻死人;而根据萨斯卡通[1]每年一月的标准,这个温度十分寻常;若按大多数星际气体的标准来看,这个温度则意味着一场热浪。每个人都知道这一点。《纽约客》杂志的一幅漫画里画了一个水龙头,标着"热:一个相对的概念"和"冷:一个相对的概念"。一个东西本身无所谓大小。它是大的(或者黄色的、富有的、冷的、稳定的、综合的、自私的、自由的、上升的、垄断的),都是相对于别的什么东西而言的,而这个参照物必须明确。"但多大才算大?"(But how large is large?)这个问题可以应用到任何量化的论证上。这个问题从它的思想之父——那个令人生畏和惊骇的问题"那又怎样?"(So what?)和它的犹太母亲"那么还有什么新鲜的?"(So what else is new?)得到了精髓。没有比这更好的问题了,因为大多数不够格的学者在相关性(relevance)上犯的错要比在执行(execution)上犯的还多。

这个显而易见的问题之所以令人诧异,是因为很少有人问。比如,就黑人儿童在非种族隔离学校的表现要好多少的问题,约翰斯·霍普金斯大学社会组织中心的罗伯特·克雷恩谈道,"关于成绩的提高什么时候重要,什么时候不重要,还存在很多的争论。"他批评社会科学家被训练得只会从统计显著性的角度思考问题,并指出他们"从未在一个数字多大才算大这个问题上达成共识"(Crain, 1984: 12)。同样的批评也适用于由《钟形曲线》一书

---

[1] 加拿大中部城市。

而重新引发的有关种族和智商的争议。这个技术性的问题是，白人和黑人的平均智商在统计学意义上是否有差异。首先，智商本身就是个有争议的概念，而且很难在没有文化偏见的情况下进行衡量。然而，我在这里想说的是，黑人和白人的智商分布在很大程度上是重合的。因此，在平均智商上所谓的差异，无论是否仅以统计显著性的标准来证明，可能并没有那么重要。这个结论没有任何实际的用处。举例来说，基于种族间平均智商的统计显著性差异，你很难建议把种族作为将某些孩子排除在某些学校之外的标准。在这种政策下，即使接受其令人厌恶的道德基础，大多数学生仍会被安排到错误的学校。无论其差异是否具有统计显著性，它都微不足道。

这个问题在统计学思想中一再出现。精于修辞的科学家每次都问，"那又怎么样？""多大才算大？""这与我们手头要解决的学术或者政治或者道德问题有何相干？"经济学因而很大程度上转向对特征描述的争论：美国是在垄断吗？中世纪的农民自私吗？商品市场是全球性的吗？资本主义稳定吗？——这些都是量化的问题，都取决于我们对"多大才算大"的回答。对特征描述的争论持续了一个又一个世纪，一直没有得到解答，这说明这种修辞失效了。没有人回答"多大才算大"这个问题。所有人都知道我们必须要问这个问题，但没有人做出回答。

大多数经济学或历史学计算的最后一步因而变成了花招，由于魔术师表演的时候显得那么漫不经心，因此更具有说服力："国内价格对国外价格的回归系数与1.00的差异在统计学上并不显著，因此购买力平价是正确的。""正式鞭打奴隶的次数每年少于0.7［或也许少于1.2］，因此，鞭打微不足道［或可能很重要］。"

一个典型的例子是市场一体化经济学。几十年来，有些经济学家一直在衡量一个市场中的两部分之间的相关性，并成功得出结论说市场确实是一体化的。但问题在于其他经济学家，通常使用同样的统计数据，得意洋洋地得出了相反的结论。

历史经济学家更常看到对标准的需要，没错，哪怕只是这样的一个标准：当造出了更好的船只以及当驿道、信号灯、电线杆的价格捆绑在一起的时候，市场一体化程度确实有所增加。知道从1400年到1760年，欧洲粮价的价差曾持续平稳地下降［正如你能在布罗代尔和斯普纳在《剑桥欧洲经济史》第四卷的第470页中贡献的那些壮观的图表中所看到的］，起码要比只知道1600年前后威尼斯的小麦价格与华沙的小麦价格之比是5∶1要强。

对于这个没什么可说的5∶1，你无法从中推断出什么，因为数字本身并不带来什么标准。当你判断出差异很小时，你说一个市场是"一体化的"，但这个词的意思仅仅是在当下这一刻我们都同意的那个意思，即一个"微小"的差异。在某个关于小麦市场的对话中，我们含蓄地拿出"一个微小的差异"来表明在某个标准时间和地点（比如1900年的欧洲）小麦贸易的任意特征。就像《爱丽丝镜中奇遇记》中的矮胖子（Humpty Dumpty），我们选择描述特征的字眼儿来为我们服务——市场是"一体化的"或者"竞争的"或者"黑的"（黑市）——并对它们发号施令。但在剥离修辞语境的情况下谈论这个单独的数字在1600年市场一体化问题上意味着什么，就好像在矮胖子的地盘上玩一个不太合理的游戏。"为什么，"他问，"旋转起来是老鼠？"答案是，"越高越少。"[1]

举个例子，假设在1900年的欧洲，两个相距一百英里的城市的小麦价格之间的平均相关性是+0.95（在这里，价格用同一种货币表示，相关系数取自数十年间的数据，所用数据的时间间隔为每周，等等）。又假设，我们同意"出于讨论的目的"（很明智的说法），1900年的欧洲小麦市场是我们所谓的一体化的。那么我们就有了一个标准，可以判定1600年欧洲、1900年中国、公元前5世纪西地中海地区的小麦市场的一体化程度。当然，这个特定的标准并不是很有用，因为按照1900年的标准，这些市场中没有哪个是"一体化的"。但至少我们知道了这一点。（知道这一点的是"我们"：修辞是具有社交性的。）仅仅知道1900年上海与北京的粮食价格的相关性是+0.85或公元前430年雅典与叙拉古的是+0.70，等于一无所知。

我们需要一个标准。你需要将一个东西放在受众认为相关的尺子上进行对照，来说服他们这个东西很大。很明显，巴黎城外国际标准局中的某个铂铱棒就是"一米"的标准。没人会提议称一场赛跑为"10000"而不带上单位，让赛跑选手按照自己内心的标准去决定到底是10000米还是10000英寸（或是10000吨，抑或是10000个希腊佣兵，这样看来，"越高越少"[2]）。官方的一米的标

---

[1] 这个笑话本身是说不通的，几乎前言不搭后语。作者在这里用这个笑话来进一步说明单独一个数字及对这个数字的解读是没有意义且不合理的。——编者
[2] 即一个单独的数字本身没有任何意义。——编者

准，是一个为社会所认可的在讨论时使用的标准，它赋予10000这个数字以意义，或者我们可以说，它给出了10000这个数字的单位。而人们对10000米赛跑的感受则给出了它在某个具体语境中的潜在语义，例如对一个身体欠佳的大学兄弟会的成员而言，这是一段很长很长的路。赛跑长度距离的单位或其相关性的意义（显著性）是人提供的，而不是来自上帝。这些数字对科学工作至关重要；但科学判断则是最后一步。

所谓的延贝里-泽克标准是一种衡量两国间市场同一性的标准（Genberg, 1976; McCloskey and Zecher, 1976）。在谈论英国的货币供给时，我们将其视为需要在我们的理论中给予特别考虑的，而中洛锡安郡或康沃尔郡[1]的货币供给则不需要。出于某种考虑，我们在谈论美国的货币供给时，"美国"就好像一个巨大的集合体，而我们并不会单独谈及加利福尼亚州或者佛蒙特州的货币供给。这些说法背后必然有一个隐含的标准。这个标准可以这么理解：当我们谈及美国的砖块、锯子和毛衣市场时，无需多言其中包含了加利福尼亚州和佛蒙特州的市场，而这两个州的市场并没有独特到需要单独讨论其货币供给。因此，加利福尼亚州和佛蒙特州的砖块、锯子和毛衣价格变动的相似程度就提供了一个标准（即延贝里-泽克标准），用以衡量美国作为一个整体和英国作为一个整体的市场一体化程度。如果美国和英国之间价格变动的相似

---

[1] 中洛锡安郡（Midlothian）是英国苏格兰的32个一级行政区之一，毗邻首府爱丁堡，是一个人口较少、面积较小的区域；康沃尔郡（Cornwall）则位于英国英格兰西南端。——编者

程度（degree of parallelism）并不比加利福尼亚州和佛蒙特州之间的大，那么出于讨论之便，我们也可以把英国像加利福尼亚州那样包含在美国的货币供给中。在这个对话中，国家之间的边界就不重要了。

这样的论证也适用于其他市场一体化的案例。就18世纪美国人是否参与了市场经济这个问题，早就有美国殖民史学家连篇累牍地写书论战。另一场关于英国劳动力市场在19世纪是否以及何时一体化的论战也不时升温。还有一个例子是，一战以来，自陶西格和维克塞尔以来的每一代经济学家都在为各国是否充分参与到20世纪的世界商品市场中来这一问题激烈争论。结果很重要。不那么重要的一面是简单的经济学供需模型可否应用于整个国家或整个世界。能避免为每个单独的新英格兰农场或者现代国家使用不同的模型是好的。但在保持简洁之外还有更重要的东西。古典经济史中经济学模型的使用，对美国资本主义萌芽期的追溯，英国19世纪经济增长的原因，自凯恩斯以来人们为理解和治理仅为国家层面的经济体所做的各种努力的合理性（如果有合理性可言），凡此种种，都取决于对一体化程度大小的衡量。然而没有一个讨论直面"多大才算大"这个问题，也因此，这些问题从未得到解决。

要衡量18世纪出生率的高低，19世纪社会和地理流动性的大小，英国企业家成就的大小，以及美联储政策影响的大小，都必须回答"多大才算大"这个问题。但相关的研究通常都没有回答。这个问题的答案必须建立在有比较的框架中，需要谈及我们一致认为的出生率低、社会流动性高、企业家成就微不足道，或者货币政策很强的某个时间或地点。

同样，修辞标准是语言学中衡量语言相似性的必要条件

丹麦语或挪威语是否应该算作不同的语言，这个问题与哥本哈根和奥斯陆是否应该算作不同的劳动力市场类似。二者彼此影响。更大范围的政治则影响双方，因为它会决定其中哪种语言或者哪里的工资水平被视作另一方的参照标准。如果丹麦语是丹麦-挪威联合王国中更有影响力的语言（曾经是如此，并因此产生了国家挪威语[1]，或称为王国语言），那么挪威语则会被视为一种地方方言（新挪威语[2]，或叫作乡下方言），就像相对于英格兰东南部英语而言，低地苏格兰语被视为一种方言一样。如果人们把哥本哈根的工资水平视为支付补贴或制定政府工作人员薪酬水平的标准，那么遥远的奥斯陆劳动力市场就成了丹麦中央市场的一个地方分支。对不同语言加以区分是人类的修辞，而不是天堂的法条。

关键是，语言学家也面临着与经济学家同样的难题：多大才算大？丹麦-挪威联合王国的各种方言之间的差别要大到什么程

---

[1] Riksmaal，是挪威语的一种书写标准，与书面挪威语（bokmål）非常接近，属于丹麦语系，形成于丹麦统治时期。——编者
[2] Landsmaal，是两种认可正字的挪威语之一，它完全基于挪威民间口语，和丹麦语差别较大。——编者

度，你才会把丹麦语和挪威语视为两种不同的语言？你会看到语言学家像经济学家一样抓错了重点。语言学家有时会用"相互理解性"（mutual intelligibility）作为定义一门语言的标准，但就像价格相关性一样，这紧接着会要求一个更高阶的标准。如果你认为"格拉斯哥和伦敦的粮食价格的相关性为+0.80"意味着这两地的粮价是高度相关的，那么你就在假设有一个修辞语境提供了一个衡量标准，按照这个标准，0.8这个数字实际上是高的。如果你说"友谊地久天长"（days of auld lang syne）这个短语对格拉斯哥人和伦敦人来说是存在相互理解性的，那你一定有某种标准。可以理解到什么程度？是要说得足够慢并试着接近标准方言时才能理解的程度吗？是能阅读报纸的程度吗？或是能理解人们在酒吧里唱的歌？到底多大才算大？

伦纳德·R. 帕尔默在讨论标准的《拉丁语》（Palmer, 1954）一书的开头几页时表达了他的担心：奥斯坎语（Oscan）、翁布里亚语（Umbrian）、萨贝利语（Sabellian）和沃尔西语（Volscian）是应该作为不同于拉丁语的语言，还是应该与拉丁语一起仅作为共同的"意大利语族"（Italic）下的方言？他写道，"很大程度上，这是有关没有准确科学定义的术语的争议"（Palmer, 1954: 6），他的意思似乎是说，就像是人们以这样的方式交谈一样，没有任何定义能一劳永逸地终结这种争论。他对语言的定义（"一个由某一群体使用的有声符号系统"），简化为了相互理解性。考虑到斯堪的纳维亚半岛出现的政治分歧等类似情况，他给可理解性的标准附加了社会"团结"的条件，即母语使用者是否认为他们在说同一门语言。他也使用了（对母语使用者的）问卷调查得出的定义。这当然是合理的，尽管对一门仅有着十分有限的早期残存的死语言而言，他实际上是退而求其次，转向了更客观但说服力更弱的标准：就翁布里亚语而言，"据计算，伊库维姆牌铭[1]中有60%—70%的词与拉丁语不同，而就希腊语而言，克里特-戈尔廷法律（Cretan Gortynian Laws）中出现的词只有10%—15%无法在阿提卡希腊语[2]中找到"（Palmer, 1954: 7）。要特别注意这里所明确的比较标准。当帕尔默想要说服读者拉丁语和翁布里亚语应该算作不同的语言时，他把二者放在了由希腊语方言所定义的标尺上加以比较。

对语言的研究和对市场的研究既有历时性，也有共时性。鉴于语言学家感兴趣的是语言如何演变成现在的样子，以及它们在某一时期是如何发挥作用的，他们可以用另一个发展的定义，即系谱学，来解决静态定义造成的难题。如果意大利语族既造就了奥斯坎-翁布里亚语又造就了拉丁语，那么后两者就是姐妹语言，问题解决了。在一门语言的发展不受外界影响的简单情形下，系谱学定义提供了自己的标准。拉丁语发展成了意大利语和罗马尼亚语。但说"意大利语族"发展成拉丁语和奥斯坎-翁布里亚语，尽管有可能发生，却让人存疑。

---

1 Iguvinian Tables，由七块青铜金属板构成，用拉丁字母和翁布里亚字母记录了复杂的驱魔和赎罪仪式。——编者
2 Attic，又称雅典希腊语，是一种古希腊语方言，在以雅典为中心的阿提卡地区使用。在各种古希腊语方言中，它最类似于后来的希腊语，并且是"古希腊语"课程所研习的标准语言形式。——编者

我们或许可以把系谱学定义应用于市场问题。如果两个所谓完全不同的市场有共同的祖先——或者，更有用的说法是，有共同的后代——那么你可能会认同把它们称为同一个市场。这样的定义并不是很有说服力，尽管可能对于某个其他目的来说很有趣。经济学中的制度主义者们——包括对经济事务感兴趣但没受过现代、静态、共时性、新古典经济学训练的人类学家和地理学家——对历时性的故事很感兴趣。他们想知道当下交易者的祖父是谁，市场"来自"哪里，"市场如何融资"，市场是怎样一代又一代"繁殖"的，而这些对市场的静态研究没有任何用处。静态研究需要一个不受历史背景影响的定义。（你可能会用更糟糕的字眼来描述静态研究。）静态研究需要的不是故事，而是规则。

语言学家绘制了"同言线"（isoglosses，又称"等语线"）的地图，类似于生产理论中的等产量曲线（isoquants）或气象学中的等压线（isobars），来显示的方言词汇在哪些地方是相同的。"purse"和"pocketbook"[1]，"brook"和"rill"[2]这些词都可以在地图上画出并辨别出它们的边界。（在芝加哥和艾奥瓦市之间的某处，商店里的"bag"变成了"sack"[3]。）如果这些同言线彼此堆叠到一起，那么你就会看到一条在不同方言或语言之间的分界线。你可以用同样的方法处理价格相关性的问题，比如绘制交易中心附近的等相关性（isocorrelation）环线，或者绘制从可追溯的产品到严

---

[1] 均有"钱包"的意思。——编者
[2] 均有"小溪"的意思。——编者
[3] 均有"袋子"的意思。——编者

格意义上的当地产品的相关性频率分布图。地理学家就会这么做。但无论如何你需要一个标准,而其确立要靠其用于说服其他学者的东西(内容)。

语言学家就像经济学家,常常会去接近标准的边缘,而却不更进一步把标准阐述清楚。索绪尔说,"粗略地说,方言是由[同言线]这种一致性的充分聚集来定义的"(Saussure, 1915: 203)。但要有多充分?在帕尔默的《描述与比较语言学:批判性介绍》(Palmer, 1972)中,他以最简明易懂的方式对待方言学,但却在第278页停止了对标准的探寻:方言的边界就在"一束同言线之间存在明显一致性的"地方。但其显著性取决于研究者的感觉。在《定义语言区:南亚》中,科林·马西卡谈到了同言线的汇聚:"当然,对什么构成显著的聚集(clustering),可能有很多不同的观点,尽管数学推导似乎会提供一种明确的办法"(Masica, 1976: 6)。果真如此吗?量化以非常有用且清晰的方式提出了多大才算大这个问题;但缺乏学术对话修辞的量化则没有回答这个问题。

也就是说,科学家的言语行为是对话,不论好坏

你总可以问"那又怎样?",而答案则总取决于你的听众和所涉及的人的目的。人们是为了说服某些听众而做出断言。这没什么见不得人的,人类的可爱之处在于,他们喜欢抱团来对抗冷漠。人类的社交属性让他们发表希望他人相信或使用的各种言论。

学者也是人。在诠释"明显的事实",如美国市场的规模或古意大利诸语之间的相似程度时,不管是经济学、历史学还是语言学者,都必须吸引其他人。对一个明显事实的断言来自其力量(force)——J. L. 奥斯汀称其为"施行式"(performative)特点和"话语施效"(perloctionary)力量,与其"记述"(constative)或者"陈述"(declarative)的特点相对——来自其发生的对话惯例:"我们必须考虑发出话语的整体情况,即整个言语行为"(Austin, 1955: 52)。据说,美国资本市场的运作在19世纪末期有了显著的改善(Davis, 1965)。美国货币供给的增加会造成显著的通胀,尽管其效果要过很久才会显现,而且变化莫测。这里的"显著"(significance)必须与美国经济史学家和经济学家曾有过的对话中的经历相关。否则,这种断言是无效的。尤其是这些断言本身并不存在真假对错。在《如何以言行事》一书中,奥斯汀写道:

> 假设我们用事实来挑战"法国是六边形的"这个论断,在这种情况下,我在想,对于法国,这种说法是真是假?好吧,如果你愿意,这个论断对某些意图和目的而言是真的。或许,对一个将军而言,这个论断足够好,但对一个地理学家而言却并非如此。但接着有人说……"它必须有真假之分——它是一个陈述,不是吗?"你又该怎么回答呢?……只是个大致的描述,这就是正确的最终答案。这是一个粗略的描述;无关真假。"真"或"假"……根本不代表任何简单的东西;它只是普遍维度上一个正确的或者恰当的说辞……是

在这些情况下,为了某些目的,带着某些动机,说给特定听众听的说辞。"(Austin, 1955: 143, 145)

在评价这一段时,文学批评家斯坦利·费什在这里恰好提出了有关经济学中量化思考的观点:

> 所有的话语(utterances)都是……在某些于社会层面能够被设想,被理解的评价维度的假设之内,为人们所生产和理解的……关于法国,你永远无法描述它真正的样子,如果"真正的"指的是法国独立存在于任何评价维度之外的话。你所谈论的法国总是关于它的讨论的产物,绝不是孤立的存在。法国的例子表明,所有事实都与具体的语段(discourse)有关……因此没有人可以说任何语言与事实存在"就是如此"的特殊关系,且不受社会或常规假设的影响。(Fish, 1980: 198-199)

当我们注意到不仅一般语言哲学家,还有现代文学批评家都这么说话时,或许有助于我们接受这样的相对主义。现代物理学家对最真实的现实(the realest of realities)也说类似的话。而人们已经把贝尔特拉米1868年的证明〔他证明了如果欧几里得的几何没有任何的自相矛盾,那么洛巴切夫斯基的几何也没有〕视作数学中处理这类问题的典型。没有适用于所有数学系统的一致性证明(后来哥德尔完美地证明了这一点),只存在对把一部分数学语段用在另一部分上的某些数学系统的一致性证明。

毕竟,断言这种行为的社会性和说服性是我们日常能感知的,也是我们每天都在做的。我们会自然地寻找外部标准来做出判断,不管它是不是量化的标准。你儿子的脚大吗?好吧,有多少14岁的孩子确实要穿13码的鞋子呢?在没有对话语境的情况下说出"13码",对讨论并没有帮助。《希腊古瓮颂》[1]是一首好诗吗?好吧,可以拿这首诗与一百首随意挑选的诗歌进行比较。我们不能离开人类的对话而做出诸如此类的判断。我们要断定什么是大脚、什么是好诗,以及什么是市场一体化中的大统计量。标准是社会性的,而不是唯我论的(solipsistic)。标准写在学者的书面对话中,而不是在天上或者学生t分布(Student's t-distribution)的显著性统计表格中。

科学知识具有的社会性并不会使其变得武断、含糊、受民意操纵或声名狼藉。举例来说,如果对科学知识有所担心的话,我们要知道科学知识仍然是"客观的"(objective)。自笛卡尔以来,受西方哲学所青睐的客观主观区分在通俗用法中意味着哪些可以讨论哪些不可讨论。但即便在更复杂的意义上,"客观性"也必然有一个社会性定义:我们知道中世纪的玉米产量在客观上是低的,因为和我们交谈的,都是认同我们的证据、我们的计算和我们的比较标准的人,他们证实了"低"这个词的有效性。而这些人类标准不是人类科学特有的。数学家阿尔芒·博雷尔曾写道,"只要

---

[1] 济慈的一首诗。——译者

我们相信一个东西在他人头脑中的形式跟它在我们头脑中的一样，且相信我们能够想象它并一起讨论它……这个东西就变得客观了"（Borel, 1983: 13）。衡量粒子持续的时间、恒星的大小，或者大脑电子活动的标准，取决于它们能否由人们"一起讨论"。再强调一下，这个标准是人定的，而不是上帝定的。

因此，定量陈述的标准就必须是修辞的。这仅仅是因为有关核粒子或者市场一体化的对话已经到了必须对衰变率或价格相关性加以计算的时候了。对话的修辞，而不是探究的逻辑，为科学提供了标准。

例如，有关购买力平价的对话在修辞上是含糊不清的

但是，科学的修辞性、对话性标准并不意味着怎样都行。恰恰相反，你只有了解修辞才能明白论证并应用论证标准。

正式修辞中低标准的一个绝佳例子是有关购买力平价的文献。在对话中涉及的经济问题，又是一个市场是否是一体化的问题。世界经济是否像美国中西部，如艾奥瓦市、麦迪逊市和尚佩恩市那样，商品价格都是给定的？或者，世界经济是否更像太阳系，其中每颗行星的经济都可视为彼此独立？如果世界经济就类似于艾奥瓦市的经济这个观点是正确的——考虑货币之间的汇率——那么世界各地所有商品的价格将会朝同一方向变动。如果世界经济就类似于太阳系的观点是正确的，那么商品价格会发生不同方

向的变动。如果前一个观点（艾奥瓦市观点）是正确的，那么所有对世界其他地区封闭的经济模型，无论是凯恩斯式的、货币主义的还是理性预期的，都是错误的；如果后一个观点（火星观点）是正确的，那么经济学家们可以（正如他们所做的那样）继续仅根据20世纪40年代以来的美国经验来检验他们的宏观经济学理念。

那么，价格是否在全球范围内紧密联系这个问题就很重要了。正式修辞对回答这个问题需要什么并没有多少含糊之处。比如说，收集美国和加拿大的各种有关价格的事实，然后……很好地……验证假说。无数经济学家这样做过。其中半数经济学家得出结论，认为购买力平价是有效的；另一半则认为购买力平价是失灵的。这些结论之所以不同，不是因为经济学家很愚蠢，或者经济学很武断，而是因为争议各方没有考虑到他们所用的统计学修辞。

举例来说，欧文·克拉维斯和罗伯特·利普西在一篇相关论文中得出结论，说购买力平价是失灵的："我们认为，国际收支的货币主义理论的诸多版本所设想的国家和国际商品的高度（high）套利不太可能（unlikely）是现实世界的典型（typical）情况。这并不是要否认先进工业国家的价格结构是相互联系的（linked），而是在暗示这种联系是松散（loose）的而非刚性（rigid）的"（Kravis and Lipsey, 1978: 243）。每一个加着重号的词都包含与某种标准的比较，以判断什么是不太可能的、高度的、典型的、相互联系的、松散的或刚性的。不过，这篇文章和其他有关购买力平价的冗杂文献都没有提出任何标准。

对购买力平价最狭隘的检验方法，也是主导正式修辞的检验方法，是在考虑汇率因素的情况下，把美国国内（钢铁或者一般商品，同等的或有所差异的）的价格与国外相应的价格进行对比。如果拟合出来的直线斜率是1.00，那么就可以说购买力平价假说得到了证实（confirmed）[1]；如果不是1.00，则说没有得到证实。

克拉维斯和利普西进行了这样的检验。作为优秀的经济学家，他们显然对其中的修辞感到有点不舒服。他们承认"每个分析师都需要根据他们的目的，判断购买力平价关系是否足够接近1.00，以符合理论"（Kravis and Lipsey, 1978: 214）。正是如此。不过，接着，在下一句话中，他们就忘了要让观点具有说服力是需要一个明确的标准的："作为一般判断，我们在此说明，这些结果并不支持一个高度一体化的国际价格体系的概念。"他们并没有说明什么是"一般判断"，也没有说明你可以如何识别它。一种明确的经济学修辞的目的是提供指引。

克拉维斯和利普西为评估他们的一般判断所提供的指引是一个脚注（Kravis and Lipsey, 1978: 214），是霍撒克，哈伯勒和约翰逊对一般判断的说明：对这个假说而言，低于10%或20%的任何偏离平价的情况都是可以接受的。（顺便提一句，克拉维斯和利普

---

[1] 张五常曾解释过confirmed这个词："'A theory cannot be proven; it can only be confirmed'——同学们要记着这句话。Proving与confirming不同，在实证科学中有着微妙而重要的分别。前者是证实了，不可能错，正如数学上证实了的定理。后者呢？以中文言之也可说是证实，较为正确是'验证了是对的，没有错'。但验证了的对，还可能错，对了无数次还可能错。可以被事实推翻（可以错）但没有被推翻，英文字是confirm——还可能是错的证实。文化不同，严格来说，中文没有这个字。"——编者

西提供的大部分证据都通过了这样的检验，这与他们的结论背道而驰。）将一个未经争论的标准与另一个未经争论的标准进行对比，来接受或拒绝它，这样做并不能提高经济学中的论证艺术。

公允地说，克拉维斯和利普西对制定某种标准的必要性异常敏感，比这个领域的大多数经济学家要敏感得多。他们不断回到标准问题上来，尽管最终没有解决它。这让我们想起那些为"一种语言"寻找标准的语言学家。他们在第204页上用一个缺乏说服力的句子拒绝了迄今为止在文献中提出的唯一一个标准，也就是前面描述的延贝里-泽克标准。

像大多数经济学家一样，他们只留下了毫无意义的量化修辞——"显著性统计检验"。这就是不去问"多大才算大"这个问题的后果。经济学的量化修辞已经出了大问题。

第八章
显著性检验的修辞

统计显著性已经毁了经济学中的实证工作

计量经济学由于没有正视其重要的修辞而犯了严重的错误。这个严重的错误是回到统计学本身去回答购买力平价的偏差是否重要的问题。计量经济学将统计工具变成了统领整个科学工作的东西，自始至终，巨细靡遗。但是你可以看到有些地方不对劲。我们之所以关心购买力平价是因为我们是带着目的的人，而不是因为某些数字有什么绝对的高低之别。

换句话说，早晚你会抛开你的统计学工具并问这样一个常识性的问题："好了，各位，这又有什么关系？"有没有必要把一个星系对另一个星系的引力效应考虑在内？陨石的影响是否大到足以解释恐龙的灭绝？美国的物价是否与全球物价有重大联系？数字是必要的素材。但数字并不足以让我们对事物得出科学的结论。只有科学家才能做到这一点，因为"结论"（conclusion）是一种人类才有的想法，而不是大自然的想法。这是人类思维的一个特征，而不是统计数据的特征。

这个悲剧性的转变是由劳伦斯·克莱因和其他现代计量经济学的发明者们在20世纪40年代造成的。克莱因和所有从事现代科学的人都在寻找一种机械的、毫无争议的方式来决定某些影响是大还是小。请不要做人为的判断，咱们可是科学家。不幸的是，对于经济学及医学等其他一些科学，在20世纪40年代，克莱因的手边就有一个这样的工具，它似乎承诺可用一种无可争议的方式决定一个数字是大还是小，这种方式完全在统计学范围内，且丝毫不掺杂人为的判断。可怕的是，从经济学中的结果来看，这种工具早已被称为"统计显著性"，而且这样的称呼已经有七十年了。这真是令人难以言表的悲哀。克莱因拾起了这个工具，开始用它来宣称自己取得了"具有显著性"的结果。无需评估一个数字是大还是小。克莱因认为，用来估计外国价格对美国价格影响的统计数据本身就可以用来决定它们自身是否真的重要，以及1.20或者0.80或者0.08的斜率是否真的重要。

克莱因的第一篇科学论文发表于1943年，当时他刚从麻省理工学院获得经济学博士学位（萨缪尔森是他的论文指导老师）。在这篇论文中，他说了一段话，这段话在后来追随他的人口中逐渐变得程式化："Y在回归中的作用不具有统计显著性。回归系数与标准误差的比值仅为1.812。这个很低的比值意味着我们不能拒绝回归系数的真实值为零的假设"（Klein, 1985: 35）。其他人模仿他，洞察力却远不及他。这种做法越来越普遍，尤其在计算机芯片技术成熟的20世纪70年代。很快，经济学界的每个人都认为统计显著和科学重要[1]是一回事，以至于你可以跳过科学工作的最后一步——对大和小进行人为评估。

我说过克拉维斯和利普西（Kravis and Lipsey, 1978）是很好的经济学家。在论文的第204、205、235和242页，他们区分了所得结果的统计显著性和经济显著性。他们在论文中多次做出这样的区分，以至于这样的区分必须被视为其论文的一个重要方面。他们说，即使是国内价格和出口价格上的微小差异也可以对刺激出口造成巨大影响："在这种情况下，具有统计显著性［即两种价格间的相关系数接近1.0，人们可能会误认为这意味着其差异并不显著］并不意味着它具有经济意义"（Kravis and Lipsey, 1978: 205）。然而他们并没有一以贯之。这不奇怪：在当时不存在经济意义的修辞，而且面对一种所谓有科学声望的统计意义的修辞，他们没有意识到他们应该坚持下去——统计学本身就能维持自身权威。

在经济学的统计学论证中，对"显著"（significant）一词的滥用十分普遍。统计显著性似乎给出了一个标准，人们用这个标准判断假设是真是假。而这个标准似乎根本不考虑一个假设必须多么正确才算足够正确。但世上没有免费的学术午餐。统计学t分布表并不能滋养一门科学。

人们不应该将统计显著性作为标准，因为尽管统计显著性考虑了既定样本量下的结果有多大可能是由抽样变异性导致的，但

---

[1] 在本章，"significance"根据情况的不同，有时译为"显著性""显著"，有时译为"意义"；所示意思基本一样，均指"重要性"，请读者注意。——编者

它没有考虑该结果在科学上的重要性。根据这个修辞，假设某人使用容量为100万的一个样本，估计出斜率为0.9999，标准误差为0.0000001；他很可能会说：这个斜率与斜率1.0000有（统计上的）"显著"差异，这是购买力平价"失灵"的证据；毕竟这就是统计显著性的逻辑。然而，根据常识，学者们基本不会断言这种差异有科学上的意义。显然，这个常识也应该用来判断斜率为0.90或1.20是否具有科学意义，但学者们并没有这么做。

理查德森的论文"商品套利和一价定律的一些经验证据"（Richardson, 1978）就是一个例子。他把众多行业中的加拿大商品价格与美国商品价格和汇率的乘积进行回归，然后得出结论，"值得注意的是，'一价定律'统统失灵。所有的商品组都在95%的置信水平上拒绝了完美商品套利的假设"（Richardson, 1978: 347）。问题在于，在不完美的世界里，拒绝完美套利假设有什么意义？

统计显著性标准削弱了文献的作用，无论这些文献是支持还是不支持购买力平价理论的。举个例子，在一篇支持购买力平价理论的文章结尾，保罗·克鲁格曼写道，"我们试着评估购买力平价这个理论的方式有很多种。我们可以问，这个理论在多大程度上解释了所研究的问题［即R平方，另一个统计显著性的度量］；我们也可以问，在某种绝对意义上，实证研究结果与购买力平价的偏差有多大；我们还可以问，实证研究结果与购买力平价的偏差是否在某种意义上是系统性的"（Krugman, 1978: 405）。用"在某种绝对意义上"和"在某种意义上"这样辩解性的字眼暴露了他的不安，而他的不安是有道理的。不存在什么"绝对意义上"

好的或者坏的描述。意义必须是相对于标准而言的，而标准则必须经过论证。

雅各布·弗兰克尔也曾钟爱购买力平价理论，这在经济学家中并不鲜见，但他也一度痴迷于统计学线性拟合，他说，"如果市场是有效率的，且如果远期汇率是对未来即期汇率的无偏预测，那么［在昨日所报的对今日汇率的预测与今日即期汇率的拟合中］所得的常数项……不应该与1有显著的差别"（Frenkel, 1978: 175）。在下一页的脚注中，谈到20世纪20年代对这类等式进行估计的标准误差时，他认为"尽管这些结果表明市场是有效率的，而且平均而言远期汇率是对未来即期汇率的无偏预测，但2%—8%的标准误差是显著的"（Frenkel, 1978: 176n）。他显然忘了他在另一个意义上用过"显著"这个词。他的意思似乎是，他认为2%—8%的误差在某种未指明的经济意义上是很大的，或许从为那些幸运猜出正确即期汇率的人提供显著收益的角度来看，意义很大。不管怎么说，我们不清楚他得出的结果对购买力平价这个研究主题意味着什么，因为统计学中的显著性，无论有时候多么有用，与经济意义根本不是一回事。

我的观点并不是说显著性水平是任意的（aribitrary）。当然它是任意的。我的观点是，我们不知道由显著性水平界定的范围能否支持或者否定一个假设。我也并不是说，经济学家应该经常使用区间而不是点来进行零假设。尽管如此，我们仍然需要通过讨论经济学问题的修辞来选择区间。我们并不能直接使用统计学t分布表来选择区间。只有在你根据科学依据选择了构成大和小的要素时，统计学t分布表才能用于选择区间（而且，顺便说一句，还得在你确实有一个从样本推断总体的问题时）。当然我也不是说计量经济学应该受到鄙弃。恰恰相反。我的观点是，计量经济学并没有遵循它本身具有的假设检验修辞。对购买力平价进行假设检验的文献里没有一处出现损失函数。当人们说购买力平价是正确的，但根据对斜率系数的衡量，它只有85%的正确率的时候，我们并不知道失败的政策或滥用的分析抑或受损的声誉会让我们付出多少代价。

延贝里-泽克（Genberg-Zecher）标准并不是我们能想出来的唯一标准。某个黄金时代（或许1880至1913年，或者1950至1970年）的市场一体化程度或许可以作为一个标准；超额套利的利润额或许又是一个标准；偏离购买力平价X个百分点的程度会否影响某些对通胀原因的断言，可能又是一个标准。关键是要有论证的标准，要超越大多数现代经济学中假设、拟合、显著性检验、发表这样的伪科学仪式所带来的不具说服力的修辞。

计量经济学混淆了统计意义和科学意义

美国统计学会前主席威廉·克鲁斯卡尔曾感慨道："毫无疑问，诸如统计显著性和实际显著性之间的区别这种基本问题，对能熟练处理五阶段最大似然估计和巴拿赫空间中具有值的效用函数的计量经济学家而言，是非常基础的"（给作者的信，1982年4

月26日）。遗憾的是，事实并非如此。他在《国际统计百科全书》（Kruskal, 1968）中有关显著性检验的文章所发出的警告，在统计学家中人尽皆知，却并不为大多数经济学家所知。统计显著性的修辞正在梦游。

只有少数经济学家认识到显著性检验的局限性。爱德华·利默在《让我们摆脱计量经济学的弊端》（Leamer, 1983）一文中提出，因忽略一个重要变量（哪个社会研究者会认为自己已经想到了每个重要的变量？）而导致的设定误差（specification error），使样本协方差的表达式中多出了一项，该项没有随样本量的增加而趋于零。该项根本不会改变，因为它并不是由抽样误差（sampling error）造成的；而是由设定误差造成的。因此，统计估计的准确性不会随着样本量的增加而提高。统计学的方法只能恰当地处理抽样误差，我们不能指望它去处理其他的误差。当其他的误差问题很严重时（事实上，我们通常就这么认为），继续过多谈论（相对较小的）抽样误差是没有意义的。经济学家和其他量化研究者眼下大范围做的，是在效仿因为路灯底下比较亮就去那里寻找丢失的钥匙的醉汉。利默对问题的解决方案会让历史学家、人类学家、地质学家和其他对事实比经济学家更有耐心的学者高兴。回到黑暗中寻找其他类型的证据吧，不是更多的同类型证据（抽样问题已经被过度解决了），而是不同类别的证据，它们的偏差分布独立于第一种证据中的偏差。把这第二种证据包含进来，就能让误差减半。再包含进第三种证据的话，则能让误差减小到最初的三分之一。

几乎没有一本计量经济学教材提到统计显著性与实际显著性的一个差异。亚瑟·戈德伯格在他最近出版的《计量经济学》（Goldberger, 1991: 240-241）一书中确实提到这一点，这引起了另一位著名计量经济学家的注意，他正在审阅四本重要的教材："[当在经济学和技术统计学之间的]联系[在戈德伯格的著作中]确立之后，就有一些重要的洞见产生了，比如讨论统计意义与经济意义的部分，这是一个其他著作未曾提及的话题"（Granger, 1994: 118）。未曾提及啊。牧师们在布道中一再解释盗贼怎样行窃，却没提到盗窃本身是一种不可饶恕的罪行。

三卷本的《计量经济学手册》（Griliches and Intriligator, 1983, 1984, 1986）是一部皇皇巨著，由多位作者撰写，然而，它仅在一处提到了统计显著性和科学重要性之间的差异（是由爱德华·利默提到的）。最近出版的《统计学手册》第11卷（Maddala et al., 1993）有足足762页，其中只有一句话，指出在足够大的样本量下，所有系数都是"显著的"。这其实更糟糕，这就像圣托马斯·阿奎纳写完了《神学大全》却完全没有提及罪恶一样。

在J. 约翰斯顿那开创性的计量经济学教科书的第二版（Johnston, 1972）中（我是跟着这本书的第一版学习计量经济学的），他给出了一个长达26页的例子，介绍了如何对1945至1957年间英国交通登记中的道路伤亡情况进行回归分析。他设想，这段时期结束时，也许是在引入了更严厉的惩罚措施之后，道路伤亡人数会小幅减少，并以此阐述了统计显著性的用处（他在书中没有将其与实际显著性相区分）。那么这个想象的数量减少是真实的还是随机的？重要还是不重要？（这两个不是同一个问题，但这是我说的，约翰斯顿从没这么讲过。）他的结论是，"计算结果表明，这种减少在5%的水平上具有[统计]显著性，但在1%的水平上则不显著。"这意味着，如果对此结果的判定要求非常严格（使用1%显著性水平对结果进行判定），你可能会得出的结论是，更严厉的惩罚措施没什么效果，我们尽可以不必采取更严厉的惩罚措施。但别忘了，他想象的道路交通死亡人数减少了数千人。由于混淆了统计显著性和实际显著性，并认为统计显著性是做判断的唯一根据，约翰斯顿一头扎进了谬误之中。他忘记了研究的实际意义（减少人员伤亡），而仅用学生t分布表得出结论，认为数千人免于交通道路伤亡这件事可能并不具有"显著意义"。作为研究者，当我们在温暖的屋子里边喝茶边写学术论文时，如果我们的样本量很小，我们就应对统计显著性保持警惕，不要高估研究结果的意义。

你从短波收音机里听到一个女人在呼救，但信号有点弱，还有静电干扰，所以你就犹豫起来并袖手旁观。她可能在说，"我的房子被强盗入侵了。快报警！（My house is being invaded by robbers. Call the cops!）"或者，她可能在说，"临时工正给我刷房子。墙和屋顶！（My house is being painted by jobbers. Walls and tops!）"所以你就什么都没做，仅仅因为信号有些嘈杂。约翰斯顿就给人们留下了这样的印象，而这会让统计显著性沙盒游戏的外行们觉得难以置信：成千上万人因道路交通事故而伤亡，这除了让一个可能高估了严厉惩罚措施效果的研究者感到不好意思之外，根本无足轻重。但计量经济学家们正是按照这样的程序做研究的。

大多数经济学家认为,尽管统计显著性检验是一个初步的筛选动作,但它是一个必要条件,应该通过它来进行经验估计;但这种想法是不对的。经济学家会说,"好吧,我至少想知道系数是否存在,不是吗?"没错,但统计显著性并不能告诉你这一点。系数是否存在,即是否为零,需要根据现实物理意义判断。统计上不显著的系数,在现实意义上未必等于零。阿司匹林和心脏病的实验在没达到统计显著性(未达到医学研究者想要的水平)时就停止了,因为阿司匹林在挽救生命方面的意义是如此之大,以至于进行双盲实验——其中有些人不会得到每日所需剂量的阿司匹林的实验——是不道德的。在做科学研究时不能不考虑损失函数。

我并不是说只有拟合系数的平均值才重要。也就是说,我并不认为只有一阶矩(moment)是重要的。二阶和更高阶矩可能也具有科学意义。但如果它们有的话,我们想知道的是总体(population)的二阶矩,(或者二阶矩的平方根,σ,这很容易通过求样本方差的平方根得到)。但总体的二阶矩 σ 不同于你用来检验统计显著性的数字——估计(estimate)的二阶矩,后者把估计本身视为一个随机变量。根据抽样误差检验的主公式(Master Formula of Testing for Sampling Error),估计量的二阶矩应该是 σ 除以N的平方根。这两个数并不一样:它们根本不是一回事;除以N的平方根会改变一个数字。我说的是,对大多数科学问题而言,估计值的标准误差并不能回答多大才算大这个问题。

举个例子:假设你对荷兰女性身高感兴趣。你抽取一个样本，假设容量为30，由此得到身高均值和抽样误差。作为一个科学家或者一个服装生产商，你可能会对样本所在总体的标准差本身感兴趣。对许多科学的或者实际的问题而言，你想知道总体标准差 σ，它一般是用样本标准差 s 作为其估计值。接下来，你必须对这个标准差是大还是小以及它会如何影响你的研究目的做出判断——这个判断与样本量或它的平方根没任何关系。作为一个服装生产商，你得考虑适合高个子女性裙子的产量应该占多大比例。

但样本均值标准差（$\sigma/\sqrt{N}$）跟你实际上出于商业或者科学研究目的想知道的标准差（σ）并不是一回事。样本均值本身确实存在一个分布，根据这个公式（$\sigma/\sqrt{N}$），随着N的变大，样本均值的标准差逐渐趋近于零。在科学问题中，这样的结果正确、漂亮，但极其罕见。除非你真有一个与估计的标准差相关的损失函数，否则你是不会对 $\sigma/\sqrt{N}$ 有什么兴趣的。即便你确实有这么一个损失函数，你仍然没有遇到过具有实际意义的损失函数。而且在大多数经济学的应用中，你会自欺欺人地想象你能控制这个偏差的来源，即它来自一个具有经典性质的分布的合理随机样本，是由其他原因造成的总偏差的一个重要部分，这些原因包括误设定偏差、联立方程偏差、截尾样本、变量误差，以及因纯粹的错误计量造成的偏差。与总体的标准差相比，估计的标准差，并不是大多数问题的答案。对有些问题而言，它很有趣，对大多数问题而言，它是不相关的。我们不能因为路灯底下光线更好，就假装一个关于实际大小的问题（平均值的一阶、二阶、三阶或更高阶的矩）和不幸因样本太小而导致估计存在模糊性的问题是一样的。

为统计学检验的当代用法辩护的人可能会说，约翰斯顿和其他忽略了统计意义与科学意义之间区别的计量经济学家们预设读者是学习过统计学基础课程，了解经济意义和统计意义之间的区别的。这个说法是可以检验的。在书的前言里，约翰斯顿引导对阅读第一章有困难的读者去读一本"好的统计学入门书籍"，并推荐了保罗·G. 赫尔的《数理统计学入门》（Hoel, 1954）、亚历山大·M. 穆德的《统计学理论入门》（Mood, 1950）和 D. A. S. 弗雷泽的《统计学概论》（Fraser, 1958）。（Johnston, 1972: ix）这些书都很不错，比如，穆德就对幂函数做了很好的处理，指出了其在实际应用中的重要性。但这些书都没有明确区分实际意义和统计意义。赫尔写道，"一些与检验假设有关的词和短语应该引起学习者的注意。当对假设的检验得出的样本值落在临界区域内时，该结果是显著的；反之，则该结果不显著"（Hoel, 1954: 176）。因此，学习者从开始学习统计学时就被引导得认为经济学（或者实际）意义与统计意义是一回事。赫尔解释说，"['不显著'（not significant）]这个词源于这种样本值与假设不符的事实，因此说明我们需要一些其他的假设"（Hoel, 1954: 176）。然而，这种做法并没有用。

统计学的难题源于其修辞史

如果你回溯显著性检验的修辞史，你会发现经济学家（以及医学家、社会计量学家、心理测量学家、政治学家和教育家等等）是如何迷失方向的。一定程度上，对统计显著性的误用源于"显著性"这个名称的修辞。这个词暗示，我们这些严肃的科学家当然应该首先对"显著性"系数感兴趣：我们这些伟大且优秀的人不希望把时间浪费在琐事上。英国的统计学传统在早期是由卡尔·皮尔逊主导的，而在其逐步发展成熟的阶段，则是由R. A. 费希尔主导的。他们两个人，尤其是费希尔，对给自己的理念命名十分在行。正如威廉·克鲁斯卡尔所说，

> 假设R. A. 费希尔爵士——一位公共关系的大师——没有从普通英语中拿来那些极易引人联想的词，比如"充分的"（sufficient）、"有效率的"（efficient）和"一致的"（consistent），并把它们变成精确定义的统计学理论术语，假设他用十分乏味无力的术语来表示估计量的特征，把它们称作特征A、B、C，那么他的工作还会像现在那样产生巨大的影响力吗？我想不会，或者至少不会产生这么立竿见影的效果。或者让我们转向费希尔精妙的短语——"方差分析"。抛开基本理论不谈，认为这个可爱而又半神秘半带预示的术语和有序的表格在赢得人们认可方面起了不少作用，是否有点太犬儒主义了？（Kruskal, 1978: 98）

"显著性"（Significance）是个更老的词语。统计显著性的概念也由来已久，尽管后来被误用了。在西塞罗的《论预言》中，

昆图斯[1]主张我们应相信来自神的迹象："你说这'纯属意外'。那么，真的是这样吗？一个本身带有所有真实性印记的东西会只是个'意外'吗？当你投出四个骰子，得到了一个维纳斯牌阵[即每次投出的数字都不一样]——这是偶然；但如果你投一百次骰子，得到一百次维纳斯牌阵，你也会认为那是偶然吗？"（Div., I, 23）18世纪早期，约翰·阿巴思诺特观察到，在过去的82年里，每一年出生在伦敦的女孩都比男孩多，这种事件在p=0.50的零假设下出现的概率很低，于是他从中推断出上帝偏爱……男性（Denton, 1988: 164）。对统计显著性这个概念第一次重要的科学应用，是在拉普拉斯1773年关于十二颗彗星轨道分布的回忆录中：他借此得以拒绝十二颗彗星全部处在与行星相同的黄道面上的假设，因此证明了它们都起源于太阳系之外（Scott, 1953: 202）。

兰斯洛特·霍格本认为是1888年，约翰·维恩在谈到用概然误差（probable error）的单位来表示偏差时，第一次将"显著性"这个词用于统计学描述："它们告诉我们在上表中哪些偏差是永久和显著的，之所以这么说，是因为我们可以确信，如果我们再选取一个类似的样本，应该会发现类似的偏差；它们也告诉我们哪些只是暂时和不显著的，因为即便再选一个类似的样本，也会发现类似的偏差，不足以推翻已得的结论"（引自 Hogben, 1968: 325）。斯蒂芬·施蒂格勒则证明是 F. Y. 埃奇沃思，而不是维恩，在1885

---

[1] 昆图斯·图利乌斯·西塞罗，是《论预言》的作者马库斯·图利乌斯·西塞罗的弟弟。《论预言》就是他们兄弟二人的对话。——编者

年第一次用到这个词："在确定波动后，我们可以自信地断言，两个统计数据之间的偏差既不具有表面上的显著性，也不对应一个事实上的真正差异"（出自1885年给国王学院讲座的课程，引自Stigler, 1986: 364）。不管怎么说，这个词第一次出现在英语里是在19世纪80年代。这里的论证是合理的：当恰当地用于一个确切的样本上时，显著性这个词确实意味着维恩所描述的统计意义上的稳健性，或从某种意义上说意味着埃奇沃思所说的"事实上的真正差异"（尽管这种说法不太令人满意，而且更有可能被误解为具有科学意义）。然而，偏差——比如在美国商品价格对外国商品价格的回归系数0.999和1.000之间的偏差——可以是稳健的（不太可能是样本出了什么问题），而同时不必在任何其他意义上有什么"显著性"。

这就是"显著性"一词的缺陷。到了19世纪10年代和20年代，这个词的用法已经在经验丰富的研究工作者中变得很普遍了（Pearson, 1911; Yule and Greenwood, 1915; Fisher, 1925: 43）。随着这个词的使用蔓延到资历尚浅的研究者中，那些试图挽救其用法造成的修辞损害的战役也随之开始了，而这些战役注定失败。有许多著作的观点与我在这里提出的观点相同，而此类著作中的第一部早在1919年就面世了（Boring, 1919）。在统计学教育中，反对机械地使用显著性这个词的观点很早就已十分普遍了。比如，到1939年，一本在学术上没那么做作的《统计学术语和符号词典》很直白地提到这一点："显著性差异并不一定很大，因为在大样本中，即使一个很小的差异也可能被证明是很显著的差异。此外，显著性差异的存在可能具有实际显著性，也可能没有"（Kurtz and Edgerton, 1939, s.v. "Significant Difference"）。莫里斯·肯德尔和阿兰·斯图亚特的《高级统计学理论》明确地认识到了这种修辞上的缺陷，推荐人们使用更中性的"检验规模（size of the test）"，而不是"显著性水平"[Kendall and Stuart, 1951: 163n；对比 Morrison and Henkel, 1969，后者提议使用更没有暗示色彩的"样本误差决策程序"（sample error decision procedure）来替代"显著性检验"（Morrison and Henkel, 1969: 198）]。

统计显著性是进行重要科学推论的工具，这个概念是由 R. A. 费希尔在20世纪20年代首次提出的。他对修辞上更加合理的程序的反对是有力而充分的。现代统计学的内部历史是，费希尔赢了，理性输了。20世纪30年代，耶日·内曼和 E. S. 皮尔逊[1]，以及当时说得更明确的亚伯拉罕·瓦尔德，都认为实际的统计决策应该建立在更实际的意义上，而非仅仅建立在统计显著性上。1933年，内曼和皮尔逊（在I类错误和II类错误[2]问题上）写道，

> 将无辜的人错判为有罪和将有罪的人错判为无罪，哪个后果更严重？这取决于错误的后果；惩罚是死刑还是罚款？被释放的罪犯对社区有什么危险？当下人们关于惩罚的伦理观点是什么？从数学理论的角度看，我们能做的就是说明如

---

[1] 上文提到的英国数学家卡尔·皮尔逊（Karl Pearson）的儿子。——编者
[2] 统计学假设检验中的两种错误类型。——编者

何控制和最小化出错的风险。在任何给定的案例中，都必须由调查者来决定如何使用这些统计学工具以确定权衡的策略。
（Neyman and Pearson, 1933: 296）

瓦尔德进一步说："关于如何确定加权函数[即损失函数]W的形式的问题，并不是数学或统计学问题。想要对某个假设进行检验的统计学家必须首先确定所有可能错误的相对重要性如何，这完全取决于其研究目的"（Wald, 1939: 302）。这些把成本和收益置于科学决策中的概念对经济学家而言很有吸引力（难怪瓦尔德也是其中之一，20世纪20年代他在维也纳师从卡尔·门格尔[1]）。但他的建议被经济学家们忽略了，经济学家们赞同费希尔在很久以前所倡导的适于发表论文的显著性水平的惯例。

统计学家更清楚他们学科的知识基础，但其中很多人都感到困惑。A. F. 穆德和F. A. 格雷比尔抱怨说，以纯粹的形式使用瓦尔德理论的实际困难是，"损失函数是未知的，或已知的损失函数的准确程度无法保证其使用是合理的。如果损失函数是未知的，那么在某种程度上使错误概率最小化的决策函数似乎就是一个合理的方法"（Graybill, 1963: 278）。"在某种程度上"这个表达似乎成了学术界尚且诚实的人用来表示未经探索的修辞的一种标记。不管怎么说，他们建议的方法对一般的统计学者而言可能是合理的，因为他们不会声称知道在统计学以外的领域中如何判断对真实的

---

[1] 奥地利数学家，他的父亲卡尔·门格尔是奥地利经济学派的创始人。——编者

估计的优劣。对一个国际贸易或宏观经济学专家而言，这种方法是不合理的。如果损失函数是未知的，我们应该去发现它。而这就需要研究这个问题的修辞，并产生一套标准。

第二次世界大战后，与哲学实证主义和政治学中的社会工程相关的各种XX计量学在社会科学中变得普遍，显著性检验也成为了一种普遍的条件反射。20世纪五六十年代晚期，一些社会学家和心理学家对此提出了抗议。他们的抗议在登顿·E. 莫里森和拉蒙·E. 亨克尔编辑的一本书中被称为"显著性检验争议"[1]（Morrison and Henkel, 1970）。经济学家习惯于认为他们在统计学的先进性上要领先于其他社会科学家。在这个问题上，除了少数例外（Arrow, 1959; Griliches, 1976），他们并不领先。

W. 艾伦·沃利斯与哈里·V. 罗伯茨的经典著作《统计学：一个新方法》于1956年首次出版，书中清楚地表达了这个观点："不要混淆'显著'（significant）这个词的统计学用法和日常用法，这点至关重要。在日常用法中，'显著'意味着'有实际的重要性'，或者简单地说是'重要的'。在统计学用法中，'显著'指的是'表示样本所在总体的一个特征'，不管这个特征是否重要"（Wallis and Roberts, 1956: 385）。在基础统计学书籍中这种表述再次出现，尽管只有少数人强调这一点。统计学家戴维·弗里德曼、罗伯特·皮萨尼和罗杰·珀维斯在他们最重要的基础著作

---

[1] 艾奥瓦大学的Frank Schmidt、慕尼黑大学的Gerd Gigerenzer和希伯来大学的Louis Guttman就同一话题也有相应的著作。——作者

（Freedman et al., 1978）中说得再直白不过了。他们多次强调这一点，其中一处写道，"本章……解释了显著性检验的局限性。第一个局限是，'显著性'（significance）是个专业术语。检验只能处理这样一个问题：差异是真实存在的［也即维恩所说的稳健性］，还是只是一个偶然的变化。这种检验并不是为了判断差异是否重要而设计的"（Freedman et al.: 487，这种差异在Moore and McCabe, 1993: 474中也明确提出过）。

莫里斯·德格鲁特是个精通经济学的统计学家，他强调了这一点：

> 区别具有统计学显著性的观测值和参数的实际值……是极其重要的。在给定的问题中，与U的观测值对应的尾部区域可能非常小；然而其实际值……可能十分接近［零假设］，以至于出于实际目的，实验者不会视［其与零假设］有［很大］差异……基于一个容量为20000的样本的t检验很可能会得出U的估计值具有统计显著性……［实验者］预先知道拒绝［零假设］的概率很高，即使真实值……［在算术上］与［零假设］只有微小差异。（DeGroot, 1975: 469-497）

但很少有其他计量经济学家对经济显著性与统计显著性进行区分。弗朗克·登顿做了区分（Denton, 1988）；戈德伯格，我已经提到过；还有其他少数几个人。强调经济显著性的人更少。在20世纪七八十年代广泛使用的计量经济学教材中，当时这种做法正变成标准做法，例如扬·克门塔的《计量经济学基本原理》(Kmenta, 1971)和约翰斯顿的《计量经济学方法》(Johnston, 1984，首版于1963年)，都没有提到统计显著性与经济显著性之间的区别。彼得·肯尼迪在他的《计量经济学指南》(Kennedy, 1985)中简要提到，足够大的样本总能得出统计上显著的差异。这是他论证的一部分，不是全部，但肯尼迪好歹把部分的论证写进了尾注里(Kennedy, 1985: 62)。

在经济学家罗纳德·J.旺纳科特和统计学家托马斯·H.旺纳科特所著的基础教材《统计学：发现其力量》中，他们简述了这一点：

> "统计显著性"这个词有个问题。这是个专业术语，仅意味着已经收集到足够多的数据来证明差异确实存在。[这是错误的，迪尔德丽抗议说，数学系所关心的存在价值问题干扰了工程系的"多大才算大"这个实际问题；但下一句是正确的。]这并不意味着这种差异一定是重要的。举个例子，如果我们从几乎相同的总体中抽取了很大的样本……这种差异[可能]非常微小，以至于我们可以认为其没有实际意义，尽管这种差异在统计上是显著的。换句话说，统计显著性是个专业术语，与普通意义上的显著性截然不同……不幸但又可以理解的是，很多人总是把统计显著性与普通意义上的显著性混淆。(Wonnacott and Wonnacott, 1982: 160, 着重号为引文所加)

我唯一觉得不满的是，旺纳科特做得还不够。统计显著性表明"已经收集到足够多的数据来证明差异确实存在"，这种说法是不对的。如此说来，将显著性作为一种筛选工具似乎是正确的。实则不然。

使用统计显著性时，许多问题会随之而来

要证明使用概率模型回答非概率问题是合理的，并不容易。你可能反驳说，经济学家，至少是优秀的经济学家，不会犯这种错误。但从他们在《美国经济评论》[1]中的最佳实践可以看到，他们确实会犯错。斯蒂芬·齐利亚克和我选取了20世纪80年代发表在该刊上所有完整的实证论文，并对其进行了包含19个考察项的问卷调查（McCloskey and Ziliak, 1996）。这个调查的问题如下：

1.论文是否使用了较小的样本量，使得在常规水平上具有统计显著性差异的结论并不仅仅是通过选择较大的样本量而得出的？如果样本数为30000的显著性水平是从对样本数为30或300的检验中延续下来的，则检验的功效（power）是高的。例如，在格伦·布洛姆奎斯特、马克·C.伯杰和约翰·P.赫恩的论文中，他们使用的样本为34414座住宅和46004个人（1988年3月期，第93

---

[1] *American Economic Review*，是同行评审的经济学领域期刊，1911年创刊，由美国经济学会每季发行一次。它在经济学领域，被视为最具有学术声望的重要期刊之一。——编者

页）。在如此大的样本量下，作者需要注意检验功效和检验规模之间的权衡，也要注意检验功效的经济意义与其他方法之间的权衡。

2.是否包含了所有回归变量的单位和描述性统计？经济学的实证工作是测量。把变量的单位包含进去，然后给出均值，这是最基本的。

3.回归系数是以表示弹性的形式[1]给出，还是以某种与当前问题相关且与经济学理论一致的可阐释的形式给出，以便读者可以觉察解释变量的经济影响？沃利斯与罗伯茨很久以前就抱怨："有时候作者们很容易受到显著性检验的诱惑，以至于他们甚至无法说明效果实际有多大，更不用说评价其实际的重要性"（Wallis and Roberts, 1956: 409）。在某些领域（经济学领域不多，虽然我们确实发现了一个例子），研究者会发表仅仅由星号表示显著性程度的图表。

4.是否明确了合理的零假设？最常见的问题就是对零假设的错误设定。导致这种错误的原因是机械使用假设检验。如果零假设是 $\beta_1+\beta_2=1$，那么我们在对每个系数为非零值这个假设的统计显著性检验中并不会有什么收获。内曼-皮尔逊（Neyman-Pearson）检验最富成果的应用，明确将零假设视为研究者相信为真的东西。唯一能带来明确结论的结果是拒绝零假设。不拒绝零假设当然并不意味着它就是真的。而拒绝零假设并不意味着你设定的那个备择假设是真的：可能存在着其他让我们拒绝零假设的假设。拒绝

---

[1] 即一个变量相对于另一个变量发生的一定比例的改变的形式。——编者

零假设的修辞推动了将"身高、收入、国别、年龄"依次纳入回归方程；检查t值；如果t<2，则视其不重要并舍弃；如果t>2，则将其保留在回归方程中。

5.是否仔细解释了系数？戈德伯格对此有个例证，与经济政策中的很多问题类似（Goldberger, 1991）。假设因变量是"体重（单位为磅）"，有着较大系数的自变量是"身高"，有着较小系数的自变量是"锻炼"，且估计的系数具有相同的标准误差。认为身高"更重要"（在这个样本下其系数的标准误差离零更远），并对一个超重的病人说他实际上并不是太胖了，而只是相对其体重而言太矮了，这样的分析对医生和病人都不会有什么好处。"这个例子的寓意是，统计学对'重要性'的测量偏离了研究的正确目标，即对相关参数的估计，而转向了'解释因变量的变化'"（Goldberger, 1991: 241）。

6.无论显著性检验是否恰当，论文是否提供了不必要的t统计量或F统计量或标准误差？统计软件通常为每个估计系数提供t统计量。但程序提供这些数据，并不意味着该信息对科学研究来说是重要的。我们怀疑，由于认为统计显著性和实际意义是一回事，审稿人们加剧了无意义的t统计量和F统计量的激增。

7.论文在使用统计显著性时（通常是论文高潮部分），是否将其作为"重要性"的唯一标准？这里的"高潮"指作者明显认为最重要的检验。

8.论文是否提到了检验的功效？例如，弗雷德里克·S.米什金就特别在两处脚注中提到这一点[1]（Mishkin, 1981年6月期：298n. 11, 305n. 27；在资本市场的研究中，（检验）功效的缺乏是一个持久的难题，但也几乎很少被正视）。正如德格鲁特指出的那样，与一个接近且具有实际意义的备择假设相比，检验的功效可能很低。另一方面，与一个接近而意义微不足道的备择假设相比，检验的功效则可能很高。

9. 如果论文提到了功效，是否对其进行了分析？的确，我们只能相对于一个明确的备择假设来讨论检验的功效，这使得功效分析对一些备择假设来说十分困难。一个例子是检验两个估计量是否一致的Durbin-Wu-Hausman检验。（我们的调查通过将相关论文编码为"不适用"，来对这种困难加以说明。）

10. 论文是否规避了"星号计量经济学"[2]？也就是说，这种经济学按照t统计量的绝对大小来给相应系数排序。

11. 论文是否规避了"符号计量经济学"（sign econometrics）？这种经济学只讨论符号而非系数的大小。计量经济学教科书中有小部分统计学理论隐藏在这种惯常做法背后（Goldberger, 1991, 第22章），尽管在大多数情况下并没有理论能支撑这些惯常做法。但符号并不具有经济意义，除非系数大到足以产生影响。统计显著性检验并不能告诉我们系数是否大到足以产生影响的程度。这些

---

[1] 他提到：缺乏效力是资本市场研究中反复出现的困难，但人们却很少直面这种困难。——作者
[2] Asterisk econometrics，其典型的论文是照t统计量的值为相应系数标上一颗星、两颗星等（对相应系数进行排序）。

惯常做法认为符号是与大小无关的统计量，这是不正确的。

12.论文是否讨论了系数的大小？也就是说，一旦得出回归结果，论文是否指出一些系数及其变量在经济意义上是有影响的，而其他的一些系数及变量则没有？布朗坤斯特、伯格和霍恩在一定程度上做到了这一点，他们用美元的形式给出了住房和社区便利设施的系数。但他们没有讨论其大小在科学上是否合理，或者在其他意义上其大小是否重要。克里斯蒂娜·罗默与之形成了对比，她在一篇长达十九页的纯实证研究论文中写道："的确，纠正存量变动会减小差异……大约减小一半。这表明存量变动［在经济意义上］是重要的"（Romer, 1986年6月期：327）。M. 布瓦西埃、J. B. 奈特和R. H. 萨博则表明了更典型的做法："在两个国家中，认知成就与教育水平之间有着高度显著的关系……在肯尼亚，中学教育让系数H提高了11.75，或者说提高了均值的35%。"（Boissiere et al., 1985年12月期：1026）他们很含糊地使用"显著性"这个词，然后接着回到了经济意义这个相关问题上来。在这一段的后半部分，他们回到了仅依赖统计显著性的思路："显著为正"和"几乎显著为正"又成了他们衡量重要性的唯一标准。

相比之下，丹尼尔·哈默梅什估计了他的关键参数K，并在第一次提到量级大小时说，"K的估计值相当大，意味着企业只有在应对非常大的冲击时才会调整雇佣策略……考虑一下如此之大的估计值意味着什么"（Hamermesh, 1989年9月期：683）。这种形式与理想形式十分接近：这种形式涉及了量级的大小意味着什么的科学问题。在接下来的两段中，他谈到"相当大""非常重要""小的"和"重要的",而且未与统计显著性混为一谈。用戈德伯格的话说,哈默梅什关注的是"恰当的研究目标,即相关参数的估计"[不过,后来哈默梅什又回到了普遍的做法:"表2中汇总数据的估计量$\hat{K}$不显著,"尽管他接着补充说,"而且很小;而估计量$\hat{p}$的平均值远高于合并数据。"(Hamermesh,1989年9月期:685)]

13. 论文是否讨论了可用于判定系数大小的科学对话?例如,罗默说"经济已经稳定下来的典型事实[即科学共识]意味着一种普遍共识"(Romer,1986年6月期:322)。

14. 论文是否避免仅根据统计显著性来选择变量?普遍的观点是,如果某些变量的加入对模型结果有显著的影响,该变量就应被纳入模型。但这种观点将统计显著性和实际意义混为一谈。

15. 在论文达到论证高潮后,论文是否避免使用统计显著性作为重要性的标准?审稿人总会不假思索地坚持要求进行显著性检验,谨慎的作者会屈从于他们的要求,但在这样做之后,作者们应该转向其他在科学上评判重要性的标准。

16. 统计显著性是否具有决定性,是否像终结对话那样表达了一种最终结束的感觉?罗默和杰弗里·萨克斯(Romer and Sachs,1980年3月期)都使用了统计显著性,且都是误用:在二人的论文中,他们都将统计显著性作为衡量大小的一个标准。但在两篇论文中,统计显著性都没有被用于实证研究。迈克尔·达比(Darby,1984年6月期)的论文中对统计显著性的误用则更不加掩饰:他做回归时对一个系数的唯一论据是其统计显著性(Darby,1984年6

月期：311, 315），但另一方面，他的结论并不依赖于回归结果。

17.论文是否用到模拟（相对于回归作为进一步论证的输入）来确定系数是否合理？一定程度上，布朗坤斯特、伯格和霍恩这样做了。他们根据以美元形式表示的便利设施系数来模拟城市排名，然而如果系数错了，排名本身就是不合理的。圣巴巴拉确实排名靠前，但如果你曾去过圣莫尼卡和东圣路易斯的话，会觉得最差和最好的便利设施的系数之间的价差为5146美元，似乎是非常低的（Blomquist et al., 1988年3月期：96）。使用回归系数的模拟能提供有用信息，但显然不应该用统计显著性作为输入的筛选工具。

18.在阐释"结论"和"影响"的部分时，是否将统计显著性与经济意义、政策意义和科学意义区别开来？在布瓦西埃、奈特和萨博（Boissiere et al., 1985年12月期）的论文中，他们将能力的影响很好地分离了出来，但其经济意义则没有得到论证。

19.论文是否避免含糊地使用"显著性"这个词，即是否避免"显著性"在一个句子中指"统计上的显著性"而在另一个句子中指"大到足以影响政策或科学"？达比（Darby, 1984年6月期）就是这么做的："首先我们希望检验石油价格、价格管制或者这两者都是否对生产率提高有显著影响"（Darby, 1984年6月期：310）。他在这句话中就将"显著性"的两种含义混为一谈了。

确实出了很多问题

有几个《美国经济评论》的作者，比如罗默和哈默梅什，意识到他们所问问题的实际重要性，以及依赖统计显著性检验来寻找答案是徒劳的。因此，金·B. 克拉克写道："尽管销售规格中的联合系数是其标准误差的两倍，但它实际上是很小的；此外，根据4600多项观测值，并没有压倒性的证据证明其影响是明显大于零的"（Clark, 1984年12月期：912）。阿维·格里利谢斯也写道：

> 在这里及随后的内容中，我们对有关统计"显著性"的所有论述都不该从字面上理解。除了数据挖掘模糊了对数据的解释这个常见问题之外，所分析的"样本"几乎涵盖了全部的相关总体。我们在这里将显著性检验用于讨论不同版本模型的相对拟合的度量。在每种情况下，估计系数的实际大小都比其精确的"统计显著性"更重要。（Griliches, 1986年12月期：146）

格里利谢斯明白，总体不应该被当作样本，统计显著性也不能替代经济显著性。（不过，他并没有说明为什么统计显著性是一种科学相关的"用于讨论不同版本模型的相对拟合的度量。"）

但《美国经济评论》的大多数作者并不理解这些。对20世纪80年代发表的论文所进行的调查结果如表三所示。

表三　20世纪80年代《美国经济评论》在统计显著性的使用上存在大量错误

调查的问题		适用该问题的文章总数	回答为"是"的百分比
论文是否			
8.	考虑到检验的功效？	182	4.4
6.	描述了具有实际意义的统计量，而不是描述所有的t统计量或F统计量或标准误差？	181	8.3
17.	用模拟来确定系数是否合理	179	13.2
9.	检查了功效函数？	12	16.7
13.	讨论了可用于判定系数大小的科学对话？	181	28.0
16.	在实证论证中，考虑了除统计显著性以外的具有决定性的东西？	182	29.7
18.	在总结时，区分了统计显著性和实际意义？	181	30.1
2.	包含了回归变量的描述性统计？	178	32.4
15.	在达到论证的高潮后使用了除统计显著性之外的其他指标作为重要性的标准？	182	40.7
19.	避免含糊地使用"显著性"这个词？	180	41.2
5.	仔细解释了系数？例如，是否注意到了计量单位的细节，以及数据的局限？	181	44.5

续表

调查的问题		适用该问题的文章总数	回答为"是"的百分比
论文是否			
11.	规避了"符号计量经济学"？这种经济学只讨论符号而非系数的大小？	181	46.7
7.	在首次使用统计显著性时，考虑到它不是唯一衡量重要性的标准？	182	47.3
3.	以弹性的形式给出系数，或者以其他某种有用的形式解决"多大才算大"的问题？	173	66.5
14.	避免了仅仅根据统计显著性来筛选变量？	180	68.1
10.	规避了"星号计量经济学"？这种经济学按照t统计量的绝对大小来给相应系数排序。	182	74.7
12.	讨论系数的大小，论证其实际意义？	182	80.2
1.	使用了较小的样本量，使得具有统计显著性差异的结论并不仅仅是通过选择较大的样本量而得出的？	182	85.7
4.	检验了作者认为的具有相关性的零假设？	180	97.3

表三—表七的来源：1980—1989年中《美国经济评论》收录的所有使用回归分析的论文全文，不包括会刊。

说明："回答为'是'的百分比"等于答案为"是"的论文总数除以相关的论文数量（不超过182）。有些问题并不普适，因为这些问题要求论文具有特定的特征。例如，问题3对那些仅用到非参数统计的论文是"不适用"的。问题19则对那些没有使用"显著性"这个词的论文"不适用"。

调查的主要结果如下：

· 《美国经济评论》中70%的实证研究论文没有将统计意义与经济意义、政策意义或科学意义进行区分。

· 在首次使用统计显著性时，通常在"估计"或"结果"的部分，53%的论文只考虑了t统计量和F统计量的大小。约三分之一的论文仅使用t检验和F检验统计量的大小作为未来研究中筛选变量的标准。

· 72%的论文没有提出"多大才算大？"这个问题。也就是说，在确定一个系数的估计值之后，72%的论文没有考量其他作者的发现；他们没有问其他作者用来决定"重要性"的标准是什么；他们没有以某种方式论证估计值为0.999在经济意义上是否接近1.000，以及经济上是否重要，即便"0.999在统计学上与1.000有差异"。科学研究发生在"多大才算大"的讨论中的意识，似乎改善了计量经济学的实践。在131篇未提到其他作者的研究并将其作为自己的量化背景的论文中，78%的论文使用统计显著性来决定具有实际意义的问题。在50篇提及了其他作者的研究并将其作为研究背景的论文中，只有20%的论文使用统计显著性来决定具有实际意义的问题。

· 59%的论文十分含糊地使用了"显著性"这个词，一会表示"与零在统计上存在显著差别"，一会又表示"实际上重要"或者

"极大改变我们的科学看法",并没有对其进行区分。

·尽管有理论统计学提供的建议,还是只有4.5%的论文考虑了它们所做检验的功效。仅有1%的论文实际检查了功效函数。

·69%的论文并没有对变量进行描述性统计——例如,回归变量的平均值——以便读者判断其结果的经济意义。

·32%的论文公开承认使用统计显著性剔除了一些变量(问题14)。要知道这种做法在现实中多么普遍,我们还需要更多的证据,即比明确承认的还要多。目前只能确定至少有三分之一的论文使用了这种做法。

·正如人们可能从公共产权资源理论中所得出的结论一样,合著论文更经常以含糊的方式谈论"显著性",使用符号计量经济学,不讨论估计系数的大小,以及在首次使用统计显著性时认为只有检验统计量的大小才是重要的(表四)。

·"一级"(Tier 1)院校的作者在某些方面确实表现更好,但这种表现上的差异是否证明了"等级"(tier)这个令人讨厌的词是合理的,这是一个科学问题,而非统计学问题,且必须留待进一步考察。(表五;这个词出现在最近全国研究委员会的评估中,一级院校包括芝加哥大学、哈佛大学、麻省理工学院、普林斯顿大学、斯坦福大学和耶鲁大学)。

另一方面,尽管我并没有在这里展示这些结果,但我们发现由一级院校教师写的论文更可能使用对整个总体进行取样的理论,并将实际上出于方便所选的样本视为概率抽样。

如果深入考察一些案例,以上从调查中发现的做法的意义

（significance）可以变得更加生动。在这里我不提及作者的名字，因为他们只不过是用了其计量经济学老师推荐的社会认可的修辞。取笑他们实在有些残忍。为了显示我的诚意，让我们看看以下短语，摘自1984年3月发表的一篇精彩的文章，题目是"有意思的玉米：中世纪英格兰谷物存储的规模与成本"："拟合方程（标准误差在括号内）"，"弱得多（但十分肯定）"，以及"系数的标准误差……是系数值的一半"（第178、180页，着重号为麦克洛斯基所加）。加着重号的地方就是误用统计显著性来决定一个变量重要与否的明显例子。这篇论文也出现在《美国经济评论》中，但并不是一篇常规的文章，也因此没有进入到齐利亚克和我考察的那些论文范围内。这篇论文有两个作者，其中一个是D. N. 麦克洛斯基（本书作者）。

案例：在一篇论文中，作者们估计了伊利诺伊州在实施失业保险实验后的效益成本比。在一个实验中，实验控制组[1]若能迅速找到工作并坚持做几个月，他们将获得现金奖励。在另一项名为"雇主实验"的实验中，如果领取失业保险金的人能迅速找到工作，并在一定时间内保有这份工作，那么雇主就能得到现金奖励（1987年9月期：517）。"雇主实验"的目的是"提供边际工资补贴，或培训补贴，这可能会缩短被保险人失业的持续时间"（第517页）。论文呈现的结论如下：

---

[1] 原文说是控制组，但从实践角度看，这应该是处理组。——编者

第五栏也表明雇主实验的总体效益成本比为4.29，但这在统计学上与零没有差异。然而，雇主实验中白人女性的效益成本比为7.07，而且在统计学上与零有差异。因此，如果该项目不会增加非参与者的失业率，那么以雇主实验为模型的方案从州政府的角度看也可能具有吸引力。然而，鉴于雇主实验只影响了（affected）白人女性，我们必须先弄明白为什么不同人群的处理效应不同，才能对项目的效果下结论。（AER1987年9月期：527）

这里"影响了"的意思是，估计系数在统计学上与作者们认为的某个相关值有显著差异。作者们认为，整个雇主实验4.29的效益成本比对公共政策没有用或不重要。对白人女性而言，7.07的效益成本比据说是造成"影响"的——是重要的——因为这个值通过了任意的显著性检验。也就是说，7.07意味着会造成影响，4.29则意味着不会造成影响。没错，4.29是一个统计噪声较大的随机变量的估计值，而7.07则是一个统计噪声较小的随机变量的估计值。尽管作者们没有这么说，但4.29的效益成本比在约12%的水平上与零几乎相差无几（第527页）。不过，为了政策目的，即使一个统计噪声较大的效益成本比也是值得讨论的。认为4.29这个数字不会"造成影响"的说法是站不住脚的，而且代价很高，因为这意味着让很多人放弃就业机会。

另一篇论文提出了"对资产定价模型的替代检验且……检验结果摆脱了之前的检验中存在的模糊性"（1980年1月期，第660

表四 多位作者合著文章似乎存在合作问题，致使滥用统计显著性的情况更糟糕

调查的问题		合著论文	独著论文
论文是否		回答为"是"的百分比	
7.	在首次使用统计显著性时，只将其视为众多判断重要性的标准之一？	42.2	53.4
10.	规避"星号计量经济学"？这种经济学根据检验统计量的绝对大小来对系数进行排序	68.8	79.2
12.	讨论系数的大小，论证其实际意义？	76.7	84.1
1.	使用了较小的样本量，使得具有统计显著性差异的结论并不仅仅是通过选择较大的样本量而得出的？	77.8	84.8

说明："回答为'是'的百分比"等于"答案为'是'的论文总数"除以相关的论文数量。

表五 一级院校的作者在很多类别中比其他院校作者表现更好

调查的问题		一级院校	其他院校
论文是否		回答为"是"的百分比	
1.	使用了较小的样本量，使得具有统计显著性差异的结论并不仅仅是通过选择较大的样本量而得出的？	91.3	83.9

续表

调查的问题 论文是否	一级院校	其他院校
	回答为"是"的百分比	
12. 讨论系数的大小，论证其实际意义？	87.0	78.9
10. 规避"星号计量经济学"？这种经济学根据检验统计量的绝对大小来对系数进行排序。	84.8	71.4
7. 在首次使用统计显著性时，只将其视为众多判断重要性的标准之一？	65.5	41.2
5. 仔细解释了系数？例如，是否注意到了计量单位的细节，以及数据的局限？	60.0	37.5
19. 避免含糊地使用"显著性"这个词？	52.4	37.5
18. 在总结时，区分统计显著性和实际意义？	50.0	23.1

说明：根据最近的国家研究委员会的评估，一级院校是芝加哥大学、哈佛大学、麻省理工学院、普林斯顿大学、斯坦福大学和耶鲁大学。"回答为'是'的百分比"等于"答案为'是'的论文总数"除以相关的论文数量。

页）。作者们对理查德·罗尔认为"未来几乎不可能完成这样的检验"（第660页）的评论表示反对。于是他们检验了五个假设：截距等于零；斜率系数不为零；调整后的决定系数应接近1；截距项中没有趋势；调整后的决定系数没有趋势（第664—665页）。他们在几个时间序列上进行最小二乘回归来估计系数。在文中找不到对估计系数的大小的讨论（这是有关资本市场的文献中的常见错误）。相反，作者根据t统计量绝对值大于2的次数对结果进行排序（第667页）。在四个估计结果表中，有三个表都包含以下三列："t>2的次数"，"平均t统计量"，以及"调整后的R^2"。他们没有在这三个表中展示系数的估计值，而只展示了t统计量（表一、表二和表三，第667—668页）。这篇论文在我们的调查中得到的唯一一个"是"，是因为他们根据提出的理论明确了合理的零假设。

含糊地使用"显著性"这个词意味着经济显著性和统计显著性之间没有区别，没什么是重要的。有96篇论文在首次使用统计显著性检验时仅使用统计显著性作为重要性标准，这其中90%的论文暗示或声明在实证论证中统计显著性是决定性的，70%的论文则非常含糊地使用了"显著性"这个词。在我们调查的另外86篇论文中，不到一半的论文含糊地使用了这个词。相比于另外86篇承认统计显著性之外的其他重要性标准的论文，这96篇站不住脚的论文继续做出不当决策的比例更高。在这96篇论文中只有7篇在阐释结论和影响的部分对统计显著性与经济意义、政策意义或科学意义进行了区分，而另外86篇论文中有47篇论文做了这种区分。（表六）

下面是有关模糊性的一个极端案例:

具有统计显著性的[阅读:(1)抽样理论]不平等厌恶是对不同社区的不同社会福利权重导致的不平等投入分配的补充。考虑了不平等因素的KP结果所得出的Q估计值为-3.4。这个估计值是显著小于零的[阅读:(2)一些数比别的数小],表明总体结果未最大化。然而,与此同时,存在对生产力的关注[阅读:(3)道德、科学或政策问题],因为不平等参数明显[阅读:(4)对道德和数字的联合观察]大于仅对平等的极端关注。(1987年3月期:46)

在一篇有关李嘉图等价的文章中,统计显著性几乎决定了一切:

注意,约束估计中最不显著的变量是政府采购方程中赤字的第二个滞后值。自然地,我们要针对政府支出的两个滞后值和政府赤字的一个滞后值的情况重新估计模型……尽管对[变量的]剔除提高了可以拒绝零假设的置信度,我们仍然没有理由认为这些数据在常规显著性水平上提供了论据以反对李嘉图等价与理性预期的联合命题(AER1985年3月期:125)。

表六　如果在首次使用只认为统计显著性是重要的（问题7），那么就会做出很多其他不恰当的决策

调查的问题		如果只有统计显著性是重要的	如果不止统计显著性是重要的
论文是否		回答为"是"的百分比	
9.	检查了功效函数？	0	28.6
6.	描述了具有实际意义的统计量，而不是描述所有的t统计量或F统计量或标准误差？	3.2	14.0
8.	考虑到检验的功效？	4.2	4.7
17.	用模拟来确定系数是否合理？	6.3	17.9
18.	在总结时，区分统计显著性和实际意义？	7.3	55.3
16.	在实证论证中，考虑了除统计显著性以外的具有决定性的东西？	10.4	51.2
5.	仔细解释了系数？例如，是否注意到了计量单位的细节，以及数据的局限？	13.7	77.9
13.	讨论了可用于判定系数大小的科学对话？	17.7	38.8
11.	规避了"符号计量经济学"？这种经济学只讨论符号而非系数的大小。	21.9	74.1

续表

调查的问题	如果只有统计显著性是重要的	如果不止统计显著性是重要的
论文是否	回答为"是"的百分比	
2. 包含了回归变量的描述性统计？	26.3	36.1
15. 在达到论证的高潮后使用了除统计显著性之外的其他指标作为重要性的标准？	30.2	52.3
19. 避免含糊地使用"显著性"这个词？	29.5	52.9
3. 以弹性的形式给出系数，或者以其他某种有用的形式解决"多大才算大"的问题？	51.6	80.0
14. 避免了仅仅根据统计显著性来筛选变量？	59.0	77.7
10. 规避了"星号计量经济学"？这种经济学根据检验统计量的绝对大小来给相应系数排序。	66.7	83.7
12. 讨论系数的大小，论证其实际意义？	66.7	96.5
1. 使用了较小的样本量，使得具有统计显著性差异的结论并不仅仅是通过选择较大的样本量而得出的？	86.5	84.8
4. 检验作者认为具有相关性的零假设？	94.7	100

说明:"回答为'是'的百分比"等于"答案为'是'的论文总数"除以相关的论文数量。有些问题并不普适,因为这些问题要求论文具有特定的特征。例如,问题3对那些仅用到非参数统计的论文是"不适用"的,问题19则对那些没有使用"显著性"这个词的论文"不适用"。

表七　20世纪70年代晚期计算统计显著性的简易性或许对回归分析的使用产生了不良影响

博士学位授予日期	论文是否在总结时区分显著性的类别（问题18）	避免含糊地使用"显著性"这个词（问题19）	在实证论证中考虑除统计显著性之外的其他具有决定性的东西（问题16）
1940—1969	29	61	26
1970—1974	33	37	31
1975—1979	17	29	13
1980—1984	33	45	33

说明：每一组发表的论文数量分别是31、48、24和24。合著论文按所发表文章列出的第一个作者姓名标注日期。

另一篇论文展示了失业和货币间关系的"显著"结果：

> 该系数在99%的置信度下具有显著性。当前的货币冲击和所有作为一组整体的12个系数都与零没有显著差异。I的系数为负且显著，而I的分布滞后也显著。第（2）列报告了未纳入货币冲击不显著滞后项的回归结果。现在I的分布滞后在1%的置信度水平上是显著的……

> 我们将这些结果解释为，决定脱离失业概率周期性变化

的主要因素可能是异质性（heterogeneity）。存量创新似乎发挥了一些作用，但令人意外的是，货币冲击并没有产生显著影响。（AER1985年9月期：630）

一个好迹象是，对统计显著性的滥用似乎部分依赖于年份效应，而年份效应由授予博士学位的时间来衡量。我们认为，在1975年至1979年间（这个时期也是可低成本生成的t检验首次普及的时期），获得博士学位的作者所写的论文在区分经济显著性和统计显著性上比其他论文差很多。相比于更早或者更晚获得博士学位的人，他们对"显著性"这个词的使用更为含糊，而且更不太可能对科学和政策意义与统计显著性进行区分（表七）。

如果经济学家不希望科学沦为偶然，他们就应该重新思考统计显著性的修辞。我们应该做点什么。或许可以通过计量经济学课程教授相关的决策理论，然后为某些事真正应用它。如果标准计算机软件包没有大量地产生t统计量，也会有所帮助。软件包生成的杜宾-沃特森统计量与此类似，无论数据是否是使统计数据有意义的时间序列。因为软件包就在那，人人都可以拿来毫不费力地展示他的技术能力，年轻的经济学家急不可耐地要为统计找到用武之地，即使是在交叉领域之中。如果能在软件包中包含这样的问题："你真的有一个时间序列吗？"，以此提醒学生不要用这种武断的方式展示他们的无能，那就太好了。

软件包可能会用大写单词反问："你真的有一个概率样本吗？""你考虑功效了吗？"以及，最重要的是，"你根据什么科学标准判断一个拟合系数的大小?"它们可能会在一开始就问,"你真的想到路灯下找找吗?"或者它们可以只问,并用粗体大写字母在每一个t统计量旁边写上,"那么还有什么新鲜的?"

第九章
经济学现代主义的贫困

经济学的数学化曾是个好主意

人们已经听多了经济学对话中的巧舌如簧，但最雄辩的却一直是数学的。尤其自20世纪40年代以来，所有学派的经济学家都沉迷于这种新的、科学的谈论方式。如今，大多数经济学期刊看起来就像是应用数学期刊或理论统计学期刊。

相比之下，20世纪30年代初的《美国经济评论》几乎找不到一个方程式；其假设并非形式化的；而图表也都是一系列点的连线，而且并不常见；分散点的拟合线在其中更是少见。这种原始对话机制的后果是无法清楚地表达。比如，经济学家不能清楚地说明一整条曲线的移动和沿着一条曲线的移动之间的区别。如果不懂数学，他们就不能用曲线的隐喻去谈论问题。他们可能会认为劳动力问题与边际生产率有关，正如哈里·A.米利斯在1934年12月美国经济学会主席演讲中所认为的那样（Millis，1934年12月期：4—5）。在读过J. R. 希克斯1932年的《工资理论》后，他们可能会认为边际生产率确实会影响工资，正如米利斯在没理解书中数学的情况下读完后所认为的那样。但也像米利斯一样，经济学家在接受数学之前往往会一头扎进困惑之中，而其实只需要一点数学就能澄清。他们对工作环境问题感到困惑（他们并没有将其仅仅视为效用函数中又一个与收入有关的变量），或是对议价能力问题感到困惑（他们也不认为这是由总量边际生产率和劳动的供给曲线所决定）。那时，大多数经济学家还不会用数学隐喻。

而现在，数学隐喻已经大行其道，尤其是对主导这一领域的说英语的资产阶级经济学家而言，而我也是其中一员。在1981年到1983年间发表在《美国经济评论》上的159篇完整的论文中，仅有6篇只使用文字，且仅有4篇只在文字中加入表格统计，而表格统计是1931年到1933年间一种常见的正式方法。经济学家曾经认为无用或者晦涩难懂的数学、统计学、数据和显式模拟等技巧在那时早已变得稀松平常。有三分之二的论文通篇都明显地使用了数学，而其他大多数论文则在一种数学化的语境中进行讨论，其中"生产函数"和"需求曲线"总是会让人们想到数学。差不多有半数的论文都用到了图表，而且是经济学家惯用的那种方式，十分肯定地谈论并无确定形状的曲线，这让当时社会上的其他学者大惑不解。将近三分之一的论文用到了回归分析，而且常常是以十分复杂的方式。超过十分之一的论文用到了显式模拟，而这在1934年只有学术工程师和物理学家才可能看得懂。在159篇论文中，有60篇通过图表（并且不含事实，以保留经济学对话中的抽象特点）进行数学分析。这些技巧中的任何一个都可能让1934

年时经济学家的听众感到晕眩和诧异。

但数学里混进了一种哲学

然而这种学科上的进展,同大多数进展一样,是以代价换取的。对外行而言,技术性经济学书籍甚至已不再是能勉强读懂的,而年轻经济学家过度重视在一种狭隘且往往是愚蠢的技巧上的精湛。不过,最重要的代价更难以察觉。这种代价就是,沿着他们新的数学性讨论方式,经济学家采取了一种十字军东征式的虔诚信仰,一整套哲学教条,这让他们现在更容易变得狂热与偏执。这种信仰是由科学主义、行为主义、操作主义、实证经济学和其他20世纪30年代可量化的热情所构成的。就像通过十字军东征来证明对信仰的虔诚那样,这些教条已固化到仪式中,如今支撑着很多修士、主教和教堂。

数学和哲学之间的联系只是心理上的。一门科学即使不变成实证主义、行为主义或者操作主义,也仍然可以是数学的。但在心理上,人们在夺取耶路撒冷的时候需要某种信仰。1950年时,没有哪个年轻的经济学家会仅仅为了包容和方法论平衡的价值而拿自己的职业生涯冒险。1950年前后,经济学领域中很多数学并不灵光的人是冥顽不化的:他们一点也不用数学,而且常常用制度手段来避免它。那个时代注定要迎来一场城堡总攻。

但到了现在,数学在经济学中的胜利已经过去了那么久,你可能要问，当时作为某种支撑的信仰，是否仍然具有社会功能？你可能要问，经济学中咄咄逼人的科学论，在很好地为这个领域带来明确和严谨之后，是否仍然有用？

经济学的正式方法论是"现代主义的"

经济学家对论述有两种态度，正式的和非正式的，明确的和隐含的。截至目前我所说的大都与非正式的态度有关，这也呈现在经济学家的实际论证方式上。但经济学家非常重视他们的正式态度，认为这种态度源自历史和科学哲学中的最佳思想。这种正式的态度阻挡了他们对自己实际论证的理解。他们看不到自己实际上是如何进行论证的，因为真实的论证受到了某些哲学的遮蔽。

经济学家对出色论述的正式规则——他们以方法论沉思和对年轻人的教育来表达对这些规则的敬意——表明了他们在现代模式中的科学家身份。粗略地说，科学方法论的信条就是"实证主义"，而批评者长久以来称其为"公认观点"。这种信条认为知识应该建立在19世纪早期时人们对物理学特定部分的理解，尤其是对17世纪物理学的理解上。

然而，要强调其不仅在科学中更是在现代思想中无处不在，我们最好称其为"现代主义"。现代主义在许多方面如钻石般闪闪发光，且只有在使用时才能被完全定义。但初步看来，正如文学批评家韦恩·布思的说法，对这个概念我们只知道我们不能怀疑的是什么，而无法真正知道我们能完全同意的是什么。这是一种态度，即按通俗的说法（含义5b，还记得吗），唯一真正的知识是"科学的"，也就是说，它是某种严苛的怀疑主义所验证的知识。从哲学的角度看，现代主义是笛卡尔的纲领，自17世纪以来就主宰哲学，在彻底怀疑的基础上构建知识。

现代主义各部分彼此连贯。世界上有现代主义哲学家、现代主义建筑师、现代主义音乐家、现代主义政治家以及现代主义经济学家（Klamer, 1991）。这就是为什么我们会用一个有诸多面目的词：这东西本身就有很多方面。你在交响乐厅和现代艺术博物馆中感受到的现代主义并不比在华盛顿或者海牙的社会工程学殿堂里感受到的少。经济学家拥护的现代主义从方方面面都在其心目中得到强化。

随着宗教信仰在19世纪和20世纪学术界的消退，一种现代主义的信仰随之而来。这种信仰大潮就体现在我们说话的方式上。你可以在大街上听到这些话："那只是你的看法"；"我的偏见是这样和那样"；"基于这些事实我得到了这个结论"；"你这样不客观"；"那是个十分主观的看法"；"那只是神学"；"那只是个审美判断"；"如果你不能衡量它，我就觉得那是不客观的"；"你告诉我事实，我会基于价值观做决定"；"你这样不科学：我为什么要听你的？"大二学生说话就这样。他们的教授则以一种显得更有文化修养的方式说同样的话：只有可证伪的假说才有意义；证据与假说相一致；偏好问题无需争论（de gustibus non est disputandum）。

现代主义认为科学是不证自明的、数学的，并将科学的领域与形式、价值、美、善以及所有不可量度之物的领域分隔开来。作为一个功能主义者且屈从于社会工程学,现代主义者是反历史的,对文化和学术传统不感兴趣,起码在教堂里是这样。我们可以在一些科学家和很多尤其希望变得"科学的"的人身上看到这种信仰。在最好的情况下,这种信仰会造就一个公正而高效的调查者;而在最糟糕的情况下,则会造就一个奇爱博士[1]。

现代主义者还以另一种非理性者的形式出现:最好的情况是以艺术家或者宣教者的形式出现,而最糟的情况是以最新神秘主义上瘾者的形式出现。理性主义者和非理性主义者都向同一个神明祈祷。非理性主义者认为自己与理性主义者有所差别。若是论发型,那有时的确不同;但若论知识理论,则并无差别。他不过是一个新教徒,对"科学教会"的诸多仪式感到恼怒,并对其贩卖赎罪券的行为嗤之以鼻,但他却与教会共享三位一体的信仰——事实、定义和神圣价值。从这个角度看,三位一体的每一部分都可以有各自的信徒,比如科学家、数学家和文学家。在现代主义看来,无论理性主义者还是非理性主义者,这些不同的信仰者都不必妨碍彼此。他们可以在不同论证上各有所长。其论证无需交叉:今年的国民生产总值是一回事;社会选择的公理又是另一回事;而对穷人的同情更是另一回事了。

对现代主义的知识理论的回应十分宽泛。其中的主要人物

---

[1] 1964年美国电影《奇爱博士》(*Dr. Strangelove*)中的角色,一名疯狂的科学家。——译者

从职业哲学家（威拉德·奎因，纳尔逊·古德曼，斯蒂芬·图尔明，保罗·费耶阿本德，理查德·罗蒂），到从化学（迈克尔·波兰尼）、法律（哈伊姆·佩雷尔曼）、文学批评（韦恩·布思）转到哲学的学者都有。"事实不止于实验，论证不止于三段论"的思想现已触及甚广，例如格伦·韦伯斯特、阿达·雅各布思和贝弗利·鲍德温的《护理理论与公认观点的幽灵》一文对该思想清楚易懂的阐释。

然而，这种理念还没有深入到经济学中，并且丝毫没有触及新古典经济学。确切地说，奥地利学派和制度主义经济学家，他们一个世纪以来都在抨击现代主义中的某些部分，但同时又以加倍的狂热抓住了其他部分，隐晦地表达了他们仍有的怀疑。他们以各自的方式成了与彻头彻尾的实证主义者同样狭隘的人：比如，只有把计量经济学中更天真的主张当真时，奥地利学派经济学家对计量经济学的抵制才是合理的。至于其他的，经济学家早就让多年前耍弄哲学笔杆子的人为他们提供有关良好论证的正统思想了。

自20世纪30年代以来，现代主义的印记在英美经济学中就显而易见了。尽管精妙绝伦，迄今为止现代主义经济学却造就了很多蹩脚的经济学家。他们中有很多厌倦历史，鄙视其他社会科学家，对自身文明知之甚少，对道德伦理欠缺考虑，且对研究方法不加反思。即使其中明智而良善的——并不在少数——也认为难以把他们的信仰与要求他们参加的礼拜天仪式相调和。

只有陈腐不堪的宗教才像这样——既高贵又腐败。经济学与其他科学中的现代主义十诫是：

1.科学的关键是预测与控制。正如孔德所说，"一切为了预测"。

2.一个理论中只有可观察的那部分启示（或预测）才对其真相有意义。

3.可观察性需要客观、可重复的实验；仅仅通过问卷调查人类对象是没用的，因为人会说谎。

4.当且仅当一个理论的经验含意被证伪时，这个理论才被证伪。

5.要珍视客观性；主观"观察"（内省）不是科学知识，因为客观和主观是无法联系在一起的。

6.开尔文的格言："当你不能用数字表达时，你的知识就是贫乏且不尽如人意的那类。"（Kelvin, 1883, 1: 73，引自 Kuhn, 1977: 178n, 183n。这句话的一个近似版本被镌刻在芝加哥大学的社会科学研究大楼前。据说，芝加哥大学著名经济学家雅各布·瓦伊纳曾对此评论说："是的，而且当你可以用数字来表达的时候，你的知识也是贫乏且不尽人意的那类。"艾奥瓦大学著名经济学家弗兰克·奈特写道："对，当你不能测量的时候，无论如何也要测量。"［Knight, 1940: 166n］）

7.内省，形而上的信仰，美学，诸如此类，都是发现假说的重要方法，但不是证明假说的理由；理由是永恒的，而围绕在科学四周的与其真相无关。

8.给科学论证与非科学论证、实证与规范划分界限，这是方法论的工作。

9.对一个事件的科学解释将这个事件置于覆盖律[1]之下。

10.科学家——比如经济学科学家——不应该对任何事物的价值做出评论,无论是道德层面还是艺术层面。

除了这个黄金法则,还有休谟的黄金叉子:"如果我们相信了这些原则,那么当我们在各个图书馆浏览时,我们会制造什么破坏呢?如果我们拿起任意一卷书,比如神学或形而上学的,我们就会问:它包含有关量或数的任何抽象推理吗?没有。它包含有关事实和存在的任何经验推理吗?没有。那么我们就把它丢进火里吧,因为这本书里除了诡辩和幻想,什么也没有"(Hume, 1748, 最后一页)。

上面的十诫属于应用哲学而非理论哲学层面,是在职业经济学家而非职业哲学家中盛行的。现在没几个哲学家会相信其中一半以上的戒条。一个重要的、值得尊敬的且规模在不断扩大的少数派完全摒弃了这十诫。但大多数经济学家(以及心理学家、社会学家、政治科学家、医学科学家和其他受到现代主义蛊惑的非哲学家)却将这十诫奉为圭臬。

当然,更早一代的经济学方法论者是相信十诫的。方法论以及它对确信的追寻已经影响到了经济学的每一个学派。然而,在美国经济学中,一种现代主义和科学至上主义的方法论与芝加哥

---

[1] "覆盖律"(covering law)一词出自科学解释中的覆盖律模型,是指将某一事物纳入一般规律之中,即用一般规律"覆盖"它。——编者

学派的关系尤其密切。在特伦斯·哈奇森的《经济学理论的意义与基本假设》(Hutchison, 1938) 之后，经济学现代主义的主要著作都出自芝加哥学派，比如加里·贝克尔和乔治·斯蒂格勒的《偏好问题无需争论》(Stigler, 1977)，或者最重要的，米尔顿·弗里德曼的《实证经济学的方法论》(Friedman, 1953)。对这些著作更极端的诠释，在芝加哥大学拿到学位的经济学家中更加盛行。

这很奇怪。奇怪之处在于，一帮行为让其他经济学家讨厌的人，在正式方法的问题上竟然有他们的共识。不过，弗里德曼1953年论文的淡化版本成了大多数美国经济学家知识体系的一部分，其观点常常被他们挂在嘴边。

预先构思过的方法论专著往往比与非方法论事务中的方法论论述更招人喜欢。说到规则你可以用讨人喜欢的方式含糊其词，以此博得普遍的认同；而在实践中你又必须树敌。我们举一个现代主义全盛时期，也即第一章中方法论的典型例子，卡尔曼·科恩和理查德·赛尔特在他们本来令人敬佩的书里提出了现代主义的一个提纲，断言这就是"用在一切科学分析中"的方法（Cohen and Gyert, 1975: 17）。他们那时勾勒出的"方法"，连同其参考文献中所倾向的逻辑实证主义及其同类，不过是呼吁人们在研究中要诚实并思考周密。只有当"至少在原则上可由实验和观察验证"（第23页）这类字眼也受到经验和观察的验证后，我们才能看清楚什么才是重要的。

弗里德曼的论文在经济学中占据了现代主义核心文献的地位，值得我们充满敬意去翻阅。尽管它发表得很早，早在人文科学中的现代主义大潮达到鼎盛之前，却比你泛读之后所认为的还要后现代主义。比如，弗里德曼确实以赞同的态度提到，经济学家可以以简洁和富有成效的审美标准对给出相同预测的诸多理论加以甄别，尽管在下一句他又试图把它们简化为预测问题（Friedman, 1953: 10）。他也承认，经济学现代主义者被禁止使用的问卷调查其实有助于提出假说，尽管在下一句他又声称问卷调查"作为一种验证经济学假说有效与否的手段几乎全无用处"（第31页；见第三诫和第七诫）。他强调了听科学家言说的那个群体[1]在产生坚定信念上的作用——不管它是由社会学家还是经济学家构成——尽管在下一句中，他又回到了有关检验的"客观"理论上（见第五诫）。

当然，以讨喜的方式对规则含糊其辞有时是有好处的。当弗里德曼的论文发表时，经济学的实践已经分裂成没有事实论证的理论和没有理论支撑的事实。他对现代主义的诵唱，配以哲学家若隐若现的和声，在当时对人们的心灵可能有好处。但你还是要问：是否还没到打断这种诵唱的时候呢？

换句话说，弗里德曼就像另一个过渡性人物卡尔·波普尔那样，似乎想努力挣脱实证主义及其学术传统的操纵，尽管只是偶有成功。这种经济学现代主义的古典轨迹包含了大量反现代主义的东西，这表明即使依靠其最得力的宣扬者，现代主义也无法在讨论中幸存。亚伯拉罕·赫希和尼尔·德·马奇（Hirsch and

---

[1] 即科学家角色的听众、读者。相关内容可见第五章。——编者

Marchi, 1990）极具说服力地解释了弗里德曼认知不一致的原因；事实上，在他的论文中，他根本就不是一个实证主义者，甚至算不上波普尔主义者，而是一个杜威主义者。要追随约翰·杜威，就要成为一个务实主义者兼美国人，对知识的使用要比对知识的基础更感兴趣。这种解读令人满意，弗里德曼也很喜欢，但接下来的问题是要解释，为什么长久以来人们会误将弗里德曼与更欧式的实证主义，比如保罗·萨缪尔森相联系。或许，这是由于实用主义连同其他美国玩意儿的名声到20世纪50年代时已经衰败腐朽；从欧洲来的新家庭女教师已将它束之高阁。

不管人们怎么看待弗里德曼，在经济学激烈讨论中的那些未经构思的话往往具有非常天然的现代主义内容，并且常常用到弗里德曼的话［或弗里茨·马克卢普（Machlup, 1955）的话，一般认为他是在对弗里德曼的话表示附议］。比如，理查德·罗尔和史蒂芬·罗斯的一篇有关金融的重要文章声称："理论应由其结论加以检验，而不是由其假设"，以及"同样的，我们不应该根据管理者声称自己为了社会公益而牺牲利润的问卷调查结果，就否定从企业利润最大化推导出的结论"（Roll and Ross, 1980: 1093, n.）。我们在别的地方也能看到引自弗里德曼的话，而且用了几乎相同的措辞，这些话可以追溯到弗里德曼的论文：比如，威廉·夏普（Sharpe, 1970: 77）在研究罗尔、罗斯的同一问题时，认为一种礼貌的科学行为规则是指"假设的真实性一点也不重要。如果理论的含意与观察到的现象相当一致，我们就可以说理论'解释了'现实。"这些话常常和别的话一起十分和谐地被经济学家吟诵，因此成了一种咒语。现代主义经济学是一种启示性宗教,也是一种仪式性宗教。

大多数经济学家,起码是大多数说英语的经济学家,会为拥有"现代主义的科学家"这种称号而雀跃。他们把这当成经济学家是哲学现代主义者的一个证据。此外还有其他证据:方法论宣言的流行,比如弗里德曼的,尤其是他的追随者的;还有任何熟悉经济学的人所有的一种感觉,即现代主义为言语交谈提供了语法;以及对反现代主义观点的反应,指望有人能站出来并宣布"最终"对经济学主张唯一的"基本"证明即"客观的"、量化的"检验"。我们很难不相信现代主义在经济学中占据支配地位,就算不考虑客观的、量化的检验能让这种论断或任何断言变得更可信也因此值得去做。想要证明这一点很简单,只要对《美国经济评论》中的审阅人报告做一个适当的抽样,留意现代主义者使用的那些"敕令",包括"永远不要问商人在做什么——他们没法告诉你真相";"不管怎样都要测量"。

无论如何,现代主义一统天下——这是重点。只谈论经济学家的方法论规则是不够的,就像职业哲学家可能会说,"没人会再相信那套玩意儿了"。也许哲学系中思想修养更高的人确实不相信。大多数职业哲学家会声称他们不是实证主义者,但接着却会说出这样的丑话:"如果说世上只有两种人——逻辑实证主义者和他娘的英语教授这种说法是对的,那么我想我是一个逻辑实证主义者"(Glymour, 1980: ix)。但不管怎么说,一种更粗略更狭隘的现代主义信仰仍然在硬科学中盛行,比如经济学。

现代主义是一种欠佳的方法：首先，它在哲学中过时了

现代主义作为一种科学，或者经济科学的方法论，存在很多问题。首先，有关它的哲学观点一直以来都不够令人信服。即使是哲学经济学家，他们对专业哲学的了解似乎与哲学家对专业经济学的了解差不多。因此，现代主义衰落的消息没有人尽皆知也就不足为奇了。20世纪20年代的逻辑实证主义者在当时对他们口中的"形而上学"嗤之以鼻。尽管从一开始，这种蔑视就自相矛盾。如果要把形而上学丢进火里烧了，那么从笛卡尔到休谟和孔德，再到罗素、亨普尔和波普尔的现代主义大家庭的方法论宣言，将是第一个被丢进火里的。基于这个和别的原因，哲学家们同意，严格的逻辑实证主义已死（参见Passsmore, 1967）。卡尔·波普尔在现代主义者和反现代主义者两边都发挥了作用。他在其自传《无尽的探索》"谁杀死了逻辑实证主义"一章中（Popper, 1976: 87-90），以赞同的态度引用帕斯莫尔的一句格言，并在其中坦白自己就是凶手。"我，"波普尔说，"/用我的小斧头，/杀死了逻辑实证主义。"逻辑实证主义死了那么久，这让我们不禁要问，经济学家继续他们的"恋尸癖"是否明智。

经济学界仍在十分笨拙地讨论着与逻辑实证主义相似的形而上学立场，也许因为这种立场更多的是源自从马赫到布里奇曼等哲学业余爱好者的哲学谈论，而不是专业哲学家们的类似思考。马赫、皮尔森、迪昂和奥斯特瓦尔德——这些对科学史感兴趣的科学家们——在19世纪90年代复活了实证主义，但哲学家版本的

逻辑实证主义，则是后来的事了。

因此，人们断言现代主义者在经济学中占首要地位，却很少对其加以论证。让我们看一下现代主义者的主要规则。尽管人们经常重复使用这些规则，却很难在其表面甚至在其之下看到它们作为判断每个非数学断言的标准时的吸引力，比如"有实操意义的陈述"（Samuelson, 1947，第3页及全文），或"对尚未观察到的现象所做的有效和有意义的预测"（Friedman, 1953），抑或"假设性概括（hypothetical generalizaiton）的预测价值"（Machlup, 1955: 1）。任何普通人都不会在平常的思考中遵循这样一种方法论，而它的倡导者也没有说明白为什么要把一些思考方式视为非凡的。哈奇森、萨缪尔森、弗里德曼、马克卢普及其追随者给出的采纳其形而上学的理由，其实是源自权威的理由，这在当时是对的，也就是说，这就是当时哲学家们所说的话。对哲学的信任是一个战术错误，因为哲学本身就随着哲学家的话而不断变化（比如Quine, 1951）。作为一个经济学哲学家，亚历山大·罗森堡在1976年写道，"很多经济学家把他们的观点描述为实证主义者的观点，并使自身接受最近几十年来这一观点在科学哲学中不断累积的怀疑"（Rosenberg, 1976: x）。有些哲学家对整个认识论的事业连同它为知识提供基础的主张产生了怀疑。而更多的人，如我前面提到的，则对现代主义认识论的自信方法产生了怀疑。

而证伪并不能让人信服

举个例子,经济学现代主义者都推崇的一个方法是强调至关重要的证伪检验,据说这是科学论证的标志。科学方法将论证窄化为逻辑,并将逻辑窄化为逻辑中的命题,也就是所谓的肯定前件式(modus tollens)。若H蕴含O,则非-O蕴含非-H。你可能会说这非常正确,但还不够(Boland, 1979: 505)。笛卡尔的怀疑论,并且特别是休谟的怀疑论,则认为这是唯一真实、根本且终极的检验。我们永远无法证实(affirm,肯定)(据说也包括肯定明天要上课这件事),只能证伪(falsity)。这种粗糙的说话方式,正如哲学家J. L. 奥斯汀指出的,忽略了科学和其他普通言语的真实丰富性:"一个陈述之真可能与另一个陈述之真有着重要的联系,但不是以偏执的逻辑学家所偏爱的唯一方式,即一种蕴含着另一种"(Austin, 1955: 54)。

然而,哲学家们早就意识到了证伪的教条,即使就其本身的表达方式来看,它与身兼物理学家与哲学家的皮埃尔·迪昂在1906年所提出的一个批评也存在冲突。这个批评不含哲学研究,对任何试图使用证伪的经济学家而言都显而易见。设想假设H_0("英国商人相比于欧美和德国商人而言,在19世纪晚期的表现更差")蕴含一个检验观察("对钢铁全要素生产率的测量显示英国炼钢业与别国存在巨大差距")。一个陈述蕴含着另一个,即不是靠该陈述本身,而是只有在加上辅助假设H_1、H_2等等时,才有可能测量("边际生产率理论适用于1870—1913年的英国""英国钢铁没有能抵消差劲的商业领导力的隐形投入",等等)。因此,非O当然蕴含非H_0,或非H_1、非H_2、非H_3,抑或是任一与待检验的主假设无关的假设的不成立。主假设接受任何检验都需要这些辅助假设,但它并不受这些辅助假设的关键检验的影响。或许这种(证伪)检验值得去做,正如这里给出的例子那样。它是很多反驳英国商业失败的出色观点中的一个。现代主义方法论认为它是对话终结者,但它不是。它不是一种确信,不是关键实验,也不是唯一的真实检验。

主假设不受关键检验影响是大多数科学分歧的主要内容。经济学家和其他科学家会向其同行抱怨说:"你的实验没有合理控制";"你还没解决识别问题";"在应该用非均衡的(垄断的、五百个方程的)模型的地方,你用了均衡的(竞争的、单一方程的)模型"。在诸如人口生物学、天文学或经济学这类科学中,控制实验的成本很高,且并不总是令人信服;如果不事先假设众多边界问题的答案,科学家之间的对话几乎无法展开(甚至在物理学也一样:Collins, 1985)。也就是说,若不假设科学家很了解这个世界,且他们所做的就是把新的事实放进现有的理论中去,那这种对话就无法展开。"证伪"也就没法进行了。

化学家兼哲学家迈克尔·波兰尼认为瑞利勋爵的一篇论文结果太出乎意料,因此不可信:"当……我询问很多物理学家对它的看法时,他们只是耸耸肩。他们找不出实验有什么问题,不过他们既不相信论文的结果,甚至也不认为值得花时间去思考论文有什么问题,更不要说检查一下了。[瑞利]本应忽略他的观察,因为他本该知道他的观察是有问题的"(Polanyi, 1966: 64f.)。比较一下物理学家兼科学史家托马斯·库恩的一段话,"科学家似乎往往在事实上费尽心思,试图强令事实与他毫不怀疑的某种理论相一致"(Kuhn, 1977: 193)。在宽泛的科学法则的层面上,科学家们只是在使用他们的理论。他们很少试着去证伪它们。

这就是为什么模拟——以福格尔研究铁路的方式,在纸上试验科学观点来看它们是否足够有力——在经济学和类似领域十分重要。模拟是为了证实,而不是为了证伪,它询问的是你能否论证这样那样的观点,而不是你能否证明这些观点是错的。模拟检验的是系统,而不是孤立的假设,而且模拟肯定了对假设进行检验的体系框架。模拟检验的是肯定的合理性,而不是怀疑的可能性。例如,在经济学中,那些脑子还没被统计显著性掏空的人所真正实践的计量经济学也相当于一种模拟。怀疑和证伪的方法,尽管仍供奉在计量经济学方法的正式描述中,却在很大程度上不实用了。

证伪,近乎,已被证伪。

有利可图的预测在经济学中是不可能的

人们常说预测是一门真正科学的最典型特征,并且经济学也具有这一特征。这种说法值得怀疑。比如,在哲学家和科学史家之中就有一种陈词滥调:最成功的科学理论之一,即进化论,就没有做出任何预测，也因而无法用预测证伪。不可否认，用果蝇和细菌，你的确可以以人们认可的方式去检验进化论；但它的主要事实，以及那些恐龙化石和颜色各异的鸟，都是待解释的事物，而不是待预测的。地理学和进化，甚至就是研究对象在很多光年之外的天文学，都是历史科学，而不是预测科学。

达尔文的理论本身是与斯密、马尔萨斯和李嘉图的古典经济学理论相联系的（巧的是，这个体系所做出的大多数实际预测都是错的），这起码暗示着，预测作为检验严格的现代主义经济学的标准是有点奇怪的。奇怪的是，正是在米尔顿·弗里德曼最著名的那篇预测主义的形而上学文章中，他引用了阿门·阿尔钦（Alchian, 1950）对这种联系的复兴。弗里德曼说（Friedman, 1953: 19），树木的进化理论就像芝加哥学派的公司理论一样，假设"每片树叶都分布得好像（as if）故意设法最大化它所接受到的光照"。阿尔钦和弗里德曼都以他们对现代主义方法论的推崇而闻名。因此，奇怪的是，经济学中非预测性的、历史的、进化论的观点——潘格洛斯博士[1]观点的一种变体，他认为任何事物的存在都有其理由——在那些自认为以最严谨的态度对待预测的经济学家之中却最为流行。

无论如何，正如路德维希·冯·米塞斯所说，预测经济学的未来"超出了任何凡人的能力"（Mises, 1949: 867）。正如约翰·穆特指出的，经济学会这样说。一家大银行的经济学家预测

---

[1] 伏尔泰讽刺小说《老实人》中的家庭教师，代指盲目乐观的人。——译者

利率会在圣诞节后下跌。如果在做出预测前,他没把他在保证金贷款上的净值都投资到债券上,从而通过合理的对冲和保险来应对变化,那么要么他的行为是非理性的,要么他就是在自欺欺人。他声称自己知道未来的预期价值,但却因为某些原因选择不去攫取这种浮士德式的知识所能带给他的无限财富。出于某种原因,他心甘情愿放弃这个机会,选择广而告之,要么他不是真的知道未来是什么样子,要么就是根本不存在这样的机会。但这样一来,他也就没资格像现在这样夸夸其谈了。

有人说大银行的经济学家做的只是条件性预测("如果政府赤字继续增长,利率将会上浮"),然而这种说法并不能拯救预测主义。条件性预测是廉价的:如果海洋要消失,一块石头就会以32.17英尺每二次方秒(m/s^2)的加速度从海平面向海底加速下落。但是,严肃的预测有严格的边界条件。如果有的话,那么这个预测必须回答一个美国式的问题:如果你那么聪明,为什么不富有呢?就像一个经济学家会以他精辟的方式说,在边际处(因为这是经济学起作用的地方)以及平均而言(因为有些人会走运),做经济学预测的行业(也包含大学),得到的不过是正常收益而已。

现代主义是不可能的,也不该追随

然而,在这些对现代主义方法论较次要的批评中,最具破坏性的一个是,如果按照现代主义说的来,其方法论是不可能实现的。让我们再考虑一下获取现代主义知识的步骤，从预测主义到开尔文的格言再到休谟的叉子。如果经济学家（或物理学家）将自身限定于照搬这些步骤的经济学（或物理学）主张中，那么他们就没什么可说的了。笛卡尔式或休谟式的怀疑论，对于真正的人类科学家而言，是一个非常有害的信仰标准了，而笛卡尔和休谟对此都心知肚明。我再一次引述波兰尼的话（Polanyi, 1962: 88），现代主义的方法论建立起"对有效意义不切实际的标准，如果严格实践起来，将会让我们自愿沦为蠢蛋"。

现代主义承诺给出免受怀疑的知识，不受形而上学、道德和个人信仰影响的知识。但它却不能信守承诺，或许也不应该。它能给出的是重新命名为"科学方法论"的东西，即科学家的形而上学、道德和个人信仰。我怀疑，就像最近很多人怀疑的那样，科学知识与其他知识其实并没有什么不同。

我想说的是，照搬现代主义方法论给不了我们有用的经济学。我想，从我提到的萨缪尔森、索洛、穆特、福格尔、科斯和计量经济学的例子中，大家可以很明白地看出：经济学的实际论证不过是把现代主义当成了门面粉饰。其他研究科学修辞的学者也发现了这一点。保罗·费耶阿本德在他的《反对方法》（Feyerabend, 1975）一书中用他对伽利略生涯的解读来攻击物理学中规范方法论的各种主张，而同样的道理也可以用在经济学上。费耶阿本德认为，如若伽利略同时代的人也采用了现代主义的说服准则，伽利略的理论就不会成功了。如果一个研究经费申请书用了地面光学也适用于天体这个奇怪的前提——断言潮汐是移动的地球上晃动的水，并假设关于木星卫星的模糊观点可以经由一个大胆的类比来证明，行星也像木星周围的卫星一样是绕着太阳旋转的——那么它是不会通过1632年国家科学基金会的第一轮同行评审的。这种论述可以广泛应用在物理学史上。验证爱因斯坦理论的实验中所出现的观测异常一直以来都被忽略了，而在其理论被接受的许久之后，人们才发现这是测量误差，接受的理由是"这是解释事实的理由"，就像爱因斯坦喜欢说的那样（Feyerabend, 1975: 56-57）。

生物史学家已经发现，从巴斯德和孟德尔一直到现在，仍有着许多伪造统计结果的情况，来满足现代主义对什么才算证据的规则。杰拉尔德·盖森揭露过许多假话，其中就包括指出巴斯德是怎样对其实验结果撒谎的（Geison, 1995）。而孟德尔的实验结果也在很早之前被认为是完美得难以置信。在《孟德尔和方法论》（Root-Bernstein, 1983）一文中，罗伯特·鲁特-伯恩斯坦用了一种有趣的方式恢复了孟德尔的名誉。他认为豌豆很难分类：有些明显是光滑的，有些明显是有褶皱的，但有些则介于中间。孟德尔过于完美的结果并不是通过完全的造假，而是借用了库恩和其他学者所说的物理学的常见做法：通过定义物种类别来符合他优雅的数学理论。"这些类别并非客观或明确地存在于自然中，而是必须由孟德尔本人发明出来"（Root-Bernstein, 1983: 289）。现代主义并不适合任何真正的科学。对IQ的测量从一开始就是个骗局，而且是打着科学方法幌子的自我欺骗（Gould, 1981）。竭力追求高中物理中最简单的实验所有的那种证据，并不适合真正的科学。

这样做也不适合经济学。举个重要的例子，不管是好是坏，经济学中的凯恩斯革命，如果遵循现代主义的科学法条，根本就不会发生。直到20世纪50年代初，凯恩斯的洞见才作为统计学的命题而成型，但大批年轻的经济学家早在十五年前就相信这些洞见了。到了20世纪60年代早期，尽管在统计检验中一再失灵，凯恩斯的流动性陷阱和投资加速器模型概念却被当作科学的常规内容教授给经济学学生。现代主义方法论本可以在1936年就让这一切偃旗息鼓：客观的、受控制的以及统计的证据在哪呢？

而（你可能也想到了）货币主义的反革命实际上也不是现代主义方法论的成功。到了20世纪60年代，现代主义占据着货币主义经济学家的头脑，因为货币主义的领袖就信奉现代主义。他们说服自己，要研究的主要是预测和控制的问题。然而，让货币重要的观点占上风的并不是对现代主义的确信。真正发挥作用的，是粗糙的实验和笨重的厚书，凭着它们的粗糙和厚度，而不是专业期刊中举行的明显的现代主义仪式。比如，肯尼迪的减税让凯恩斯主义者的声望达到顶点；而20世纪70年代的通货膨胀又让他们跌落神坛，从而使货币主义者成为城堡中的临时国王。弗里德曼和施瓦茨合写的厚书《美国货币史，1867—1960》是货币主义的另一个重要而非现代主义的胜利。这本书建立了货币与货币收入之间的相关性，尽管很多例外只能通过各种非货币本轮来解释。凯恩斯主义和其他货币主义的反对者并不否认这种相关性，他们只是否认它的重要性。如果货币导致价格的波动，那么这种相关性就是重要的。而如果价格引起货币的变化，那么这种相关性就不重要了。当我们超越这场争论用到的封闭经济框架,事实更是如此。货币主义的观点假定,尽管美国经济在商品和货币本身的贸易上对外开放,货币却可以由货币当局控制。针对这个对现代主义的毁灭性批评,弗里德曼和施瓦茨并没有回应(唯一的例外是弗里德曼对McCloskey and Zecher[1984]的不具说服力的评论,见Friedman, 1984: 157-62)。不过,争论中所提到的,并不是其回应的逻辑质量,而是他们那本书的厚度,以及书中丰富且富有见地的观点,不管其中绝大部分有多么离题。这本书跟现代主义方法论没太大关系。詹姆斯·托宾这个凯恩斯主义者为《美国货币史》写了一篇书评,以其应得的最大敬意来对待这本书;对这本书的严肃态度改变了学术思潮,而这种改变是由人格印象(Ethos)造就的。

换句话说,持续地应用现代主义方法论,会让经济学的发展停滞不前。你可以问问任何一个经济学家。传统故事中的哪些实证异常启发了20世纪60年代早期的新经济史或20世纪70年代早期的新劳动经济学?一个都没有。它只是让人们意识到,经济学逻辑在传统的边界内还未穷尽自身。有哪些可观察的结果能证明,自20世纪50年代以来,经济学研究对一般均衡数学理论的投入是合理的呢?就现代主义者中常见的现代主义言论而言,一个都没有。但那又怎样?以法与经济学这个新兴领域的方式将经济学应用在法学问题上,可以完全依赖客观证据吗?不可以;但为什么你想以这样的方式来限制人们的理解呢?如此等等。把现代主义应用到经济学中,我们不会得到什么,却会失去很多。

这个道理本身就是经济学的。罗纳德·科斯指出，一个经济学断言要得到检验，经济学家必须对它足够关心才会去做。但这个经济学家只有当其他经济学家，即其盟友或某些重要的对手群体也相信这个断言时，才会对此关心。只在当足够多的经济学家相信时，才会出现对其检验的需求。幸运的是，"经济学家，或者说任何足够比率下的经济学家，并不会等到一个理论的预测准确之后才决定相信它"。用恰当的现代主义的方式等待，"会造成科学活动的瘫痪"（Coase, 1982: 14），因为没有人有动机从无数假说中选出一个来进行检验。科斯认为，即使是定量研究，也十分依赖于定量前的论证来建立信念，而且他以赞同的态度引述库恩的话说，"从科学法则到科学测量的路几乎无法反过来走"（第18页，引自Kuhn, 1977：219）。法则源自一种对话传统；在物理学和经济学中，"定量研究……是在理论协助下的探索"（Coase, 1982: 17），它寻找的是数据，让已基于其他理由得到信服的理论变得更加具体。换句话说，现代主义不让科学家使用他们实际上一直在用的修辞工具，因而是不切实际的。

在1953年，现代主义的方法论童话看上去果敢地紧跟时代，与山上打游击的那帮革命者十分契合。现在看来，一定程度上是因为它的革命一直以来都挺成功，所以它看上去有些压迫性，适合沿海平原上的政府，因此也盘踞在主要的港口和广播站。现代主义的精神早就死了，但经济学家也并不是唯一坚持这种现代主义革命的群体。或许当他们知道自己也不是唯一否认对它过度使用的群体时，会感到些许慰藉吧。

第十章
从方法论到修辞

任何受规则约束的方法论都应该反对

人们反对经济学中的现代主义的更重要的理由是其支持一种受规则约束的方法论。这种方法论声称能从知识的本质中或者从对科学史的理性重构中推导出科学的法则。它声称科学哲学家可以告诉我们什么才能带来好的、有用的、成果丰厚的和先进的科学。它声称科学哲学家能够限制科学家本人自发抛出的各类观点,并将其中一些不科学的排除在外,或者至多确凿地把这些观点放在"发现语境"(context of discovery)之中。这位哲学家负责在事后批评科学界。在经济学中,一种受规则约束的方法论也会声称规则的制定者是所有现有的和未来的经济学知识的专家,因而限制了经济学的发展,让经济学只符合这位哲学家对于至善的想法。

这些想当然的主张难以让我们严肃对待。爱因斯坦曾说过,"当一个人试图把自己当成真理和知识的法官时,他将为众神的嘲笑所毁灭"(Einstein, 1953: 38)。现代主义的方法论主义者是一位红皇后("规范性论证:把他的头砍了"[1]),而众神则背着脸窃笑。任何制定法则和加以限制的方法论都将导致这种可笑的效果。

当然,经济学科学的规则制定者具有最高贵的动机。正如政府官员那样,他是来帮助你的。但正如经济学家喜欢在谈到干预自发秩序的类似案例时所指出的,崇高的意图并不能为可笑的结果作辩护。方法论主义者喜欢自视为实践者的法官。如果方法论主义者有什么作用的话,那就是一种无政府主义行径,也即反抗规则的死板和权威。I. A. 瑞恰慈曾对隐喻理论提出过这样一个观点:"隐喻所做的不是替代实践,或者告诉我们如何去做我们还不会做的事情;而是保护我们不受不必要的粗陋观点干扰的天然技能"(Richards, 1936: 116)。

遗憾的是,现代主义的方法论,或者任何由死板准则所构成的方法论,都是粗陋的。更糟糕的是,我们竟然允许这样的方法论干涉我们的本能。而经济学中方法论论文的传统却指责经济学家们不允许这种方法论干涉更多东西。1980年,马克·布劳格在《经济学的方法论》中概括了经济学方法论的发展状况,这正是一个很好的例子。书的副标题承诺这本书要讲"经济学家如何解释"。然而或许应该改成"年轻的卡尔·波普尔如何解释",因为书里一再攻击经济学中现存的论证,认为它们未遵从波普尔1934年在《研究的逻辑》中写下的规则。布劳格的序言是典型的经济学方法论者的腔调:"经济学家一直以来就认识到有必要为他们学

---

[1] 出自《爱丽丝梦游仙境》。——译者

科推理的'正确'原则辩护；尽管实践可能与他们所说的大有出入，而其宣教行为本身就值得我们考虑"(Blaug, 1980: xii)。这种话很容易从现代主义者的笔下写出来。不过我们不清楚为什么与实际修辞实践不相干的宣教值得我们考虑。为什么经济学家在抽象意义中必须为他们的推理原则辩护，而且又是在什么法庭上辩护呢？方法论主义者们——不管是逻辑实证主义者，还是波普尔主义者，抑或是奥地利学派——都应该有个答案，但他们却没有。古老的常识和新近的科学哲学都说明他们不可能找到答案。

布劳格的结尾是规范性的，这点他毫不掩饰，他直接从哲学中为经济学言说拿来一套规则：

> 方法论能做的是为接受和拒绝研究项目提供标准，设置能够帮助我们分辨良莠的标杆。我们能够而且确实必须对任何研究项目提出的终极的（ultimate，根本）问题应该是波普尔使之著名的那个问题：什么事件（如果出现的话）将导致我们拒绝那个项目？不能满足这个问题的研究项目就没能达到科学的知识所能达到的最高标准。(Blaug, 1980: 264)

这听起来妙极了，但爱因斯坦的神明们已经坐不住了。务实主义的声音会问到，为什么一个可疑的认识论原则应该作为一切事物的检验？它又远不如实践的检验，更不是"终极"检验。科学难道不是往往出现在远非终极的人类对话之中吗？

关键就在于"终极的"(ultimate)这个词以及其在认识论

中的无数近义词，比如"从概念上说"（conceptually）、"理想而言"（ideally）、"原则上讲"（in principle）、"归根结底"（in the last analysis）、"基本上"（fundamentally），或者"最终"（at the Second Coming）。"从根本上说"（Ultimately），认识论者说，"我们唯一能够知道的是如此如此。"但这种宣言并不能说服大众和科学家。他们认为，很明显，人们以多种方式了解事物，并不总是简化为某种观点或先验综合判断。

所谓的"终极"方式并不重要。我们此时此刻需要的是智识的营养，而不是天上虚无缥缈的认识论蛋糕。举例来说，自培根以来，认识论的方法论主义者诉诸实验事实为"终极仲裁人"（ultimate arbiter），这样做会将反思（reflection）弃如敝屣或者起码将反思推下神坛。约翰·杜威这个务实主义者回应说，"这种完全的贬低忽视了即使在最主观的反思中也存在的内在价值，因为它继承那个证明思想是不需要的遗产，或者认为思考已经完成了其本身应做的工作，就好像它为一些情况提供了标准，在这些情况里我们面对的问题很难，而且其中充斥着怀疑"（Dewey, 1916: 196f.）。这里，杜威与另一个方法论范畴的朋友纽曼主教的想法很接近，后者一直坚持宽容教会派的说理（推理论证）。在杜威发表这个观点的三十年前，这位主教就写道，"赞同非证明式的说理方式，这种行为被普遍认可，因此不可能是不理性的，除非人的本性就是不理性的，这种赞同对审慎和清醒的人来说再熟悉不过，因此不可能不可靠或过分"（Newman, 1870: 150）。当然，杜威和纽曼是在为广泛多样的说理方式辩护，而不是在拒绝事实，或者宣扬关掉实验室。他们只是在拒绝一种限制性的方法论主义，它将人类的理性窄化为某种特定事实，并将大多数事实和解释置于说理之外。

任何人都会赞许最佳认识论的方法论者似乎拥有的对科学探索的构想。这种构想相当于某种辩证法，它对于欧洲的分析哲学传统而言十分陌生。杜威和纽曼也会赞同。真正的探索应该是勇敢和良善的。拒绝向证据屈服——尽管即使在现代主义者圈子里也并不罕见——是懦弱的：我们可以从用证据证伪的理念中得到很多启发。我们都认为直面事实是好的。用谦虚的话讲，我们都是"经验主义者"。然而，随着"经验""证据"这样的词的使用，问题来了（现代主义者因此被激怒，开始叫嚷）。都得是"客观的""经验的""实证的""可观察的"吗？这可能吗？我看未必。

对开放的学术社会的呼吁是有问题的，因为这种呼吁从学术自由的角度出发为自我辩护，却将某些论证方式划定为禁止的，将某些研究领域划定为毫无意义的。现代主义的不宽容体现在波普尔的《开放社会及其敌人》（Popper, 1945）一书中，这本书向精神分析家和立志打破所有现代主义规则的马克思主义者紧紧关上了他开放社会的大门。问题在于，波普尔也因此不得不同时向从伽利略到亚原子粒子研究者的一众物理学家封锁边界。在19世纪90年代，有些物理学家确实从合理的现代主义立场出发否定了原子论，认为这类物质是无法观察到的；而现在，正如物理学家史蒂文·温伯格写的那样（Weinberg, 1983: 9f.），没有哪个现代主义者会去搜寻夸克。一个在这种开放社会里工作而因非法移民被抓的经济学家，会被即刻遣送上下一班卡车（尽管他会在车厢后面申诉他合理的现代主义者身份）。

一般而言，把方法论的约束加诸科学并不明智，这在经济学家看来是显而易见的。毕竟，约束条件会施加约束。相反的看法，即一个基于规则的方法论是有益的，近来越来越受到哲学家的质疑。保罗·费耶阿本德对科学哲学的驳斥和理查德·罗蒂对哲学的解构让方法论者大发雷霆。罗蒂认为自柏拉图以来的认识论史是一种学术打赌，而且还赌输了："非常奇怪的是，人们对力的本质以及'数'的定义有些有趣的发现。他们本来有可能对真理的本质也找到些有趣的发现。但他们并没有。"（Rorty, 1982: xiv）

笛卡尔本人创立的规则已经由舒斯特以这种方式仔细检查过了，后者总结道，笛卡尔的"方法谈（method-talk）并不是从某个数学领域的成功实践中抽象出来的[更不用说物理学了]；它产生于一种对对话条件进行类比拓展操作的自大妄想式的表演——普遍数学（universal mathematics）[笛卡尔的项目之一]，这种普遍数学本身并不能做到自己声称要做到的东西"（Schuster, 1983: 19）。

在这里，哲学家们遵循的是其他领域中的反方法论主义的发现。特别地，1962年左右以来的社会学和科学史已经让方法论的旧规则看起来毫无说服力。社会学家和历史学家继而去探索科学中到底发生了什么，相比于科学书籍开篇几章中贩卖的骇人听闻的故事，他们更钟爱真正发生的事情。用这个简单的办法，现代主义的方法论断言就受到了一而再再而三的反驳。我们也可以在经济学中做此尝试，如前面看到的那样。

方法论是中层管理者

要是对常识没有那么大的破坏力的话，方法论（Methodology）像这样昂首阔步地对科学家们发号施令，就只是显得可笑而已。在经济学中，方法论处在从车间地板到董事会会议室的"元-经济学"（meta-economical）等级体系的中间。在最底下是小写m开头的method（方法），态度谦逊而有用，理智的人都不会对它有所抱怨或拿它开玩笑。它告诉经济学家如何处理通过有偏误的方法筛选出的数据，或者当在某个市场中难以找到价格和数量变动的原因时应该怎么做。它也告诉人们怎样写科学性的文章，尽管相当糟糕；但它以很好的方式告诉人们怎样理解市场的新进入者仍然有利可图的情况。它告诉人们如何避免在统计显著性这种车间地板级别的问题上犯错误。遵循琼·罗宾逊的叫法，经济学家把这些方法称作他们的"工具箱"。这些工具就是以口头语言和数学形式表达的经济学理论、统计学理论和实践、对特定会计惯例和统计数据来源的熟悉，以及一种典型化的历史事实和世俗经验的背景。用这些工具来炮制站得住脚的小论证，这是经济学家的专长，也是经济学家的方法。

远在小写m开头的method（方法）之上，即在学术事业的最高处，是文明的对话规范。德国哲学家尤尔根·哈贝马斯及其传统称这些规范为 Sprachethik（语言行为准则[1]）（Habermas, 1973: 110）。不要撒谎；集中注意力；不要嘲笑；合作；不要大喊大叫；让别人说话；要思想开放；别人问的时候你就解释；为了推广你的理念，不要诉诸暴力或阴谋。没有这些，我们就无法想象好的对话或者好的智识生活。它们是规则，语言学家称其为"会话含意"（conversational implicatures），人们加入对话就采纳了这些规则，不管是一帮谈论如何管理经济的经济学家间的对话，还是讨论如何管理子女的家长间的对话。苏格拉底式的对话，至少在他的对谈者说"苏格拉底，看起来是这样"之外的话时，一直是智识对话的典范。我们并不总是遵循这种典范，但这并不是我们放弃其作为一种规范的理由。不同于现代主义的规范，这种智识对话规范是合理的。最严重的学术罪恶不是不讲逻辑或者不够广闻博见，而是表现出对学术对话规范的犬儒式无视。

处在顶层和底层之间——一身绿色装束的中层经理，在 Sprachethik（语言行为准则）冷峻的威严之下且在 method 的日常使用之上，就是 Methodology（方法论）了。因为方法论不能为经济学家，或单相思的人，提供具体的实用建议，所以它不是方法。又因为方法论不拥有我们在自身文化中，或在经济学中如何好好说话的一般性，它也不是语言行为准则。方法论声称其拥有的是从特定科学到总体科学的科学的普遍化。让方法论显得可笑的恰恰是通常让小资产阶级绅士显得可笑的东西。可笑之处在于他的

---

[1] 英译版译为"linguistic ethics"。——编者

双重地位，既是主子又是奴仆，因而容易变得虚伪，含糊其辞，一面谦虚又一面浮夸。

经济学诸多学派有各自对方法论的执念。比如，马克思主义经济学的方法论就有如下规则：

> 迄今为止所有既有的社会史都是阶级斗争史。
> 要使用统计数据，那是科学的。
> 要警惕受到迷信影响的言论。

新古典方法论——英语世界中主流的方法论，则有以下规则：

> 迄今为止所有既有的社会史都是自私的个体之间互动的历史。
> 要使用统计数据，那是科学的。
> 要警惕那些不可证伪或不可观察的言论。

奥地利学派方法论则说，

> 迄今为止所有既有的社会史都是自私的个体之间互动的历史。
> 如要使用统计数据的话，则谨慎使用，因为它们都是短暂存在的臆想之物。警惕那些与奥地利学派方法论观念不符的言论。

类似的规则也隶属于其他现代的学派，或者属于更细分的学派分支。它们都分享这个奇怪的笛卡尔式理念：遵循语言行为准则之下、纯粹方法之上的不管什么规则的实践都是可能的，而且会收获真理。

大多数对方法论的辩护靠的都是它们从语言行为准则那里借来的权威或者从方法那里借来的实用性。比如，只有当方法论在实践中假装是一种实用的方法规则，以及只有当方法论在道德上占据语言行为准则的道德角色时，"你肯定有一个方法论，只是藏在哪而已"这种回应才是对的。问题是，一旦把方法论单独拎出来，它就成了个贫乏的东西。

在实践中，方法论主要用来对"我们"和"他者"进行划界，对科学和非科学进行划界。一旦现代主义者为其所谓的"非科学"，比如占星学、精神分析、针灸、食疗、意念掰勺子或者任何他们不希望讨论的东西，建立起班图斯坦[1]保留地，他们就能继续以清醒的头脑处理手头的事务了。给方法论及其必然结果划界的问题（什么是科学？科学如何与非科学相区别？），是通过把对话限制在划为"我们"这边的人之中来终止对话的方式。

对方法论和认识论用途的这种怀疑，现有的各种回应都不能让人们信服。事实上，人们通常也认为没有必要屈尊到去说服别人。那么多传统哲学家和少数尚在的依照旧规则工作的科学史家，

---

[1] Bantustan，南非种族隔离时期不公平地划定给黑人居住的黑人家园。——译者

一起加入到了旷日持久且有些让人不安的讥笑中。斯坦利·罗森早在对分析的局限进行深入探索之前，就观察到人们对这种分析之局限的认识"不足以阻止典型的分析哲学践行者屈从于这个诱惑——把嘲讽误认为是对相反观点的反驳"。他说，正是"分析运动的优点……导致人们普遍不能理解其自证合理性的修辞本质"（Rosen, 1980: xiii）。

为了挽救对方法论的一些残余思考，人们进行了各种尝试。一个叫布鲁斯·考德维尔的经济学家也在其1982年对经济学方法论史的研究《超越实证主义：十九世纪的经济学方法论》中进行了这种尝试。考德维尔宣扬的是方法论多元主义，和另一个经济学家劳伦斯·博兰在他的《经济学方法基础》中所做的不谋而合。这些经济学家想继续罗蒂发现的缺乏前景的有关真理本质的对话，尽管是本着一种新的宽容和平衡精神去做的。你可能会想，人们真的能做到在有关我的真理和你的真理的对话中，始终保持他们的宽容和平衡吗？罗蒂可能会说，他们还没做到。

好的科学就是好的对话

那么，在学术对话中，区别好与差并不是看是否采纳了某个特别的方法论，而是看人们是否以真诚和才智为对话做出了自己的贡献。这是最古老的哲学教条。如西塞罗所言，柏拉图在挖苦演说家的身份同时也是最好的演说家，而这个想要终结对话的人笔下的苏格拉底则是第一个也是最好的健谈者。最杰出的现代论述是迈克尔·奥克肖特写的："作为开化的人类，我们所继承的，既不是对自身及世界的探寻，也不是积累起来的大量信息，而是一个对话，它从原始森林开始，并在无数个世纪中扩展和表达得更清楚。确切地讲，教育是入门……我们从中获得了适合于对话的智识习惯和道德习惯"（Oakeshott, 1933: 198-199）。

字面意义上的对话当然并不是我们这里所讨论的关键问题的全部，不过确实是其中一部分。更宽泛地说，西塞罗与亚里士多德，马克思与亚当·斯密的这种跨越时空的对话也都包括在其中。没错，我们不能夸大知识分子对真正对话的热情。对笨蛋琼斯要说的话没有兴趣让许多学术争论显得幼稚。涂尔干和韦伯是社会学诞生之初的同代人，研究的是类似的主题，在他们的领域中对对话网络有很大贡献，不过两人都没怎么提起对方（Lepienes, 1983）。但这些故事，就像对琼斯的热情一样，让人觉得是对学术语言行为准则的亵渎。

对话的概念回答了我们为什么要求说服力具有一定的标准。一个人在自己领域中的对话，什么时候做得好，你很容易就能看出来。比如，大多数经济学家会认同，当下有关博弈论的对话，在早期一些很好的迹象之后，进展得并不好。同样的，抽象一般均衡也在短暂辉煌后遭遇了急剧衰落。另一方面，知情的经济学家都不会怀疑，经济史的对话在20世纪五六十年代发展迅猛，而且一直处于较高水平。

诸多对话的重叠部分很多，这足以让你对临近研究领域几乎做到了如指掌：检查重叠的部分是编辑、评委和研究专家组成员要做的事。波兰尼曾观察到，重叠部分中的重叠部分，在一些人试图做到诚实的时候让所有人都变得诚实。证明完毕（Q.E.D.）：重叠的对话就提供了道德（行为）标准。这是一种市场论证。没必要通过哲学立法或者方法论规定来保持学术研究"经济"的良好运行。

阿梅莉·奥克森伯格·罗蒂写道，真正至关重要的是"我们持续进行对话、彼此检验、发现我们隐藏的预设、在听到同伴的意见后改变想法的能力。疯子也会改变想法，但他们的想法是随潮汐变化而不是因为他们真的倾听了他们朋友的质疑和反对意见"（Rorty, 1983: 562）。这也是一个女人的看法，这种倾听。我们可以祈祷经济学中也有这种论证特点。或许当经济学家放下身上的哲学包袱，并开始注意他们如何对话——真正彼此交谈——的时候，经济学论证就会有这种特点了。

修辞是一种更好的理解科学的方式

一个走出现代主义迷宫的办法是重拾早与科学断开的那根线：修辞。修辞并不直接处理真理（Truth）；修辞处理的是对话。修辞是一种检查对话的文学方式，而对话可以是经济学家的、数学家的，也可以是诗人和小说家的。人们可以像我展示的那样，用修辞对科学做文学批评。换句话说，西方文明中的人文传统可以用来理解科学传统。

新修辞的文学、认识论和方法论的分支还没有合而为一。在对学者怎样说话的研究中,它们同属于一种探寻的修辞。在笛卡尔革命的前夕,法国哲学家和教育改革家彼得鲁斯·拉姆斯让中世纪以来把修辞降级为纯粹巧言善辩的趋势趋于完成,让逻辑负责起所有的理性。在笛卡尔本人童年时期读过的一些教科书中,仅仅存在可能性(the merely probable)的论证就这样比不可怀疑论证[1]次了一等。怀着对古典修辞的敌意,这种对人文学科的重组很适合笛卡尔的纲领,把知识建立在哲学和数学的基础之上。

尽管不少杰出学者遵循这个纲领,毫无理由地认为只有数学论证才是有根据的,这个纲领还是失败了。同时,可能性论证仍然比确定性次一等。即使是统计学——关于不确定性的科学——也追求不可怀疑的基础,都在不同时期抵制贝叶斯和瓦尔德的修辞。用罗蒂的话说,沿着杜威的路径,笛卡尔、洛克、休谟、康德、罗素和卡尔纳普等人在对知识基础的探寻上"对确定性的追求胜过了对智慧的追求"(Rorty, 1979: 61;参阅 Dewey, 1929: 33, 227)。回归可被合理理解的修辞,就是回归更宽广和更有智慧的说理。

---

[1] 即确定性论证。——编者

其他科学也有修辞

然而,经济学家不太容易认识到,尽管经济学自称是科学的"祭司",但它与一般路人眼中科学的形象十分不同。但是,经济学家应该为他们的学科并不符合这个形象而高兴。经济学倒是十分契合新修辞学的形象,也契合很多经济学疏离已久的研究,比如对文学、政治或法律的研究。经济学家,尤其是新古典经济学家,有时会声称他们的领域是三段论的,用一种非常冗长的推理链条从"定理"得出一系列"可观察的含意"。他们的师傅阿尔弗雷德·马歇尔很久以前就说过,这是糟糕的描述和差劲的建议。用马歇尔的话说,经济学实际上用的是"简短、坚实的关系",或者用亚里士多德的话说,简短和非正式的三段论。换句话说,经济学并不是我们在高中时所理解的那种科学。

但说真的,经济学也不是其他种类的科学。经济学家可以宽宽心了。别的科学,甚至数学科学,也是修辞性的。素有"科学王后"之称的数学,在外行看来,似乎是少数具有客观性、明确性和可证明性的例子。的确,这门学科里只有真理才重要,人说了什么不重要。一代代学者都曾认为这就是基石所在,是终极的权威。不过,正如第四章欧拉的例子所示,数学证明的标准会改变。大卫·希尔伯特的追随者试图把数学置于永恒和不可怀疑的基础之上,然而,过去七十年的发展令他们失望。数学史家莫里斯·克莱因写道,"现在来看,很明显,一个人们普遍接受的、绝对可靠的推理体系——1800年的华美数学和人之骄傲——是一个巨大的幻象。"又说，"严谨并没有严谨的定义。如果一个证明得到当时最领先的专家的背书，并用到当时时髦的原则，那么这个证明就为人们所接受。但如今没有哪个标准是受到普遍接受的。"（Kline, 1980: 6, 315）

克莱因的观点并不适用于数学的广泛内涵——没人对此有严重的质疑——而是适用于其外延。有一个例子是前段时间人们对四色定理的计算证明的争议（该定理说，只用四种颜色就可以画出清楚的地图，这个定理自莫比乌斯1840年发现以来从未得到证明）。问题是，一种只能由电子计算机完成而永远不会由人脑完成的计算，是否能够参与到"证明"中。证明的修辞受到了质疑。

克莱因的观点并没有得到数学家的广泛认可。显然，更受欢迎的是菲利普·戴维斯和鲁本·赫什的观点，他们的《数学经验》一书被《美国数学月刊》誉为"我们这个时代的一部杰作"。不过戴维斯和赫什谈到现代数学哲学中的这个信任危机时，用的是几乎和克莱因完全一样的话。在"理想数学家"一节中，他们写道，"完备和不完备证明之间的界线总是有点模糊，而且常常存在争议"（Davis and Hersh, 1981: 34；参阅第40页）。他们引用了所罗门·费弗曼的话，后者写道，"通过形式系统寻找终极基础很明显没能得到任何令人信服的结论"（第357页）。虽然没有明说，戴维斯和赫什认为我们需要的是一种数学的修辞：

> 占据主导地位的英美哲学风格……倾向于用逻辑和形式系统研究延续对数学哲学的分类。这样看来，数学家主要

关心的问题就变得完全看不见了。这正是给形式化之前的数学……一个哲学描述的问题，包括检查其与形式化有何关系以及如何受其影响……非形式数学是数学。形式化只是一种没人想做也根本不可能做得到的抽象可能性。（Davis and Hersh, 1981: 344, 349）

真正的证明"建立在'有资格者的共识'之上，且无法由任何不熟悉格式塔——特定领域中的思维方式——的数学家检查。检查出错误可能需要几代人的时间"（第354页；参阅Davis and Hersh, 1987）。再比较一下纽曼主教的《同意的语法》中的话："虽然看起来奇怪，这种推论［也即形式证明］和同意之间的对比即使在数学领域也很典型。即便是证明性的，推论也并不总能得到我们的同意。我说的不是简短明白的证明；而是冗长精细的数学研究"（Newman, 1870：第6章，第1节，第6条）。纽曼曾在牛津大学学习数学，如果他活到20世纪，他可能知道并承认，在1816年，数学还没有达到希尔伯特学派所达到的那种严谨性。

在希尔伯特学派实验的最后，戴维斯和赫什断言，

所有学派的实际经验，以及数学家实际的日常经验说明，数学的真相，与其他真相一样，是会出错而且能得到改正的。我们有理由为数学哲学提出一个不同的任务，不是寻求不可怀疑的真相，而是给数学知识一种原原本本的描述——会犯错、能改正、暂时的，而且是演进的，就像所有其他的人类

知识一样。(Davis and Hersh, 1981: 406)

他提议的内容并没有多少得以实现，尽管前面提到的一本让人吃惊的书已经说明哪些可以实现（Lakatos, 1976）它给出了一个欧拉-笛卡尔多面体定理的修辞的描述。这本书是说明思想史学家可以怎样追求知识的修辞的典范。拉卡托斯明确指出，数学家永远不能去"证明"定理。他们只是在对话中暂时让他们的对谈者满意。

如此看来，甚至数学面对的一些问题，在外延上讲也是修辞问题，如布思所说，是"探索人认为他们应该相信什么的艺术"的问题。如前所述，我们也可以对别的科学讲同样的话，比如古生物学、古人类学或者实验心理学等（见Landau, 1987，其中讨论了有关叙事的审美决策决定了人类从树上下来的故事）。

你甚至也可以对物理学讲同样的话，物理学是那些寻求一个真实、客观、实证和预测性科学的处方的人的最爱。公理化的、朴素的修辞被认为是物理学的特征，但实际上并不能很好地概括物理学的特点。理论物理学家对形式数学的了解远比数理经济学家少，这真是对事物自然规律的一个奇怪反转。

经济学的修辞并不包含科学的圣莫尼卡（Santa Monica）通路（"嘿，哥们儿，你今天怎么看待需求定律？"）。要是经济学家能够放弃他们老派的现代主义，并正式以开放的襟怀接受更广泛的对话，他们就不用放弃数据、数学或者精确性了。他们只需要同意检查一下行动中的语言，并在人类对话中更礼貌地与他人交谈就可以了。

马克·珀尔曼对特伦斯·哈奇森的经济学中现代主义的复兴写的评论，写得很精到："关键的方法论问题是，怎么做才能让自己和别人都相信一个想法的有效性？……[经济学家]不愿问自己这个关键问题，'我必须用什么方法才能说服听者？'经济学家的自我认识是'一个专家'。但经济学家并不是专家；他们从根本上讲是说服者"（Mark Perlman, 1978: 582f.）。我们这些科学家、数学家和经济学家，都是说服者。

第十一章
反反修辞

替代现代主义的并不是非理性主义

我希望大家现在已经认识到，经济学的"客观性"不仅被夸大了，并且更重要的是，它被高估了。正如波兰尼所言（Polanyi, 1966: 62），对修辞的研究表明，经济学知识几乎不依赖于"一种科学理性主义，这种理性主义允许我们只相信基于确凿数据以及经得住重复验证的形式推理的明确论断"。一种经济学的修辞暴露了大部分经济学家对经济学论证的丰富性和复杂性的了解，但他们不会公开说明，也不会明确探究。

我要强调一点，我请大家关注修辞并不是鼓励大家"用修辞替代审慎的分析"，或者放弃数学而转向辱骂或花言巧语。好的修辞学家跟任何人一样钟爱论证中的严谨、精确、清楚和简洁。由于她比大多数人对这些美德在更大的学术价值观体系中的地位考虑得更严谨和清楚，她甚至会对这些美德更加热爱。一种对经济学文本的修辞通路是"立"（machine-building）而不是"破"

(machine-breaking)。不是请大家在讨论中变得非理性。恰恰相反。这种修辞通路鼓励大家摒弃人为造成的论证窄化所表现出的非理性，去追求人类论辩所表现的理性。它把经济学家在暗处（他们总得在什么地方）所做的事情带到光天化日之下，也把让经济学家陷入黑暗的正式修辞提出来供人们讨论。

方法论威权主义者很容易把非理性主义这种指控挂在嘴边。他们认为，在狭义的现代主义认识论之外的任何推理（reasoning，论证）根本就不是推理（论证）。比如，马克·布劳格指责保罗·费耶阿本德的书《反对方法》"几乎等同于用和平与爱（Flower Power）的哲学来替代科学的哲学"（Blaug, 1980: 44）。费耶阿本德的华丽辞藻往往招致这样的批评。不过斯蒂芬·图尔明和迈克尔·波兰尼则很讲道理；布劳格把二者与费耶阿本德混为一谈，并攻击了与费耶阿本德同声同气的所有人。在更高的哲学修养水平上，伊姆雷·拉卡托什的《科学研究纲领方法论》一再用"非理性主义"把波兰尼、库恩和费耶阿本德归为一类（例如 Lakatos 1978: 1: 9n. 1, 76n. 6, 91n. 1, 130, 130n. 3），强调他们有时激进表达的反对僵硬理性主义的立场，并忽视了他们温和表达的支持更宽泛理性的立场。这种策略并不新鲜。理查德·罗蒂写道，"曾经用来反对杜威的'相对主义'和'非理性主义'的指责，不过[是]对他所攻击的哲学传统的下意识防御"（Rorty, 1979: 13；参阅 Rorty, 1982: 第9章）。杜威、波兰尼、库恩等人的反对者下定决心，"如果要在科学和非理性之间二选一，我选科学"。但这并不是我们要做的选择。

不过，怀疑仍然存在。如果我们都认为不同的修辞方式在经济学讨论中有一席之地，并用文学的眼光看待经济学论证，我们岂不是把科学拱手让给科学的敌人吗？科学问题难道要通过政治或者一时的头脑发热来得到结论吗？科学方法论的惯例难道不是用来抵御非理性和威权主义威胁的城墙吗？野蛮人不是已经到家门口了吗？

这种恐惧由来已久，而且一直难以摆脱。在古典时期，它是哲学与修辞之间的辩论的一部分，从柏拉图对话集里对诡辩学派毫无同情的描述就可以清楚看出。西塞罗认为自己调和了两者，一方面控制了修辞转为空洞的辩护和转义（trope）的倾向，另一方面则控制了哲学变得无用且只是人类思辨的倾向。古典的难题是，修辞是一种有力的工具，很容易成为实现邪恶目的的方法，它是古典世界的核武器，而像核武器一样，人们十分担心它会扩散。

古典的解决办法是坚持演说者（orator）既要良善又要聪明：加图定义自己是"好人，会说话"（vir bonus dicendi peritus），是个擅长演说的好人，这也是一种西塞罗式的理想。在西塞罗之后一个世纪，昆体良说："如果想成为一个演说者，不能只是看上去是个好人；且必须实际上是一个好人，才能成为一名演说者"（*Institutio Oratoria* 1 2.1.3）。受现代主义预设的影响，我们习惯谈论"好的和坏的修辞"，比如，用约瑟夫·麦卡锡的谩骂来反驳阿德莱·史蒂文森二世的那些精妙绝伦的小笑话。但好与坏的评价，说的是人，而不是学术工具。好的科学要求有好的科学家，也就是有道德、诚实、勤奋的科学家，而不是好的方法论。修辞仅仅是一种工具，本身并没有好坏。或者说，修辞是用来说服的工具箱，善良或者邪恶的人都可以拿来作说理之用。那么，古典世界认为只有一个"男性（女性）好人"（vir [mulierque] bonus）才能正确使用这些工具，就像犹太教的神秘释经学（cabala）要求只有四十岁以上且足够良善的人才能研究一样，我们就不用感到惊讶。

对修辞力量的这种古典的担忧在现代人看来是很老派而有趣的；现代人很清楚，回归、计算机、实验或者业已受到推崇的任何说理方法都可以用于欺骗。比如，人们常常指责统计学是一种欺骗，尤其是对外行而言十分常见的统计学，也即统计图表。统计图表是18世纪晚期的一种魔鬼般的发明。爱德华·塔夫特写道，"对很多人而言，当他们想到统计图表时，首先想到的是'谎言'。毫无疑问，有些图表确实会扭曲它要表现的数据。但数据图在这方面跟文字没什么区别，因为任何沟通手段都可以用来欺骗"（Tufte, 1983: 53）。亚里士多德如是说：

> 如果说不正当地使用演说的力量害人不浅，那么，除了美德之外，许多好东西，或者说有用的东西，如体力、健康、财富、将才，都应当受到同样的非难……由此可见，应当由同一种技术来发现真正和表面的说服手段，正如由辩证法[即"具有说服力"的演绎推理]来发现真正和表面的三段论推理一样。（《修辞术》，1.1.1355b.3.14）

与更现代的方法相比,类比、诉诸权威、反面论证或者别的我们熟悉的古典修辞手法并没有什么内在的东西使其更容易受到出于邪恶目的的误用。你只能遗憾地注意到,古希腊人和古罗马人对误用的可能性更敏锐,且更不容易受到声称是道德中性的说法的蛊惑。

人们对修辞的怀疑就像哲学本身一样古老:我们不能使用纯粹合理性,因为一个言辞犀利的演讲人可能会愚弄我们:

> 苏格拉底:一个掌握了[修辞]艺术的人,难道就可以随心所欲地让同样的事物对同样的人来说,以前看来正义,现在看来不正义吗?
> 斐得罗:当然。
>
> (《斐德若篇》,261d)

有人曾说,除了在纯粹社会事实上一个观点被证明具有说服力之外,我们还需要某些其他的东西。

那么,我们对这样的反驳有两个回答。科学和其他知识论上的纯粹方法也可以用来说谎。我们的辩解反对的是撒谎这一行为,而不是某种类型的讨论方式。其次,用言语回应言语是自相驳斥的。这样做的人试图说服人们,单纯的说服是不够的,从而建立并诉诸一种社会性的、非知识论的说服标准。

方法论的政治论证不足以服人

1938年，特伦斯·哈奇森，一个精于维也纳学派对话的英国经济学家，曾用下面这个理由将该学派的实证主义引入经济学中："可以说，近几十年来对真正的科学家来说最邪恶的一个现象，而且确实对整个西方文明而言最邪恶的一个现象，是伪科学不再局限于市井外行……而是组织成综合激进且害人不浅的大众信条。[可验证是]将科学与伪科学区分开来的唯一原则，或者说是我们能够采用的唯一区分方式"（Hutchison, 1938: 10-11）。

从那时起，这种修辞就流行起来，而且在各个领域都出现了类似的说法。一定程度上，法西斯主义起源于黑格尔和尼采。在美国，这种论调则在一定程度上兴起于哲学中的实用主义者（皮尔斯、詹姆斯和杜威）或者绘画中的地方主义者（regionalist）（比如，密苏里州的托马斯·哈特·本顿，或者艾奥瓦州的画家格兰特·伍德），二者都鄙视欧洲的先锋主义。历史学家彼得·诺维科在他关于美国史修辞的佳作《那个高贵的梦："客观性问题"及美国历史学专业》（Novick, 1988）中写道，"早在1923年，伯特兰·罗素就将真理的实用理论和苏联受到操纵的审判案联系起来了［实际上，1937年，美国实用主义者约翰·杜威主持了对托洛茨基的再审；见Spitzer, 1990］。在1935年一次对法西斯主义根源的讨论中，罗素明确对法西斯主义发展脉络中客观真理的存在表示了怀疑"（Novick, 1988: 289）。

当然，1938年，哈奇森当时攻击的是种族主义的伪科学。最近，科学哲学家亚历山大·罗森堡支持了哈奇森将反法西斯主义与实证主义紧紧联系起来的做法（Rosenberg, 1992: 33）。日后的实证主义者没能注意到的是，种族主义伪科学本身正是早期（新）实证主义的产物。哈奇森和他那一代人的政治分析，以及当下新-新实证主义者的负隅顽抗，一直以来都欠缺证据，这种状况主要是实证主义者自己造成的，其中最显赫的是聪明过人的英国统计学家卡尔·皮尔逊，他创造了哈奇森所说的伪科学——比如，优生学和种族人类学，这都是灭绝营的实证科学。让我们听听皮尔逊的新实证主义圣经——《科学的语法》是怎么说的：

> 劣种的牲畜只能哺育劣种的后代……它的后代生下来仍会带有上一代的瑕疵……我们要做的是对低劣牲畜的生育能力进行检查，而这只会随着新的社交习惯和新的行为上的社会以及反社会观念出现才可能发生……现在，魏斯曼的这个结论[《关于遗传和同类生物问题的论文》，翻译于1889年]——如果是有效的，那么我们当下只能说，支持这个结论的论证十分强有力——严重影响了我们在个人道德行为上的判断，也严重影响了国家和社会对其内部退化成员的职责……"哲学的"方法永远不能带来真正的道德理论。听起来虽然奇怪，但生物学家的实验室试验可能比从柏拉图到黑格尔以降的所有国家理论更有分量！(Pearson, 1900: 26-28)

随后他写道："这是一种对于人类团结的错误观点——它不

支持让一个有能力而意志坚定的白人种族取代黑皮肤部落；后者既不会为了人类利益而最大化地利用他们的土地，也不会为人类知识做出他们应有的贡献"（Pearson，1900: 369）。在权衡了成本和收益后，他在其含意上稍有保留："这句话不能够被用来说明对人类生命的残酷摧毁是合理的……这种加速适者生存的模式的反社会后果可能会严重到足以毁掉存活者的适应性优势"（Pearson，1900: 369n）。但是——但是接着他又写道："与此同时，拥有更高等文明的白人取代遍布美洲和澳洲的原住民，让我们有理由感到满足。"

斯蒂芬·杰伊·古尔德认为，皮尔逊在办的新刊物《优生学年鉴》（1925）卷首那篇攻击犹太人迁居英国的论文达到了当时最高的科学水准，唉。（Gould, 1984: 296）当时大多数科学家是种族主义者，就像当时很多普通人一样。当然，种族主义的叙事在19世纪80年代和20世纪40年代之间的受教育群体中十分普遍。举个例子，阿尔弗雷德·马歇尔在解释大卫·李嘉图的方法时（马歇尔觉得由于李嘉图的祖先是塞法迪犹太人，其使用的方法太过于抽象，完全不英国）写道，"几乎闪族的每个支系都有几个特别擅长处理抽象概念的天才"（Marshall, 1920: 761n; 附录B，第5页）。

尽管这类说法在当时很普遍，但认为它们不科学或者是伪科学，认为我们只要以科学事实与逻辑作为反抗修辞或叙事的方法就能对抗它们，则是大错特错。卡尔·皮尔逊和阿尔弗雷德·马歇尔是他们那一代人中少有的顶尖科学家。科学能保护我们免受一些胡言乱语的影响，但不是所有。科学也是人的言语。如果我们没意识到如今的科学依然在使用隐喻和叙事，就像1900年和1938年一样，那么我们就要面对比愚弄自身更糟糕的后果。1933年，顶尖的英国科学期刊《自然》通过了这样一个规则，它"将希望得到所有对人类种群的有控制的、谨慎的改良感兴趣的人的赞赏和关注"（Mackenzie, 1981: 44）。什么新规则？那是德国纳粹主义者发起的一项措施，用于对具有先天性弱智、躁狂抑郁症、精神分裂症、遗传性癫痫、遗传性圣维特斯舞蹈症、遗传性失明和耳聋、遗传性身体畸形和习惯性酗酒的人进行绝育。

在奥斯维辛集中营待上一天并不会让人想到黑格尔或者尼采的学术讨论，更不要提杜威或者詹姆斯朴实无华的务实主义了。这种经历会让人记住工厂、实验室、账本，记住对煮过的头骨的测量和对人体耐冷水程度的实验，记住实证科学。我并不是说实证主义者都是法西斯或者说科学带来极权主义（例如，英国的优生学家大多数脱离了20世纪30年代的纳粹种族理论；参阅Mackenzie, 1981: 45）。我仅仅是说实证主义者或者别的科学信徒无法对与他们观点不同的所有人做出相对公平公正的指责，这样的倾向十分明显。指责任何不同意法国理性主义或者英国经验主义中的某个窄化版本的人是"非理性主义者"（Stove, 1982）并因而是希特勒和墨索里尼的同党，这种把戏应该被我们彻底摒弃：它会反噬做出指责的人。

这种情况在保罗·德曼的事件中又出现了。他是比利时的一个文学教授，在耶鲁大学任教，他让文化保守主义者感到愤怒，并因而在死后备受《纽约时报》的文学大学者们的诋毁。希特勒在欧洲得势时，年轻的德曼曾在他成百上千篇报纸文章中的寥寥几篇中短暂认同过法西斯主义的文化观点。关于纳粹主义和大屠杀的真相是，它们都来自西方文明，来自其最好和最坏的方面，来自学术实证主义本身，也来自乡下姑娘（Valley-Girl）的非理性主义（参阅Bakan, 1967: 166）。我想要讨论的是文学评论家乔治·斯坦纳某个感兴趣的主题。在《语言与沉默》中，他提到一个集中营的犹太人受害者，惊讶地发现德国人都是受过高等教育的，是读书的人。斯坦纳评论说，"他们读的很可能是歌德或者里尔克，这仍然是至关重要而又令人发指的事实，以至于我们难以启齿"（Steiner, 1967: 162）。有极高比例的党卫军军官有人文学科高等学位。而且在那些拿劳工做实验直到把他们折磨致死的人中，也不难找到博士学位的持有者。

左派这一边也是一样。19世纪早期知识分子的集中化理性主义，在20世纪中叶又变本加厉。长期以来，实证主义者总是愤怒地叫嚷着开放对话会导致极权主义。或许他们的愤怒缓解了一种无言的罪恶感。实证主义闹哄着要为自由做出贡献，但实际上往往是在践踏自由和尊严。

方法论保守主义者认为，如果人不受某种宗教信仰或文学教条或科学方法论的驯服，其行为会变得十分糟糕。这种观念在知识史上没有什么依据。从亚伯拉罕到戈培尔，在不同的时代，良好与恶劣的行为都与宽松或严苛的方法论并存。理查德·克罗斯曼尽管没有严格用"无政府"（anarchy）这个词，却用近似的表达方式来攻击艾瑞克·唐纳德·赫希对文学保守教条的辩解："让人惊讶的是，要完全推翻赫希书中的所有观点，我们只需要说明无政府状态［他指的是混乱］并不一定是因为'主观主义'和'相对主义'"（Crosman, 1980: 159）。你可以质疑赫希是一个活靶子，但同时也可以认同方法论或教条的美德是可疑的。

杰拉尔德·格拉夫（Graff, 1983: 604f.）强有力地主张文学理论并没有特定的"政治含意"（political implications）。他希望"超越那种给理论强加特定政治含意的可疑做法，理论独立于其作用于具体社会实践的方式。一个诸如诠释客观主义的理论并不'暗含'（imply，含意着）任何政治信条。对理论做政治判断和政治分类需要对社会实践做过足够的分析。我们有没有理由认为当下的文学批评家们做过这样的分析呢？"从诸如特里·伊格尔顿在《文学理论》（Eagleton, 1983）中的政治分析水平来看，你不得不回答说：没有。

在一篇题为《反反相对主义》的文章中，克利福德·格尔茨表示，害怕抛弃严格的方法论会带来混乱并不理性："世界上可能有一些真正的虚无主义者，住在加利福尼亚罗迪欧大道或者纽约时代广场附近……但我不认为这些人中的大部分是因为对其他文化的主张过度敏感而变成了虚无主义者。反相对主义很大程度上炮制了它所赖以生存的这种焦虑"（Geertz, 1984）。而理查德·罗蒂也在他的文章《相对主义》（Rorty, 1984a）中表达了同样的观点。所有这些文学、社会科学以及哲学的学者都在表达同样的一个观点，这在今天看来不言自明，但仍然值得再次强调：振作起来，因为导致混乱或者革命的，并不是教授口中的政治，而是真正的政治。

西方智识生活即将被虚无主义者蹂躏的这种非理性恐惧支配了很多人。这种恐惧最终发展成丹尼尔·贝尔这类人对20世纪60年代的一种抗拒，他们既不知道也不在乎20世纪60年代实际上解放了女性、同性恋者、黑人和很多别的群体。他们恐惧着宣扬客观性、划界问题（Demarcation）以及其他据说有助于强化自身的生活制度（regimens）——比如元旦这天去河里游上一圈。他们并不总是如此热衷于劳累的生活，二战和冷战加剧了这一点。比如，20世纪40年代和50年代初的美国历史学家背弃了他们对相对主义的信仰，并建起了一种冰冷的、未经深思熟虑的客观性（Novick, 1988）。这是意识形态做出的一个有预谋的行为。对独裁专制的战争，正如他们所说，将在研讨会的会议室里分出胜负。

而我要说的是，这种反对开放的修辞性（rhetorical）历史学、生物学或经济学的政治观点明显不足以服人，也未经讨论。能代替盲目的现代主义方法论的并不是一群起内讧的暴徒，而是一个致力于真诚对话且受到启蒙的思想者群体，他们在对话中清楚地知道自己所用到的各种修辞手段。或许当这些思想者在能够就所讨论的科学问题进行自由辩论各抒己见时，他们就能变得更加真诚，受到更多的启迪。

但愿我们做合理的陈述，而不论"科学"与否

比起对野蛮人来到家门口的恐惧，另一种反对开放的修辞性经济学的观点并没有那么悲观。这种反对观点是乐观的，它认为现代主义的科学知识可能难以实现，甚至根本不可能实现，但即使以我们不理想的方式去努力追求，一切也都会变好。这种观点认为，我们应该有一个超越修辞的关于真理的标准。我们应该努力超越"单纯的"说服。

这里涉及一个空间的隐喻。乐观上进的方法论者把有关世界的所有可能命题分成了客观与主观、实证与规范、科学和人文、硬的和软的，见图三。他假设世界可以整齐地沿着分界线分隔开。（这个图和想法都是布思的［Booth, 1974a: 17］，但很多经济学家跟我表达过类似想法。这种区分十分漂亮，而且被朱莉·尼尔森［Nelson, 1995］作为分析工具用在女性主义的思考上。）科学家的工作不是区分命题对理解和改变世界有没有用，而是把这些命题分类到表中的某个分区里——科学或者非科学——并把尽可能多的命题放到科学的那边去。

但为什么要这么做？这种练习的意义何在？一群又一群哲学研究者在划定科学与其他命题之间的分界线这件事上费了无数工夫。比如，他们担心占星术会划分到天文学里——这是一个世纪的时间里实证主义运动的主要活动。我们不清楚他们为什么自找麻烦，而且这种麻烦还很大。举个例子，开普勒是个严肃的占星家，牛顿是一个严肃的炼金术士，而很多现代科学家都很严肃地

科学的	人文的
事实	价值
真理	观点
客观的	主观的
实证的	规范的
缜密的	直觉的
精确	含糊
事物	词语
认知	感觉
硬	软
阳	阴
男	女

（分界线）

图三 科学的任务是移动那条线

对待各种超自然的主张，这给认为"严肃"不能与"占星术""炼金术"和"超自然现象"一起讨论的先验观点造成很大麻烦。

找到上帝画的那条区分科学与非科学思考的边界线已经让我们着了迷。但我们没有理由认为"科学的"这个词曾出现在上帝的宇宙蓝图中。人们被许多方式说服而相信某些事，就如我对经济学说服所具体展示的那样。我们搞不懂他们为什么要费力在心理地图上画出一种方式与另一种方式之间的界线。

现代主义者长期以来都面对着这样一种尴尬局面，那就是隐喻、案例研究、教养（upbringing）、权威、内省、简洁、对称、时尚、神学和政治显然不仅用于说服普通人，还用于说服科学家；而现代主义者为了化解尴尬就给这些统统贴上"发现的语境"（context of discovery）这个标签。人们认为科学家发现假说（hypotheses）的方法截然不同于"辩护的语境"（context of justification），即一种现代主义的合理性证明。托马斯·库恩对这个问题的自传性反思可以说明近些年来人们对这种做法的困惑："由于在思想上一直以来受到诸如此类的区分的影响，我对其重要性和说服力有着无比强烈的认知。多年以来，我一直认为它们涉及知识的本质，而且……尽管我试图把它们用于获得、接受和吸纳知识的实际情况，即使只是粗略的应用，它们也显得很成问题"[1]（Kuhn, 1970: 9）。

现代主义方法论者声称，科学中的所有知识"最终"都可以放到坚硬的、客观的一侧。于是在证明各个假说确实是科学的同时，必须高度强调"可以想到的证伪"（conceivable falsification）和"某个未来的检验"（some future test）。这里显而易见的现代主义标准是，那些不可能怀疑的东西，我们只能认为它们是合理的。不过即使是这个标准，在实践中也用不上：一个可以想到但在实践中不可能实现的检验比现实的检验更受承认，人们则无需费力去做这样的实验。

---

[1] 托马斯·库恩：《科学革命的结构》，张卜天译，北京：北京大学出版社，2022年，第57页。略有修改。——编者

我们必须追问：为何一个留给未来进行的想象式检验能够替代一个当下可以进行的检验。仅仅因为你承诺最终要去研究科学，并不意味着你现在已经在研究科学了。这种幌子与20世纪40年代"新福利经济学"所走的步骤别无二致。经济学家希望在道德上把在移向帕累托最优时受到伤害的那些人得到的实际补偿，与他们承诺但从未兑现过的假设补偿划上等号，就像希克斯-卡尔多检验（Hicks-Kaldor test）那样。据说，如果我们[1]能设想对那些由于跟日本开放自由贸易而失业的汽车工人进行补偿，那么我们就有理由继续开放自由贸易。而实际上我们不必真的去补偿那些工人。

重点在于，仅仅根据一个断言来自科学与人文划分的哪一边，你根本无法知道它是否具有说服力。只有通过思考和与其他有思想的人讨论它，你才能知道它是否有说服力。并非所有的回归分析都比道德论证更有说服力；并非所有的控制实验都比内省更有说服力。人们不应该因为一个假说的根据源于认识论就歧视这个假说。有些主观的、软的、含糊的假说确实比一些客观的、硬的、精确的假说更具说服力。相比于宇宙年龄有160亿年，经济学家更相信石油价格翻倍时她会少加点油。她相信这一点甚至超过相信地球绕着太阳转。她的天文学事实只是从她相信的人的证言里得来的，那个人值得信任，但当然不是绝对可靠的来源。她的经济学事实则来自观照自己的生活，并看到这些事实确实存在，它们还对着她笑呢。正如我们所看到的，并不是因为需求定律曾作

---

[1] 此句的"我们"指美国。——编者

出很好的预测，或者通过了什么统计检验，人们才相信需求定律——尽管此类进一步的检验无可厚非。这些检验的"科学"性质并不重要。

或许有人会回应称（也确实经常这么回应），人们可以就回归系数到底意味着什么达成一致，但却不能对他们的内省到底有什么特点达成一致。这是不对的：人们可以就他们所做的内省的特点进行对话，并且习惯于对审美反应进行对话——比如就老勃鲁盖尔的画作或者卢卡斯的理论的审美反应进行对话。这些对话通常能得出和人类谈话一样精确的结论。但即便说回归更准确这种说法是对的，这也不足以让经济学家放弃经济学中的内省。即使不准确，内省也可能比回归估计好，因为后者受到各种变量的误设（misspecifications）和误差的影响。回归用到了数字，看起来很准确，却毫不相干。准确地讲，准确意味着较低的估计方差（variance of estimation，而我们知道这有什么问题）；但如果估计本身存在严重偏差（bias），那它就不能说明任何问题。

仅仅根据某个狭隘的教条说一个论点是"科学的"并不能说明什么。我们知道中世纪英格兰的农民对条地和谷束被盗十分苦恼。我们了解这段历史的一个办法是通过《农夫皮尔斯》中贪婪（Avarice）的忏悔：

> 我若去耕种，便会沿田地边缘
> 多犁一尺，或侵犯近邻的垄沟
> 将别人的土地偷偷占为己有；

> 假如我收获，就会让人越界去
> 将并非我种的粮食统统割走。
> （兰格伦，第13节，第370—375行）[1]

另一个办法是合理而科学地数一数领地法庭（manorial court）中涉及条田（strip）和谷束盗窃的案例所占的比例，当然还要考虑到我们所知道的统计数字本身的缺陷。（McCloskey, 1991）我们没必要在定性和定量证据之间选择：一种智慧的经济史修辞不会给二者中的任何一个以特权。二者都有一定的权重，一个基于诗歌的艺术卓越品质（一个伟大诗人的洞察力）；而另一个则基于触犯法律的确凿无疑（一般来说，一个案例只涉及一块条田）。鉴于我们在谈论这个世界时遇到的困难程度，这种论证上的庞杂也就情有可原了。

对这里的论证并不必要的一个极端例子也能说明这一点。同样是被说服，但跟"通胀总是而且无论在哪里都是一个货币现象"相比，你更相信"杀人是不对的"。这并不是说类似的说服技巧同时适用于这两个命题。这仅仅是说每一个技巧在它自己的领域内，每一个技巧在以诚恳的方式进行适用该领域的说服时，能够比其他技巧带来更大程度的确信。

否认这个对比就是否认其带来的理性和局部确信（partial

---

[1] 兰格伦：《农夫皮尔斯》，沈弘译，北京：中国对外翻译出版公司，1999年，第188页。——译者

certitude）也适用于非科学的对象，这种立场很常见但不合理。没有理由认为"科学的"说服力（好吧，其实是伪科学的："在30个国家30年的价格回归中，M的系数是0.05还是1.0，差别并不大。"）就是说服力的唯一来源，而让道德说服力显得等而下之。"谋杀侵犯了合理的道德前提，即我们不应该强迫别人成为实现我们目的的工具"或者"由于我们处于'杀人犯手枪的哪一端'这一事前的无知之幕背后，我们应该在降临人世后通过禁止谋杀的法律"，像这样的说法同样具有说服力。不总是如此，只是有时候，它们更有说服力，更好，也更可能出现（Toulmin, 1958: 34）。弗兰克·奈特的思考与这种修辞通路很接近，他也用类似的话表达了类似的观点（Knight, 1940: 164）。在经济学的基本假设中，他说，通过"同情的内省"（sympathetic introspection），"我们确实'了解'这些命题了，这一了解比我们对于任何实存的物理事物的真实认知都更有信心，更加确定……就像我们了解数学定理那样完全确定。"

我们相信说服我们的东西并依据其做出行动——不是说服一帮胡乱选出来的陪审团中大多数的东西，而是说服受过良好教育且在我们的文明和领域中参与对话的人们的东西。试图超越有说服力的推理，就是在让认识论限制合理的说服。

对修辞的哲学反驳并没有说服力

反对修辞的还有我们都追求真理这个古老的理念——追求真理（Truth），而不是小写的事实（truth），比如今天下午艾奥瓦的气温或者总统对外交事务判断的质量。有人认为对真理的追求与纯粹的说服十分不同。但是将这个理念与科学家和学者的实际行为来比较时，它就显得很奇怪。

奇怪之处倒不在于科学家和学者实际追求的是虚假（Falsehood）。他们并没有。他们追求的是别的东西，这些东西与真理只是附带的关系。他们这样做并不是因为他们在道德品质上不如哲学家，而是因为他们也是人。追求真理是一种糟糕的人类动机理论，而且它作为一种道德指令并不具有可操作性。人类科学家追求的是说服力、精致、谜题的答案、对难以驯服的细节的征服、一种漂亮地达成目标的感觉以及工作带来的荣誉和收入：正如纳尔逊·古德曼所言，他们追求的是"真理之外五花八门的正确"（Goodman, 1983: 105）。我们必须记着，追求真理不过是一种哲学的信条。

此外，这种哲学信条并不绝对真实（True），这种信条还没有真实到应该让它在我们对修辞赋予多少重要性的问题上战胜我们的常识。真理（Truth）——一种远非仅仅具有说服力的东西——这种理念本身就是第五个轮子，没什么作用，只会偶尔摆脱控制而伤害到旁观者。如果我们认为货币数量论或者分配的边际生产率理论很有说服力、有趣、有用、合理、吸引人、可以接受，那么我们就不需要同时去了解它是否真实。它的说服力、趣味、用处等等都来自特定的论证："首先，边际生产率理论是在利用投入上的理性所产生的结果"（而我们很看重理性）；"首先，数量方程式是宏观经济学的简单框架"（而我们很看重简单）。

这都是特定的论证，不管好坏。在提出这些论证后，就没有必要再问最后总结性的问题了："那么，这是真的吗？"它的特点就是这样了——有说服力、有趣、有用，或者是什么别的。这些特点为我们显示了那些真正重要的、可以被回答的修辞问题，比如，该事实的用处到底是什么，或者是它到底对谁来说具有说服力。我没有理由寻找一种称为真理的一般品质，它只是回答了那个没有答案的问题："上帝到底在想些什么？"凡此种种都符合对人类具有说服力的人类论证清单。你们只需要知道这些就行了。

对这种观点的反驳一般是我们必须有一个关于真理的理论，即一种认识论。回想一下我们必须有一种方法论这个观点。没有它的话，你要怎么开口说话呢？（说话人脑子里立刻亮起了一盏灯。）诚然，反对认识论本身就是一种认识论讨论——谈论的对象就是认识论，因而认识论也确实是存在的。（认为已经找到了一个严整的哲学观点的人都喜欢用斜体字[1]。）威拉德·奎因称这种观点为柏拉图的胡子（Plato's Beard），纪念的是柏拉图非常著名的纠缠其中的长胡子："非存在物（nonbeing）在某种意义上一定是存在的［或加着重号，存在的］，否则不存在的是［或是］什么东西

---

1 这里用着重号代替。——编者

呢?"(Quine, 1948: 2f.)。由此，他指出，你可以证明非存在物的存在，比如飞马（Pegasus）、有翅膀的猪，以及这里所谈论的认识论，也就是说，语言中任何所指的一种实际指代对象的存在。重点在于这里所使用的一种归谬法（reductio ad absurdum，反证法）。如果人们认为反论不荒诞，它仍不意味着严肃的人们应该花时间思考所讨论的对象本身。严肃的议题是修辞性的——我们是怎样被说服的，以手头实际的情况来说——而不是认识论上的。

如我们所看到的，认识论自有它的用处，而我们已经听过很多令人振奋的有关追求真理的说教。确切地说，当人们崇尚的价值观受到实实在在的威胁时，这种说教更振奋人心：在丛林中面对死亡时的福音传道者，比他在威尔特郡向一群牧羊人和军嫂大放厥词时显得更有勇气。在西方，真理和理性的捍卫者有个习惯，那就是使用有关危险的修辞，而不用真的置身险境。听听劳伦斯·斯通是怎么说的，他是最好的历史学家和最差劲的方法论者，他在《哈泼斯杂志》[1]读者来信栏目中发布了一条动员令："今天，我们要肩并肩站起来，反抗理性之敌的大军。我所指的敌人是时髦的纯粹相对主义邪教的信徒，他们不断从哲学、语言学、符号学和结构主义中涌现。这些人……往往通过使用语言、逻辑推论的力量、真理与谬误的存在，来否认准确沟通的可能性"（Stone, 1984: 5）。

但最严肃的头脑则怀疑真理（Truth）的存在，当真理被理解

---

[1] 美国带有进步人士及左派立场的月刊。——译者

成处于绝对之中、等待孤独的科学家或历史学家去观察的东西时。纳尔逊·古德曼不是理性的敌人,他写道:"以为自己在专心致力于追求真理的科学家是在自欺欺人。他追求的是系统、简洁、范畴;而当他在这些方面取得满意结果的时候,他就改动事实来适应这些结果。他提出的规则既是他发现的也是他编造的,他解释的模式既是他识别出的,也是他设计的"(Goodman, 1978: 18)。弗兰克·奈特也不容易受符号学的蛊惑。不过在对哈奇森的经济学实证主义的评论中,他宣称,对自高尔吉亚以来的很多明智的人而言,"实验观察主要是……一种社会活动或现象。这个事实让所有有关感觉观察的世界的知识……本身成了一种社会活动。一个有意识的、重要的社会共识具有客观或真理的思想本质"(Knight, 1940: 156)。这些清醒的人,以及其他许多人,认为真理是第五个轮子,而说服则是社会性的。

我们追求真理这一论点的其中一个特化方向是,我们追求逻辑。这也值得质疑。再重申一下,对这个观点有所质疑,并不意味着我们最好变得不那么讲求逻辑。形式逻辑很好,只要在其范围之内。问题出在人们有时会把形式逻辑当成理性的全部。这样看待形式逻辑的冲动尤其表现在形式逻辑的一系列谬误中。散播(兜售)谬误揭示了人们对待方法的一种立法态度。杰里米·边沁自信能像他在教育、监狱和政府等事务上为他人立法一样为方法立法,那他摘录其笔记编成《谬误之书》(Bentham, 1824)也就不足为奇了。历史学家大卫·哈克特·费舍尔的书《历史学家的谬误》(Fischer, 1970)有这么一个缺陷:它把那些本身不足以下定论但仍可起到支持作用的诸多论证统统视为"不合逻辑"。

逻辑基础教材展示了这种老旧的态度，也即不能合理置于有效三段论中的一个语言组织应该被判定为谬误，即坏的论证。比如，欧文·柯匹的《逻辑入门》赞扬了费舍尔在历史学家作品中彻底根除112种不同形式的谬误邪说的那种热情，然后转而认为从权威、对手的特质、同样的无知中来的论证，以及很多由科学家、历史学家、法官（柯匹完全没有认识到其重要性）以及最重要的，由哲学家自身在日常生活中使用的论证，都是"谬误"。（Copi, 1978: 87, 91）书中第三章"形式谬误"处理了这些错误。之后有一章，"类比和可能的推论"，按照哲学论述的惯例，严格用三段论进行推理（也因而是"论证性的""必要的"等）。这里柯匹优雅地承认，当然，"我们每天的推理大多是通过类比"，大概哲学家自己也一样。他没想到他自己平日里的推理可能也是类比。L. 苏珊·斯特宾的逻辑小册子首版于1943年，并在此后不断再版，影响了一代又一代英国哲学专业的学生。她的书对纯粹具有说服力的论证采取了更为坚定的反对态度："只有在我们知道前提为真，且前提蕴含着结论的时候，我们才能知道得到的结论为真。正是为了这个目的，我们才推理（reason）"（Stebbing, 1943: 160）。观察她这里的着重号部分，有点为推理（理性）大声疾呼的意思。她继续痛斥"演说者"，她认为演说者"为了让人信服不择手段"，他们"不是诉诸理性，而是诉诸不受控制的情感，不是诉诸逻辑上相关的考量，而是诉诸偏见"。

值得注意的是，这些逻辑学家——大概热衷于严肃理性研究——并没有展现出对修辞及其历史的严肃理解。柯匹对修辞嗤之以鼻（Copi, 1978: 75, 242），尽管他确实承认（Copi，1978: 255），"很久以前逻辑和修辞比当下联系得更紧密"。斯特宾则没那么宽容，不过她最开始写作时，修辞正处于谷底，因而我们或可原谅她使用不受控制的情感和偏见，来为哪怕只是狭隘的理性概念辩护。

不过，狭义上讲，对狭义的辩护是循环论证（循环论证谬误），这一点则没那么情有可原。修辞工具是用诸如"真实的"或者"正确的"或者"健全的"或者"众所周知"（让我们放弃逻辑学家用的"有效"这个词吧，无论他们想用它来做什么）来表示"遵循所有局部谬误传播者所制定的狭义逻辑规则"（Stebbing, 1943: 161; Copi, 1978: 87）。根据定义，既然已经假定了结论，那么减少三段论形式逻辑的真实性、正确性、健全性和众所周知的情况，并认定其余都是谬误，就不那么容易了。这就是约翰·L. 麦凯在《哲学大百科全书》中的"谬误"一文（Mackie, 1967）中所采用的步骤。这里，从"是"（is）中推断出的"应当"（ought）被简单描述为"休谟揭露的一个错误，且由威拉德·奎因、约翰·瑟尔、J. L. 奥斯汀和其他臭名昭著的谬误的鼓吹者一再犯下"。纽曼主教在1841年写下的合理抱怨过了很长时间才成为哲学家群体的共识："逻辑学家更想做的是正确地得出结论，而不是得出正确的结论。"

反现代主义可倒好

更大的问题远远超出技术哲学，而且也超出经济学家的哲学误解。这个问题就是现代主义，经济学只不过是准备好接受现代主义影响的区区一个领域。现代主义曾经值得我们尝试。但现在看来并不管用。由于某些没有说服力的理由，现代主义已经禁锢了心理学家（直到最近），让他们受制于不使用潜意识思考的理论；而且也禁锢了经济学家（直到最近），让他们受制于不使用心理学的理论。或许该适可而止了。

一个经济学家如果认同这种观点，并希望在经济学领域开展更广泛更有说服力的对话，他也不必事事与反现代主义者相同。反现代主义者一直以来都试图振兴一直受忽视的作家们的作品（尤其是在英语世界里），而这些作家并不会接受定义于20世纪50年代左右的这种现代主义或科学性的正统教条。他们包括那些大家都敬而远之的人或物（bêtes noires），如诡辩家、西塞罗、经院哲学和黑格尔。稍近一些的有在哲学上早就过时的美国实用主义者，其作品一度被认为很可笑，但毕竟也是维也纳和剑桥所做正经工作的一种粗略近似；你或许会这样评价他们。

> 我用一个诗节把他们写出来：
> 詹姆斯杜威皮尔斯。
> 那么的和和气气，
> 数学上则说不过去。

反现代主义者本身也和他们的偶像一样令人担忧，这些偶像包括：海德格尔、哈贝马斯、阿多诺、福柯等欧陆哲学家，以及别的令人担忧的人；一些非传统的科学研究者（波兰尼、布罗诺夫斯基）；叛逆的分析哲学家，比如斯蒂芬·图尔明和理查德·罗蒂；使用非量化方法的社会科学家（从弗洛伊德到皮亚杰和弗雷泽到格尔茨）；托马斯·库恩之后的社会学家、哲学家和科学史家；以及，最令人担忧的，前仆后继的文学评论家们。

攻击经济学中现代主义修辞的狭隘，并不意味着要接受这些人为盟友。理查德·罗蒂称他们为"新萌宠"（the new fuzzies）（Rorty, 1984a），一个表达宠爱的词语（因为他也是其中一员），让人联想到小熊维尼在谈论哲学。不过，在我们的日常实践和思考中，我们都是含糊（fuzzy）的，甚至我们这些经济学家也是，不管我们自以为掌握识别问题的技艺和库恩-塔克条件（Kuhn-Tucker conditions）会让我们变得多么时髦和像达斯·维德那样炫酷。

修辞对你有好处

适合反现代主义的对思考的思考正是修辞。修辞不是一种新的方法论。它是反方法论的。修辞指出我们实际在做什么，看上去能够说服我们的是什么，以及为什么。在斯坦利·罗森对分析哲学的修辞进行的论述最后，他宣布了他的观点：

并不是新的理论或者哲学化方式，而是对我们实际所做的事情的描述。哲学家的实证工作是用梦想让他的分析技巧开花结果，并用分析来约束他的梦想。我不能给他一个用来约束这种活动的规则手册。保持理性（being reasonable）并没有规则和条例可言，而做理性的梦更是毫无规则和条例可言。（Rosen, 1980: 260）

再重复一遍："保持理性并没有规则和条例可言。"保持理性是权衡和考虑所有的理由，而不仅仅是那些方法论或者认识论或者逻辑声称在通往合理真实信仰（Justified True Belief）唯一路径上的关键点的那些理由。如果一种方法论声称历史辩证法或者假说演绎模型，或者现象学，或者历史理解（historical verstehen），或者任一给出理由的方式是唯一的方式，那这样的方法论可能都是不理性的。理性的修辞学家不会写下他的规则。规则无穷无尽，因为它们涵盖了所有的理由（reasons），规则是陈词滥调（bromidic），因为它们涵盖了所有的情况。不过，它们会改变。修辞学家需要一个乐观、成熟而清醒的读者，这样的读者不需要酒精的麻醉也能面对一个充满不确定性的世界。

另一方面，现代主义鼓吹者大放厥词，拉拢了一帮乡巴佬。他对受蛊惑聚到帐篷前的经济学家、科学家和不管什么在场的人说，你要是愿意成为一个现代主义者，遵循现代主义的规则，我的朋友，你就会成为一个好的经济学家，不管你诚不诚实，有没有想象力，或者是不是个好人。就这些，兄弟。

因此，科学圈的年轻人都在方法论中沉醉就没什么好稀奇的了："啤酒，兄弟，喝就喝啤酒/对一思考就痛苦的人/……的确，在消逝之前都很愉快：/可恨的是它不持久。"[1]你立马就能理解方法论配方的吸引力了。一个怀揣"越真诚的文本越好"的文本批评家，和一个掌握"统计学显著的系数应保留"的经济学家都跃跃欲试。相比于他的工作是错的，他更烦恼的是，除非他掌握——如他想说的那样——一些方法论，要不然他根本没办法做出任何东西。成果，兄弟，我们想要的是成果，有了成果，院长和主席们就不用发愁了。

讽刺的科学词汇反映了我们对用方法论抗拒思考的不安：科学家会说"转动曲柄"（turning the crank）或者"磨出来"（grinding it out）。进行思考似乎比转动曲柄更好，而对经济学的修辞批评则会促使我们进行思考。你用修辞的方式扪心自问：什么是我工作中的根本隐喻？我真的有证据证明它适用吗？我这里用的是诉诸权威：这个权威好吗？我在那里用形式语言声称科学的客观性：那我所提的观点真的达到这个标准了吗？我在这里做了一个量化的论证：那么我对大（bigness）的对话标准是什么？我是否应该用数学模拟一下结果，来说明结果确实有量化的部分？在这个论证中我诉诸"理论理由"：我想说的是漂亮的图表吗？它

---

[1] 引文摘自A. E. 豪斯曼（A. E. Housman，1859—1936）《西罗普郡少年》（*A Shropshire Lad*）第62首。——编者

们到底好看在哪儿？对于这一点我主要依靠内省：我该如何说服自己相信我的听众也有同样的内省？在这一点上我诉诸对称：那么我的论证是对称的吗？我要不要顺便再提一个别的对称？在我的论证中，定义起什么作用？我该怎样更好地改进我的论证，让它更加有力？再重复一遍，修辞批评促使我们进行思考，而不是促使我们去找良好思考的配方（formula，套路、准则）。

为了让这个现在我们已经熟悉的论证对人不对事（ad hominem，诉诸人身），修辞批评本身的经济学也让这类配方变得不可能。一个拥有比"好好工作并祈祷"（Work and Pray）更具体的学术配方的学者，会成为一个科学的百万富翁。科学的百万富翁并不常见。方法论声称在科学事务中具有预知能力。预知（prescience）的困难在于"先于知识"（pre-science）——也就是在事情被人们知道之前就知道了——这正是矛盾所在。方法论导致了这个矛盾。方法论假装知道如何在知识被实现之前就得到了知识。生活可没这么简单。即使是无政府主义者，如果他们使用方法论为科学提出实际的政策，他们也同样要面对这个困难。没人知道科学的未来会带来什么：那种可能让科学家变成转动曲轴的人的集中的、官僚化的、方法论化的科学——尽管科学史有证据表明科学进步不可能通过这样的结构得以实现，而且常常深受其累——只是通往21世纪的门票。我们可以从正反两面同时提出合理的论证。历史证据只是许多有力论证中的一个，而不是对话的终结。

那么，你能做的最好的事，就是推荐眼下对科学好的东西，并把未来留给神明。回到一个前文写过的主题,眼下对科学而言最好的,就是拥有好(good)的科学家——在"好"这个词的大多数意义上讲。对经济学的修辞批评或许可以让经济学家更加谦逊、宽容、有自知之明,并改善某一个人类的对话。

第十二章
自有修辞以来：一种科学的经济学之前景

那么，这本书起到作用了吗？自从1985年本书第一版，以及此前于1983年发表的哲学导向的论文以来，经济学家们是否对修辞予以重视了呢？

没有。大多数经济学家一看到书名就以为迪尔德丽阿姨在"鼓吹"修辞，"反对"数学。或者可能她要揭开面纱，向我们展示经济学并"不是科学，只是文学"。或者可能她疯了吧。毕竟，1995年我们得到了另一个与此假说"一致"的证据。

我承认，当有人在读完我的作品问我的第一个问题是"经济学家们作何反应？"时，我很生气。让我愤懑的是，这问题听起来像是这个发问者想从大众意见问卷里得出自己的意见，而不是权衡和考虑我所说的。教授们有责任为自己而思考，并从修辞和哲学的角度去衡量和考虑那些自称在思考的人的想法。如果有更多的教授能够做好本分，那么像统计显著性或者实证经济学或者现代主义建筑这类修辞丑闻就不会像今天这样大行其道了。

经济学是一个"保守"的领域，起码与人类学和表演艺术相比较而言是如此。老天，那些老古板会怎么看呢？

如我所说，他们对这本书的反应在我看来并不完美。没错，这本书受到了广泛的关注和认可。我希望这本书也受到了你的关注并且给你留下了深刻印象。但即使是这本书的朋友，也一再以一贯的方式误会了书中的内容。比如，罗伯特·海尔布罗纳在《纽约书评》杂志上的精彩书评中就写道："这本书很好，但毕竟这本书只是关于风格，而非内容。"噢，Bob，Bob。你这位风格大师，什么时候我才能说服你风格就是内容呢？在另一个意识形态方向，罗伯特·索洛有着同样的想法，并引发了我同样的回应。噢，Bob，Bob。[1]据我所知，能够理解这本书，并据此理解将其写下来的经济学家凤毛麟角：阿尔若·克莱默是第一个（他实际上在杜克大学做博士论文时就独立发现了这一点），还有杰克·阿马里格里奥、约翰·戴维斯、杰里·埃文斯凯、威利·亨德森、唐·拉沃、汉斯·林德、威廉·弥尔伯格。他们之中没有一个是新古典主义中间派人物。而且无论怎么算人数都不多。

对此我倒是很平静。真的，我很平静。有些人觉得我很傲慢，但愿我现在没有比变性前更傲慢。但真的，我其实是一个人们能遇到的再谦逊不过的女人了，待人友善而且不爱出风头。我从来不会假设那些不读我书的人，或者不理解我书里讲了什么的人，或者不完全认同书中内容的人是傻瓜或者无赖。好吧，有些确实是，而且有时候我觉得不得不指出来。这过分了：我不该这么做。

---

[1] Robert Solow 和 Robert Heilbroner 名字中 Robert 的昵称为 Bob。——译者

但是我真的不指望所有人都同意我的观点。那些宽厚的马克思主义者、社会工程交通经济学家、量化经济历史学家、芝加哥学派经济学家、新制度经济学家、自由至上主义者、全球货币主义者、自由市场女权主义者确实不认同我的观点。难怪他们不认同我作为科学修辞主义者的观点。

当然了，和大多数人一样，我确实会假设这些家伙都是错的，而我是对的。（而且说实话——我能以朋友的身份对你坦白吗？——我确实是对的。）但不管怎么说。我通过一次又一次艰难的方式发现，对大多数人而言，要说服他们什么是对的真的很难。令人遗憾的是，说服一个手里拿着《纽约时报》的普通教授和说服一位有着六块腹肌的美国南方兄弟一样困难，但事实就是如此。这只是表明修辞是很严肃的事。对那些把"结果"和"发现"放在盘子上递给彼此，并将它们像吃鸡尾酒点心一样囫囵吞下的人来说，科学是行不通的。正如叔本华说的，"对于我们已经有个人看法的事物的每一个新的观点，我们都应该采取辩解和消极的态度，这是非常自然的。因为这些新观点像敌人那样强行闯入我们先前确信的封闭系统中，打破我们从这个系统所获得的头脑的宁静，要求我们做出新的努力，并宣告我们先前所有的努力都是徒劳"（Schopenhauer, 1851 [1970] 第19章: 124）。托马斯·库恩也表达了同样的观点，并展示了它在科学的修辞史上是如何发挥作用的。

我想我这本书的第一版以及我后来的作品在经济学中为思考对话打开了空间。但这仍然是个很小的空间。经济学家们仍没有意识到他们该如何说话。我失败了。好吧，再接再厉！

我越来越意识到，经济学家对修辞的无知无觉所造成的结果实在让人有说不出的悲哀。大家已经做了很多有益的经济学的工作，发现了新的事实和新的理念。经济学家既不傻、又不懒，一点也不。我热爱这个领域。我属于经济学中的主流，如果它有那么一点合情合理的话我也乐意徜徉其中。但我担心的是，经济学中的常态科学[1]主流已经成了男孩们的沙盒游戏。它已经变得傻乎乎的了。

我在前面已经讲过，经济学领域自20世纪40年代以来尤其在两个用途上已经变得十分愚蠢，如果不能克服，我们就根本不能指望经济学还有什么科学性可言：一个是黑板经济学，一个是统计显著性。二者一个是来自数学系的礼物，一个则是来自统计系的礼物。我说过，没有人能合理地反对在经济学中使用数学和统计学。但是在数学系和统计系，它们输出的并不是科学发现，而不过是有关数学对象和统计实验的定理。不幸的是，经济学家没有像物理学和工程学那样对待这两个学系，物理学和工程学使用的是这两个学系的研究结果，并不会将它们证明定理的学术价值观也一并接管（我在《经济学中的知识与说服》一书中对此做过详细讨论，[McCloskey, 1994, 第9—13章]）。在物理学和工程学中，人们关心的是一个定理在世界上有什么意义，而且他们有很

---

[1] Normal science，托马斯·库恩在《科学革命的结构》中的术语，也译为"常规科学"，指在一定范式支配之下的科学。——编者

好的方式去发现这一点，主要是靠观察和模拟（而不是统计显著性）。与之相反的，我们从数学系或者统计系或者经济系的定理中不可能得到什么具有科学性的东西，我的理由很充分：（1）定理的设定几乎没有限制，以及（2）统计显著性实际上与科学意义毫无关系。具体而言，经济学学术期刊上发表的东西与真正的科学说服方式毫不相关，而我为此只能独坐垂泪。拜托了，拜托了，男孩们，快从沙盒里出来吧。让我们赶快开启一种严肃而科学的修辞吧。

有次我乘坐跨大西洋航班，邻座是个年轻的经济学家，他肯定算得上我遇到过的最没教养的学者了。关于谁是最没教养的学者，在我这的竞争是很激烈的。他告诉我说，他的科学职责是整天坐在电脑前面。（我必须承认，我也整天坐在电脑前写作；但我也会读本书什么的。）他说这话的意思是，他根本不需要读什么东西或者跟商人谈谈，甚至不需要把政府统计数据记下来。作为一个现代经济学家，他只需要运行回归方程，在标准数据组中找找统计显著性，而那些数据组是事先搜集好可以直接由机器读取的那种。尽管我相信这个年轻人——现在当然已经不再年轻了——仍然对我在这里所拥护的真正的科学和学术价值观嗤之以鼻，但我确实为他感到悲哀，也担心当他有朝一日发现自己那么做是在浪费生命时会发生些什么。看着男孩们在沙盒里玩，我就像个溺爱他们的阿姨那样，忧从中来：唉，男孩们，你们放纵自己去精通那种游戏实在是愚蠢至极；拜托了，请你们开始关心这个世界和它非常有趣的经济吧；等你晚上回到家想起这一天都干了些什么的时候，一定会非常后悔的。那位年轻人缺乏教养并不是他的错。他是在某个光鲜的研究生项目里被某些知名的现代计量经济学家、实证经济学家或者方法论专家教出来的。这些专家，我私下都熟识，且大家肯定都能通过他们的研究成果将他们认出来。

如果真要说我对本书第二版有什么期望的话，那就是期望每个经济学研究生都能好好读一读这本书，反思一下，我希望他们能避免一种缺乏科学精神的野蛮。我年轻那会儿，科普曼斯写的《经济学科学现状三论》（Koopmans, 1957）正是这样的作品。我现在意识到，那本书是惊世之作，勾勒出自从1957年以来就统领经济学的数学理论与量化经济学之间的欺骗性休战。我们当时都读那本书，都觉得写得很好。我这本书在一定程度上则是反科普曼斯的。

一种稍显愤世嫉俗而或许很贴近现实的看法是，即使研究生都读了我这本书的第二版，经济学中也不会有什么真正的变革发生。你绝不能低估科学的保守性。几十年来，地理学家们坚决反对板块运动学说（我可能是美国接受旧的地理教育的最后一人，给我上课的是哈佛那些对大陆彼此契合的概念不屑一顾的保守人士）。就像美国主要的庸俗马克思主义者[1]乔治·斯蒂格勒一直乐此不疲地与人争论道，现状往往能由大量的金钱和权力去维持。相比于更好的经济学，一种狭隘、物质、反人性、不科学的经济学

---

[1] Vulgar Marxist，通常被认为是简化了的马克思思想，即简单地认为经济基础与上层建筑具有完全的关联性，认为经济因素是社会发展的唯一驱动力。——编者

总是能更容易地维持下去。比如，我们可以看看旧的方法在政治学家中多么流行，他们把自己包装进三流经济学家组成的经济系里，成了学术生活中顶尖的经济学崇拜者。原因何在，因为这是经济学。

不，这只是一种在20世纪中期短暂占据压倒性地位的现代主义经济学，就跟20世纪50年代的建筑一样过时。我认为，之前那种愤世嫉俗的看法是错误的。如果研究生能够反思，他们就能在十年内重新改造经济学，使其成为一门严肃的科学和一种严肃的道德哲学，就像亚当·斯密的经济学一样。

但研究生们都吓坏了。1990年，阿尔若·克莱默和戴维·科兰德在他们的《成为一名经济学家》一书中展示了研究生的恐惧。这绝对是一本所有经济系研究生——不论是现在的还是未来的——都必须阅读的书。

首先，我希望用我的书来鼓励那些研究生，帮助他们克服对职业生涯的担忧。我可以完全从谨慎的角度出发提出这样的观点。一种可爱的黑板经济学观点认为，选择了研究生院就是选择了低收入。你本可以进法学院或者商学院，而且聪明勤奋的你本可以过得更好。但你想成为一名经济学家，或一名经济学教授。既然选了低收入这条路，就别因为担心收入很低而扭曲你的学术人生了。所以，勇敢点吧。反正你已经选了这条路：不如在这条路上有所作为。

没错，我知道。这个可笑的正统观点并不是很有说服力。但我不是一直这么说吗？一个更严肃的论证是从经验中得出的。现在的情况是,那些实际上已对经济学的世界有所发现——而不是为了找到什么研究主题而写三篇理论文章——并找到避免统计显著性这个杀戮场(比如,通过搜集全新的事实)的研究生们,能找到更好的工作。睁眼看看吧。你会发现,确实如此。当有人带着严肃的科学意图出现时,即使那些还在沙盒里玩的老男孩们也会本能地有所察觉。他们会雇用这样的人。当我还是个研究生的时候,大多数博士论文都是经验性的,而且因为求一个10乘10矩阵的逆矩阵在1965年还很困难,那些经验工作实际上是关于这个真实世界的,而不是玩弄统计显著性的游戏。后来,慢慢地,博士论文开始变得越来越理论化。即使人们称其为"经验的",它们实际上也还是在想象世界中不受"多大才算大"这个重大问题约束的练习。或者说,可悲的是,它们也相信统计显著性能够说明一切。现在它们正转变回来。我亲爱的读者朋友,即使出于审慎的考虑,也请勇敢起来吧。如果你刚刚站起来走出沙盒,决心学习经济学世界的知识,并根据斯密以来的经济思想史,努力思考我们所学的知识,你一定会有所作为!

但我能提出的最严肃的观点和审慎(prudence)无关。我的观点与边沁、斯蒂格勒和萨缪尔森的经济学恰恰相反,我认为特性也是重要的。换句话说,审慎之外的美德也是重要的。勇气、节制、正义、爱。如果你读亚当·斯密的另一本书《道德情操论》,你就会发现对这五种美德的阐述将《国富论》中的审慎放在了合适的语境下。

如果我们做自己,鼓起勇气,大胆去做,我们就能改变经济学。人们有时问我,自从变成了一个女人,我对经济学的看法发生了什么变化。这是个漫长的过程,而我根本不是个"做女人"的专家。哎呀,在一些重要的方面,我可能永远不会成为这样的专家。不过,我能看到一些不同之处。对我而言,爱的美德属于任何严肃的经济学科学,而且甚至能急剧改变包括对审慎的研究。在我看来,男孩们的游戏现在甚至比我之前想的更愚蠢。未来还有其他一些事情,还有更多的事情会发生我希望。

但是,我学到最多的是一个生命必须成为自己,而在我们这样一个富足自由的国家,它可以如此。去这样做吧,勇敢做自己。人们从事经济学主要不是因为他们喜欢现在在这个领域发生的沙盒游戏。有些人喜欢;但大多数人并不喜欢。大多数人想改变世界或者做出科学贡献。有这样崇高的目标,我们首先要做的就是打破现代经济学的虚假修辞,并把经济学——自亚当·斯密以来充满光辉的对话——带回到人类对话中。

拜托了,我亲爱的读者朋友,拜托了。

参 考 文 献

本书引用文献

Akerlof, George A., and W. T. Dickens. 1982. "The Economic Consequences of Cognitive Dissonance." *American Economic Review* 72 (June): 307-19.

Alchian, Armen. 1950. "Uncertainty, Evolution, and Economic Theory." *Journal of Political Economy* 58 (June): 211-21.

Aristotle. *Rhetoric.* Trans. George A. Kennedy. New York: Oxford University Press, 1991.

Arrow, Kenneth. 1959. "Decision Theory and the Choice of a Level of Significance for the t-Test." In Ingram Olkin et al., eds., *Contributions to Probability and Statistics: Essays in Honor of Harold Hotelling.* Stanford, Calif.: Stanford University Press.

Austen, Jane. 1818. *Persuasion.* New York: Houghton Mifflin, 1965.

Austin, J. L. 1955. *How to Do Things with Words.* 2d ed. J. O. Urmson and M. Sbisa, eds. Cambridge: Harvard University Press.

Bakan, David. 1966. "The Test of Significance in Psychological Research." *Psychological Bulletin* 66 (December): 423-37. Reprinted in Bernhardt Lieberman, ed., *Contemporary Problems in Statistics: A Book of Readings for the Behavioral Sciences.* New York: Oxford University Press, 1971.

Bakan, David. 1967. *On Method: Toward a Reconstruction of Psychological Method.* San Francisco: Jossey-Bass.

Barfield, Owen. 1947. "Poetic Diction and Legal Fiction." Reprinted in

Max Black, ed., *The Importance of Language,* pp. 51-71. Englewood Cliffs, N.J.: Prentice Hall, 1962.

Barnes, Barry, and David Edge, eds. 1982. *Science in Context: Readings in the Sociology of Science.* Cambridge, Mass.: M.I.T. Press.

Bart hes, Roland. 1960. "Authors and Writers," in his *Critical Essays* (trans. 1972). Reprinted in S. Sontag, ed., *A Barthes Reader.* New York: Hill and Wang, 1982.

Battaglio, Raymond C., et al. 1981. "Commodity Choice Behavior with Pigeons as Subjects." *Journal of Political Economy* 84 (February): 116-51.

Bauer, Peter. 1984. *Reality and Rhetoric: Studies in the Economics of Development.* Cambridge, Mass.: Harvard University Press.

Bazerman, Charles. 1981. "What Written Knowledge Does: Three Examples of Academic Discourse." *Philosophy of the Social Sciences* 11 (September): 361-87.

Bazerman, Charles. 1983. "Scientific Writing as a Social Act: A Review of the Literature of the Sociology of Science." In Paul Anderson and John Brockmann, eds., *New Essays in Scientific and Technical Communications: Theory, Research, and Practice.* Farmingdale, N.Y.: Baywood.

Bazerman, Charles. 1984. "The Modern Evolution of the Experimental Report in Physics: Spectroscopic Articles in *Physical Review,* 1893-1980." *Social Studies of Science* 14: 163-96.

Bazerman, Charles. 1988. *Shaping Written Knowledge: The Genre and Activity of the Experimental Article in Science.* Rhetoric of the Human Sciences series. Madison: University of Wisconsin Press.

Bazerman, Charles, and James Paradis, eds. 1991. *The Textual Dynamics of the Professions.* Rhetoric of the Human Sciences series. Madison: University of Wisconsin Press.

Becker, Gary S., and George J. Stigler. 1977. "De Gustibus Non Est Disputandum." *American Economic Review* 67 (March): 76-90.

Bentham, Jeremy. 1824. *The Book of Fallacies, from Unfinished Papers.* London: Hunt.

Black, Max, ed. 1962a. *The Importance of Language.* Englewood Cliffs,

N.J.: Prentice-Hall.
Black, Max. 1962b. *Models and Metaphors: Studies in Language and Philosophy.* Ithaca, N.Y.: Cornell University Press.
Blaug, Mark. 1980. *The Methodology of Economics; or, How Economists Explain.* Cambridge: Cambridge University Press.
Boland, Lawrence A. 1979. "A Critique of Friedman's Critics." *Journal of Economic Literature* 17 (June): 503-22.
Boland, Lawrence A. 1982. *The Foundations of Economic Method.* London: Allen and Unwin.
Booth, Wayne C. 1961. *The Rhetoric of Fiction.* Chicago: University of Chicago Press.
Booth, Wayne C. 1974a. *Modern Dogma and the Rhetoric of Assent.* Chicago: University of Chicago Press.
Booth, Wayne C. 1974b. *A Rhetoric of Irony.* Chicago: University of Chicago Press.
Booth, Wayne C. 1979. *Critical Understanding: The Powers and Limits of Pluralism.* Chicago: University of Chicago Press.
Bordo, Michael D., and Anna J. Schwartz, eds. 1984. *A Retrospective on the Classical Gold Standard,* 1821-1931. Chicago: University of Chicago Press.
Borel, Armand. 1983. "Mathematics: Art and Science." *Mathematical Intelligencer* 5, no. 4: 9-17.
Boring, Edwin G. 1919. "Mathematical Versus Scientific Significance." Psychological Bulletin 16 (October): 335-38.
Boulding, Kenneth. 1975. *Ecodynamics: A New Theory of Societal Evolution.* Beverly Hills, Calif.: Sage.
Braudel, Fernand, and Frank Spooner. 1967. "Prices in Europe from 1450 to 1750." In E. A. Rich and C. H. Wilson, eds., *The Cambridge Economic History of Europe*, vol. 4. Cambridge: Cambridge University Press.
Bronowski, Jacob. 1965. *Science and Human Values.* Rev. ed. New York: Harper and Row.
Bruns, Gerald L. 1984. "The Problem of Figuration in Antiquity." In G. Shapiro and A. Sica, eds., *Hermeneutics: Questions and Prospects*,

pp. 147-164. Amherst: University of Massachusetts Press.

Burke, Kenneth. 1945. *A Grammar of Motives*. Berkeley: University of California Press, 1969.

Burke, Kenneth. 1950. *A Rhetoric of Motives*. Berkeley: University of California Press, 1969.

Burke, Kenneth. 1961. *The Rhetoric of Religion: Studies in Logology*. Berkeley: University of California Press, 1970.

Burke, Kenneth. 1968. "Interaction: Dramatism." In *The International Encyclopedia of the Social Sciences*. New York: Macmillan.

Caldwell, Bruce. 1982. *Beyond Positivism: Economic Methodology in the 19th Century*. London: Allen and Unwin.

Campbell, John Angus. 1987. "Charles Darwin: Rhetorician of Science." In John Nelson, et al., eds., *Rhetoric of the Human Sciences*, pp. 69-86. Madison: University of Wisconsin Press.

Case, K. E., and R. J. Shiller. 1989. "The Efficiency of the Market for SingleFamily Homes." *American Economic Review* 79 (March).

Cheung, Steven N. S. 1973. "The Fable of the Bees." *Journal of Law and Economics* 16 (April): 11-33.

Cicero, Marcus Tulius. 45 B. C. *De Divinatione*. In W. A. Falconer, ed. and trans., *De Senectute, de Amicitia, de Divinatione*. Cambridge, Mass.: Harvard University Press, 1938.

Cicero, Marcus Tullius. *De Oratore*. Trans. E. W. Sutton. Vol. 1. Cambridge, Mass.: Harvard University Press, 1942.

Coase, Ronald H. 1937. "The Nature of the Firm." *Economica* 4 (November): 386-405. Reprinted in Coase 1988a, to which reference is made.

Coase, Ronald H. 1960. "The Problem of Social Cost." *Journal of Law and Economics* 3 (1960): 1-44. Reprinted in Coase 1988a, to which reference is made.

Coase, Ronald H. 1974. "The Lighthouse in Economics." *Journal of Law and Economics* 17 (October): 357-376. Reprinted in Coase 1988a.

Coase, Ronald H. 1982. "How Should Economists Choose?" G. Warren Nutter Lecture in Political Economy. Washington, D.C.: American

Enterprise Institute.

Coase, Ronald H. 1988a. *The Firm, the Market, and the Law.* Chicago: University of Chicago Press.

Coase, Ronald H. 1988b. "The Nature of the Firm: Origin." *Journal of Law, Economics, and Organization* 4 (Spring): 3-17.

Coase, Ronald H. 1988c. "The Nature of the Firm: Meaning." *Journal of Law, Economics, and Organization* 4 (Spring): 19-32.

Coase, Ronald H. 1988d. "The Nature of the Firm: Influence." *Journal of Law, Economics, and Organization* 4 (Spring): 33-47.

Cochrane, John H. 1989. "The Sensitivity of Tests of the Intertemporal Allocation of Consumption to Near Rational Alternatives." *American Economic Review* 79 (June): 319-37.

Cohen, Kalman, and Richard Cyert. 1975. *Theory of the Firm.* 2d ed. Englewood Cliffs, N.J.: Prentice-Hall.

Collins, Harry M. 1985. *Changing Order: Replication and Induction in Scientific Practice.* Beverly Hills, Calif.: Sage.

Commager, Steele. 1965. "Notes on Some Poems of Catullus." *Harvard Studies in Classical Philology* 70: 83-110.

Cooley, T. F., and S. F. LeRoy. 1981. "Identification and Estimation of Money Demand." *American Economic Review* 71 (December): 825-44.

Copi, Irving. 1978. *Introduction to Logic.* 5th ed. New York: Macmillan.

Corbett, Edward P. J. 1971. *Classical Rhetoric for the Modern Student,* 3d ed. New York: Oxford University Press.

Crain, Robert. 1984. Quoted in Ellen K. Coughlin, "Social Scientists' Research on School Desegregation: Mountains of Data, but Nothing That Everybody Agrees On." *Chronicle of Higher Education* (May 16): 12.

Crosman, Richard. 1980. "Do Readers Make Meaning?" In Susan R. Suleiman and Inge Crosman, eds., *The Reader in the Text: Essays on Audience and Interpretation,* pp. 149-64. Princeton, N.J.: Princeton University Press.

Crowley, Sharon. 1994. *Ancient Rhetorics for Contemporary Students.* Boston: Allyn and Bacon.

Davies, G. R. 1989. "The Quantity Theory and Recent Statistical Studies." *Journal of Political Economy.*

Davis, Lance. 1965. "The Investment Market, 1870-1914: The Evolution of a National Market." *Journal of Economic History* 25 (September): 355-99.

Davis, Philip J., and Reuben Hersh. 1981. *The Mathematical Experience.* Boston: Houghton Mifflin.

Davis, Philip J., and Reuben Hersh. 1987. "Mathematics and Rhetoric." In John Nelson et al., eds., *The Rhetoric of the Human Sciences.* Madison: University of Wisconsin Press.

Debreu, Gerard. 1984. "Economic Theory in the Mathematical Mode." *American Economic Review* 74 (June): 267-78.

Debreu, Gerard. 1991. "The Mathematization of Economic Theory." *American Economic Review* 81 (March): 1-7.

DeGroot, Morris H. 1975. *Probability and Statistics.* Reading: Addison-Wesley, 1989.

Denton, Frank T. 1988. "The Significance of Significance: Rhetorical Aspects of Statistical Hypothesis Testing in Economics." In Arjo Klamer, D. N. McCloskey, and Robert M. Solow, eds, *The Consequences of Economic Rhetoric,* pp. 163-83. New York: Cambridge University Press.

Dettmer, Helena. 1983. *Horace: A Study in Structure.* Altertumswissenschaftliche Texte und Studien, Bd. 12. Hildensheim, West Germany: Olms.

Dettmer, Helena. 1984a. "The Design of the Catullan Corpus." Manuscript, Department of Classics, University of Iowa.

Dewey, John. 1916. *Essays in Experimental Logic.* New York: Dover.

Dewey, John. 1929. *The Quest for Certainty: A Study of the Relation of Knowledge and Action.* New York: Putnam, 1960.

Dudley-Evans, T., and W. Henderson. 1987. "Changes in the Economics Article." Department of Extramural Studies, University of Birmingham, England.

Duhem, Pierre. 1906. *The Aim and Structure of Physical Theory.* Princeton, N.J.: Princeton University Press, 1954.

Eagleton, Terry. 1983. *Literary Theory: An Introduction*. Minneapolis: University of Minnesota Press.
Einstein, Albert. 1953. "Aphorisms for Leo Baeck." Reprinted in *Ideas and Opinions*. New York: Dell, 1973.
Elster, Jon. 1979. *Ulysses and the Sirens: Studies in Rationality and Irrationality*. Cambridge: Cambridge University Press. Feyerabend, Paul. 1975. *Against Method: Outline of an Anarchistic Theory of Knowledge*. London: Verso, 1978.
Feyerabend, Paul. 1978. *Science in a Free Society*. London: New Left Books.
Finley, M. I. 1973. *The Ancient Economy*. London: Chatto and Windus.
Finocchiaro, Maurice. 1980. *Galileo and the Art of Reasoning: Rhetorical Foundations of Logic and Scientific Method*. Dordrecht and Boston: Reidel.
Fischer, David Hackett. 1970. *Historians' Fallacies*. New York: Harper and Row.
Fish, Stanley. 1980. *Is There a Text in This Class? The Authority of Interpretive Communities*. Cambridge, Mass.: Harvard University Press.
Fisher, Irving. 1930. *The Theory of Interest*. New York: Macmillan.
Fisher, R. A. 1925. *Statistical Methods for Research Workers*. Edinburgh: Oliver and Boyd.
Fishlow, Albert. 1965. *American Railroads and the Transformation of the Antebellum Economy*. Cambridge, Mass.: Harvard University Press.
Fleck, Ludwick. 1935. *Genesis and Development of a Scientific Fact*. Chicago: University of Chicago Press, 1979.
Flory; Marleen Boudreau. 1983. "Semantics and Symbioses: How to Write an Article to Impress Your Peers." *Chronicle of Higher Education* (January 26).
Fogel, Robert W. 1960. *The Union Pacific Railroad: A Case in Premature Enterprise*. Baltimore: Johns Hopkins University Press.
Fogel, Robert W. 1962. "A Quantitative Approach to the Study of Railroads in American Economic Growth: A Report of Some

Preliminary Findings." *Journal of Economic History* 22 (June): 163-97.

Fogel, Robert W. 1964. *Railroads and American Economic Growth: Essays in Econometric History.* Baltimore: Johns Hopkins University Press.

Fogel, Robert W. 1979. "Notes on the Social Saving Controversy." *Journal of Economic History* 39 (March): 1-54.

Fogel, Robert W., and G. R. Elton. 1983. *Which Road to the Past? Two Views of History.* New Haven, Conn.: Yale University Press.

Frank, Robert. 1988. *Passions Within Reason.* New York: Norton.

Fraser, D. A. S. 1958. *Statistics: An Introduction.* New York: Wiley.

Freedman, David, Robert Pisani, and Roger Purves. 1978. *Statistics.* New York: Norton.

Frenkel, Jacob. 1978. "Purchasing Power Parity: Doctrinal Perspectives and Evidence from the 1920s." *Journal of International Economics* 8 (May): 169-91.

Friedman, Milton. 1953. "The Methodology of Positive Economics." In *Essays in Positive Economics.* Chicago: University of Chicago Press.

Friedman, Milton. 1975. *An Economist's Protest.* 2d ed. Glen Ridge, N.J.: Thomas Horton and Daughters.

Friedman, Milton. 1984. "Comment [on McCloskey and Zecher 1984]." In Michael D. Bordo and Anna J. Schwartz, eds., *A Retrospective on the Classical Gold Standard*, 1821-1931. Chicago: University of Chicago Press and National Bureau of Economic Research.

Friedman, Milton, and Anna J. Schwartz. 1963. *A Monetary History of the United States*, 1867-1960. Princeton, N.J.: Princeton University Press.

Frye, Northrop. 1957. *An Anatomy of Criticism.* New York: Atheneum, 1967.

Gardner, John. 1978. *On Moral Fiction.* New York: Basic Books.

Geertz, Clifford. 1984. "Anti-Anti-Relativism." *American Anthropologist* 86 (June): 263-78.

Geison, Gerald L. 1995. *The Private Science of Louis Pasteur.* Princeton, N.J.: Princeton University Press.

Genberg, A. Hans. 1976. "Aspects of the Monetary Approach to the Balance-of-Payments Theory: An Empirical Study of Sweden." In Jacob A. Frenkel and Harry G. Johnson, eds., *The Monetary Approach to the Balance of Payments*. London: Allen and Unwin.

Georgescu-Roegen, Nicholas. 1975. *Entropy, Law, and the Economic Process*. Cambridge, Mass.: Harvard University Press.

Gibson, Walker. 1950. "Authors, Speakers, Readers, and Mock Readers." *College English* 11 (February): 265-69. Reprinted in Jane P. Thompkins, ed., *ReaderResponse Criticism: From Formalism to Post-Structuralism*. Baltimore: Johns Hopkins University Press, 1980.

Glymour, Clark. 1980. *Theory and Evidence*. Princeton, N.J.: Princeton University Press.

Goldberger, Arthur S. 1991. *A Course in Econometrics*. Cambridge, Mass.: Harvard University Press.

Goodman, Nelson. 1978. *Ways of Worldmaking*. Indianapolis: Hackett.

Goodman, Nelson. 1983. "Notes on the Well-Made World." *Erkenutnis* 19: 99-107.

Gould, Stephen Jay. 1977. *Ever Since Darwin*. New York: Norton.

Gould, Stephen Jay. 1981. *The Mismeasure of Man*. New York: Norton.

Gould, Stephen Jay. 1984. *Hen's Teeth and Horse's Toes: Further Reflections in Natural History*. New York: Norton.

Graff, Gerald. 1983. "The Pseudo-Politics of Interpretation." *Critical Inquiry* 9 (March): 597- 610.

Granger, Clive W. J. 1994. "A Review of Some Recent Textbooks of Econometrics," *Journal of Economic Literature* 32, no. 1 (March): 115-22.

Griffith, John G. 1968. "A Taxonomic Study of the Manuscript Tradition of Juvenal." *Museum Helveticum* 25 (April): 101-38.

Griliches, Zvi. 1976. "Automobile Prices Revisited: Extensions of the Hedonic Hypothesis." In N. E. Terleckyj, ed., *Household Production and Consumption*. Studies in Income and Wealth, vol. 40. New York: National Bureau of Economics Research.

Griliches, Zvi, and Michael D. Intriligator, eds. 1983, 1984, 1986.

Handbook of Econometrics. Vols. I, II, and II. Amsterdam: North-Holland. Habermas, Jiirgen. 1973. *Legitimation Crisis.* Trans. T. McCarthy. Boston: Beacon Press, 1975.

Hausman, Daniel. 1981. *Capital, Profits, and Prices: An Essay in the Philosophy of Economics.* New York: Columbia University Press.

Hawke, Gary. 1970. *Railways and Economic Growth in England and Wales, 1840-1870.* Oxford: Oxford University Press.

Heckman, J. J., and B. S. Payner. 1989. "Determining the Impact of Antidiscrimination Policy on the Economic Status of Blacks: A Study of South Carolina." *American Economic Review* 79 (March): 138-77.

Heinzelmann, Kurt. 1980. *The Economics of the Imagination.* Amherst: University of Massachusetts Press.

Hesse, Mary. 1963. *Models and Analogies in Science.* South Bend, Ind.: University of Notre Dame Press.

Hexter, J. H. 1971. "The Rhetoric of History." In *Doing History.* Bloomington: Indiana University Press.

Hicks, J. R. 1939. *Value and Capital.* Oxford: Oxford University Press.

Hirsch, Abraham, and Neil de Marchi. 1990. *Milton Friedman: Economics in Theory and Practice.* Ann Arbor: University of Michigan Press.

Hirschman, Albert. 1970. *Exit, Voice, and Loyalty.* Cambridge, Mass.: Harvard University Press.

Hirschman, Albert. 1984. "Against Parsimony: Three Easy Ways of Complicating Some Categories of Economic Discourse." *American Economic Review* 74 (May): 89-96.

Hoel, Paul G. 1954. *Introduction to Mathematical Statistics.* New York: John Wiley.

Hogben, Lancelot. 1968. *Statistical Theory: The Relationship of Probability, Credibility, and Error.* New York: Norton.

Horsburgh, H.J. N. 1958. "Philosophers against Metaphor." *Philosophical Quarterly* 8 (July): 231-45.

Housman, A. E. 1922. "The Application of Thought to Textual Criticism." In J. Diggle and F. R. D. Goodyear, eds., *The Classical Papers of A. E. Housman,* vol. 3, pp. 1058-69. Cambridge:

Cambridge University Press, 1961.
Houthakker, Hendrick, and Lance Taylor. 1970. *Consumer Demand in the United States: Analysis and Projections, with Applications to Other Countries.* 2d ed. Cambridge, Mass.: Harvard University Press.
Howitt, Peter, and Hans-Werner Sinn. 1989. "Gradual Reform of Capital Income Taxation." *American Economic Review* 79 (March): 106-24.
Hume, David. 1748. *An Enquiry Concerning Human Understanding.* Oxford: Oxford University Press, 1975.
Hutchison, Terence. 1938. *The Significance and Basic Postulates of Economic Theory.* 2d ed. New York: Kelley; 1960.
Iser, Wolfgang. 1980. "The Interaction Between Text and Reader." In Susan R. Suleiman and Inge Crosman, eds., *The Reader in the Text*, pp. 106-19. Princeton, N.J.: Princeton University Press.
James, William. 1907. "Pragmatism's Conception of Truth." In Alburey Castell, ed., *Essays in Pragmatism by William James*, pp. 159-76. New York: Hafner, 1948.
Johnston, John. 1972. *Econometric Methods.* 2d ed. New York: McGraw-Hill.
Johnston, John. 1984. *Econometric Methods.* 3d ed. New York: McGraw-Hill.
Jones, G. T. 1933. *Increasing Returns.* Cambridge: Cambridge University Press.
Jansen, Albert R., and Stephen Toulmin. 1988. *The Abuse of Casuistry: A History of Moral Reasoning.* Berkeley: University of California Press.
Kelvin, William Thompson, Lord. 1883. "Electrical Units of Measurement." In *Popular Lectures and Addresses*, vol. 1. London, 1888-1889.
Kendall, M. G., and A. Stuart. 1951. *Advanced Theory of Statistics.* Vol. 2. 3d ed. London: Griffin.
Kennedy, George A. 1984. *New Testament Interpretation Through Rhetorical Criticism.* Chapel Hill: University of North Carolina

Press.
Kennedy, Peter. 1985. *A Guide to Econometrics*. 2d ed. Cambridge, Mass.: M.I.T Press.
Klamer, Arjo. 1987. "As if Economists and Their Subjects Were Rational ... "In John Nelson et al., eds. *Rhetoric of the Human Sciences*, pp. 163-83. Madison: University of Wisconsin Press.
Klamer, Arjo. 1991. "The Advent of Modernism in Economics." Manuscript. Department of Economics, George Washington University, Washington, D.C.
Klamer, Arjo, and David C. Colander. 1990. *The Making of an Economist*. Boulder: Westview.
Klamer, Arjo, and Thomas C. Leonard. 1994. "So What's an Economic Metaphor?" In Philip Mirowski, ed., *Natural Images in Economic Thought*, pp. 20-51. Cambridge: Cambridge University Press.
Klamer, Arjo, and D. N. McCloskey. 1992. "Accounting as the Master Metaphor of Economics." *The European Accounting Review* 1 (May): 145-60.
Klein, Lawrence. 1985. *Economic Theory and Econometrics*. Jaime Marquez, ed. London: Blackwell.
Kline, Morris. 1980. *Mathematics: The Loss of Certainty*. New York: Oxford University Press.
Kmenta, Jan. 1971. *Elements of Econometrics*. New York: Macmillan.
Knight, Frank. 1940. "'What is Truth' in Economics?" [review of Hutchison 1938] *Journal of Political Economy* 48 (February): 1-32. Reprinted in *On the History and Method of Economics: Selected Essays*. Chicago: University of Chicago Press, 1963, to which reference is made.
Koopmans, Tjalling. 1957. *Three Essays on the State of Economic Science*. New York: McGraw-Hill.
Kornai, Janos. 1983. "The Health of Nations: Reflections on the Analogy Between Mecial Science and Economics." *Kyklos* 36: 191-212.
Kravis, I. B., and R. E. Lipsey. 1978. "Price Behavior in the Light of Balance-ofPayments Theories." *Journal of International Economics*

8 (May): 193-246.

Krugman, P. R. 1978. "Purchasing Power Parity and Exchange Rates: Another Look at the Evidence." *Journal of International Economics* 8 (August): 397-407.

Kruskal, William. 1968 (revised 1978). "Significance, Tests of." In *International Encyclopedia of Statistics*. New York: Macmillan.

Kruskal, William. 1978. "Formulas, Numbers, Words: Statistics in Prose." *The American Scholar* 47 (Spring): 223-29. Reprinted in D. Fiske, ed., *New Directions for Methodology in Social and Behavioral Sciences*. San Francisco: JosseyBass, 1981, to which reference is made.

Kuhn, Thomas. 1970. *The Structure of Scientific Revolutions*. 2d ed. Chicago: University of Chicago Press.

Kuhn, Thomas. 1977. *The Essential Tension: Selected Studies in Scientific Tradition and Change*. Chicago: University of Chicago Press.

Kurtz, A. K., and H. A. Edgerton, eds. 1939. *Statistical Dictionary of Terms and Symbols*. New York: Wiley.

Lakatos, Imre. 1976. *Proofs and Refutations: The Logic of Mathematical Discovery*. Vol. 1. Cambridge: Cambridge University Press.

Lakatos, Imre. 1978. *Methodology of Scientific Research Programmes*. Cambridge: Cambridge University Press.

Landes, David. 1969. *The Unbound Prometheus: Technological Change and Industrial Development in Western Europe from 1750 to the Present*. Cambridge: Cambridge University Press. (Reprinting, with additions, his book-length essay, "Technological Change and Development in Western Europe, 1750-1914." In *Cambridge Economic History of Europe*. Vol. VI. Cambridge: Cambridge University Press, 1965.)

Lanham, Richard. 1991. *A Handlist of Rhetorical Terms*. 2d ed. Berkeley: University of California Press.

Lanham, Richard A. 1994. *The Electronic Word: Democracy, Technology, and the Arts*. Chicago: University of Chicago Press.

Lavoie, Don C., ed. 1990. *Economics and Hermeneutics*. London:

Routledge.
Leamer, Ed ward. 1978. *Specification Searches: Ad Hoc Inferences with Nonexperimental Data.* New York: Wiley.
Leamer, Edward. 1983. "Let's Take the Con Out of Econometrics." *American Economic Review* 73 (March): 31-43.
Lentricchia, Frank, and Thomas McLaughlin, eds. 1990. *Critical Terms for Literary Study.* Chicago: University of Chicago Press.
Leontief, W. 1982. "Letter: Academic Economics." *Science* 217: 104, 107.
Lepienes, Wolf. 1983.Manuscript on the history of sociology. Institute for Advanced Study, Princeton University, Princeton, N.J.
Levi, Edward. 1948. *An Introduction to Legal Reasoning.* Chicago: University of Chicago Press, 1967.
Lewis, C. S. 1939. "Buspels and Flansferes: A Semantic Nightmare." In *Rehabilitations and Other Essays.* Reprinted in Max Black, ed., *The Importance of Language.* Englewood Cliffs, N.J.: Prentice Hall, 1962.
Lewis, T., and D. E. M. Sappington. 1989. "Inflexible Rules in Incentive Problems." *American Economic Review* 79 (March): 69-84.
Lieberman, Bernhardt. 1971. *Contemporary Problems in Statistics: A Book of Readings for the Behavioral Sciences.* New York: Oxford University Press.
Lucas, Robert E., Jr., and Thomas J. Sargent, eds. 1981. *Rational Expectations and Econometric Practice.* Vol. 1. Minneapolis: University of Minnesota Press.
Machlup, Fritz. 1955. "The Problem of Verification in Economics." *Southern Economic Journal* 22 (July): 1-21.
Mackenzie, Donald A. 1981. *Statistics in Britain, 1865-1930: The Social Construction of Scientific Knowledge.* Edinburgh: Edinburgh University Press.
Mackie, J. L. 1967 "Fallacies." In *The Encyclopedia of Philosophy.* New York: Macmillan.
Maddala, G. S., C. R. Rao, and H. D. Vinod, eds. 1993. *Handbook of Statistics,* Vol. 11. Amsterdam: North Holland.

Marshall, Alfred. 1920. *Principles of Economics*. London: Macmillan.
Martin, Wallace. 1986. *Recent Theories of Narrative*. Ithaca, N.Y.: Cornell University Press.
Masica, Colin. 1976. *Defining a Linguistic Area: South Asia*. Chicago: University of Chicago Press.
McClelland, Peter. 1975. *Causal Explanation and Model Building in History, Economics, and the New Economic History*. Ithaca, N.Y.: Cornell University Press.
McCloskey, D. N. 1985. *The Applied Theory of Price*. 2d ed. New York: Macmillan.
McCloskey, D. N. 1990. *If You're So Smart: The Narrative of Economic Expertise*. University of Chicago Press.
McCloskey, D. N. 1991. "The Prudent Peasant: New Findings on Open Fields." *Journal of Economic History* 51 (June): 343-55.
McCloskey, D. N. 1994. *Knowledge and Persuasion in Economics*. Cambridge: Cambridge University Press.
McCloskey, D. N. 1997a. *The Vices of Economists; The Virtues of the Bourgeoisie*. Amsterdam and Ann Arbor: University of Amsterdam Press and University of Michigan Press.
McCloskey, D. N. 1997b. "The Good Old Coase Theorem and the Good Old Chicago School: Comment on the Medema-Zerbe Paper." In Steven Medema, ed., *Coasean Economics: The New Institutional Economics and Law and Economics*. Boston: Kluwer.
McCloskey, D. N., and J. Richard Zecher. 1976. "How the Gold Standard Worked, 1880-1913." In Jacob A. Frenkel and Harry G. Johnson, eds., *The Monetary Approach to the Balance of Payments*. London: Allen and Unwin.
McCloskey, D. N., and J. Richard Zecher. 1984. "The Success of Purchasing Power Parity." In Michael D. Bordo and Anna J. Schwartz, eds., *A Retrospective on the Classical Gold Standard, 1821-1931*. Chicago: University of Chicago Press and National Bureau of Economic Research.
McCloskey, D. N., and Stephen Ziliak. 1996. "The Standard Error of Regression." *Journal of Economic Literature* 34 (March): 97-114.

McCrea, W. H. 1983. "Review of Allaby and Lovelock, *The Great Extinction.*" *Times Literary Supplement* (July 19).

Mechling, Elizabeth Walker, and Jay Mechling. 1983. "Sweet Talk: The Moral Rhetoric Against Sugar." *Central States Speech Journal* 34 (Spring): 19-32.

Millis, Harry A. 1935. "The Union in Industry: Some Observations on the Theory of Collective Bargaining." *American Economic Review* 25 (March 1935): 1-13.

Mises, Ludwig von. 1949. *Human Action.* New Haven: Yale University Press.

Mood, A. F., and F. A. Graybill. 1963. *Introduction to the Theory of Statistics.* 2d ed. New York: McGraw-Hill.

Mood, Alexander M. 1950. *Introduction to the Theory of Statistics.* New York: McGraw-Hill.

Moore, David S., and George P. McCabe. 1993. *Introduction to the Practice of Statistics.* New York: W. H. Freeman.

Morgenstern, Oskar. 1963. *On the Accuracy of Economic Observations.* 2d ed. Princeton, N.J.: Princeton University Press.

Morrison, Denton E., and Ramon E. Henkel. 1969. "Significance Tests Reconsidered." *American Sociologist* 4 (May): 131-40. Reprinted in Morrison and Henkel 1970, to which reference is made.

Morrison, Denton E., and Ramon E. Henkel. 1970. *The Significance Test Controversy: A Reader.* Chicago: Aldine.

Mosteller, Frederick, and John W. Tukey. 1977. *Data Analysis and Regression.* Reading, Mass.: Addison-Wesley.

Mulkay, Michael. 1985. *The Word and the World: Explorations in the Form of Sociological Analysis.* Winchester, Mass.: Allen and Unwin.

Muth, John F. 1961. "Rational Expectations and the Theory of Price Movements." *Econometrica* 29 (July): 315-35. Reprinted in Arnold Zellner, ed., *Readings in Economic Statistics and Econometrics,* pp. 536-56. Boston: Little, Brown, 1968.

Nelson, John. 1983. "Models, Statistics, and Other Tropes of Politics; or, Whatever Happened to Argument in Political Science?" In D. Zarefsky, M. O. Sillars, and J. Rhodes, eds., *Argument in Transition:*

Proceedings of the Third Summer Conference on Argumentation. Annandale, Va.: Speech Communication Association.

Nelson, John, Allan Megill, and D. N. McCloskey, eds. 1987. *The Rhetoric of the Human Sciences: Language and Argument in Scholarship and Public Affairs.* Rhetoric of the Human Sciences series. Madison: University of Wisconsin Press.

Nelson, Julie. 1995. *Feminism, Objectivity and Economics.* London: Routledge.

Newman, John Henry, Cardinal. 1870. *An Essay in Aid of a Grammar of Assent.* New York: Image, 1955.

Neyman, Jerzy, and E. S. Pearson. 1933. "On the Problem of the Most Efficient Tests of Statistical Hypotheses." *Philosophical Transactions of the Royal Society,* ser. A, 231: 289-337.

Nicholas, Stephen. 1982. "Total Factor Productivity Growth and the Revision of Post-1870 British Economic History." *Economic History Review* 2d ser. 25 (February): 83-98.

Nicholas, Stephen. 1985. "British Economic Performance and Total Factor Productivity Growth, 1870-1940." *Economic History Review* 2d ser. 38 (November): 576-82.

Novick, Peter. 1988. *That Noble Dream: The "Objectivity Question" and the American Historical Profession.* Cambridge: Cambridge University Press.

Oakeshott, Michael. 1933. "Poetry as a Voice in the Conversation of Mankind." In *Experience and Its Modes.* Reprinted in *Rationalism in Politics.* New York: Basic Books, 1962.

Olson, Mancur, Jr. 1965. *The Logic of Collective Action.* Cambridge, Mass.: Harvard University Press.

Ortony, Andrew, ed. 1979. *Metaphor and Thought.* Cambridge: Cambridge University Press.

Palmer, Leonard R. 1954. *The Latin Language.* London: Faber and Faber.

Palmer, Leonard R. 1972. *Descriptive and Comparative Linguistics: A Critical Introduction.* New York: Crane, Russak.

Passmore, John. 1961. *Philosophical Reasoning.* 2d ed. London:

Duckworth, 1970.
Passmore, John. 1966. *A Hundred Years of Philosophy.* 2d ed. London: Penguin.
Passmore, John. 1967. "Logical Positivism." In *The Encyclopedia of Philosophy.* New York: Macmillan.
Pearson, Karl. 1892. *The Grammar of Science.* 2d ed. London: Black, 1900.
Pearson, Karl. 1911. "Probability That Two Independent Distributions of Frequency Are Really Samples from the Same Population." *Biometrika* 8.
Perelman, Chaim, and Lucy Olbrechts-Tyteca. 1958. *The New Rhetoric: A Treatise on Argumentation.* Trans. John Wilkinson and Purcell Weaver. South Bend, Ind.: University of Notre Dame Press, 1969.
Perlman, Mark. 1978. "Review of Hutchison's *Knowledge and Ignorance in Economics.*" *Journal of Economic Literature* 16 (June): 582-85.
Plato. *Phaedrus.* Trans. H. N. Fowler. Cambridge, Mass.: Harvard University Press, 1914.
Polanyi, Michael. 1962. *Personal Knowledge: Towards a Post-Critical Philosophy.* Chicago: University of Chicago Press.
Polanyi, Michael. 1966. *The Tacit Dimension.* Garden City, N.Y.: Doubleday.
Polya, George. 1954. *Induction and Analogy in Mathematics.* Vol. 1 of *Mathematics and Plausible Reasoning.* Princeton, N.J.: Princeton University Press.
Popper, Karl. 1934. *The Logic of Scientific Discovery.* English trans. New York: Harper, 1968.
Popper, Karl. 1945. *The Open Society and Its Enemies.* London: Routledge.
Popper, Karl. 1976. *Unended Quest: An Intellectual Autobiography.* London: Collins.
Posner, Richard A. 1972. *Economic Analysis of Law.* Boston: Little, Brown.
Posner, Richard A. 1988. *Law and Literature: A Misunderstood*

Relation. Cambridge, Mass.: Harvard University Press.
Prince, Gerald. 1973. *A Grammar of Stories*. Paris: Mouton.
Quine, Willard. 1948. "On What There Is." *Review of Metaphysics* 2 (September): 21-38. Reprinted in *From a Logical Point of View*. 2d ed. Cambridge, Mass.: Harvard University Press, 1961, to which reference is made.
Quine, Willard. 1951. "Two Dogmas of Empiricism." Philosophical Review 51 (January): 20-43. Reprinted in *From a Logical Point of View*. 2d ed. Cambridge, Mass.: Harvard University Press, 1961.
Quintilian, Marcus F. *Institutio Oratoria*. Trans. H. E. Butler. Cambridge, Mass.: Harvard University Press, 1920.
Rabinowitz, Peter J. 1968. "'What's Hecuba to Us?' The Audience's Experience of Literary Borrowing." In Susan R. Suleiman and Inge Crosman, eds., *The Reader in the Text*, pp. 241-63. Princeton, N.J.: Princeton University Press, 1980.
Reynolds, L. D., and N. G. Wilson, 1974. *Scribes and Scholars: A Guide to the Transmission of Greek and Latin Literature*. 2d ed. Oxford: Oxford University Press.
Richards, I. A. 1925. *Principles of Literary Criticism*. New York: Harcourt Brace Jovanovich.
Richards, I. A. 1936. *The Philosophy of Rhetoric*. New York: Oxford University Press.
Richardson, J. D. 1978. "Some Empirical Evidence on Commodity Arbitrage and the Law of One Price." *Journal of International Economics* 8 (May): 341-51.
Robinson, William. 1893. Forensic Oratory: A Manual for Advocates. Boston: Little, Brown.
Roll, Richard, and Stephen Ross. 1980. "An Empirical Investigation of the Arbitrage Pricing Theory." *Journal of Finance* 35 (December): 1073-1103.
Root-Bernstein, Robert. 1983. "Mendel and Methodology." *History of Science* 21 (September): 275-95.
Rorty, Amelie Oksenberg. 1983. "Experiments in Philosophic Genre: Descartes' *Meditations*." *Critical Inquiry* 9 (March): 545-65.

Rorty, Richard. 1979. *Philosophy and the Mirror of Nature*. Princeton, N.J.: Princeton University Press.

Rorty, Richard. 1982. *The Consequences of Pragmatism: Essays*. Minneapolis: University of Minnesota Press.

Rorty, Richard. 1984a. "Relativism." Manuscript, University of Virginia.

Rosen, Stanley. 1980. *The Limits of Analysis*. New York: Basic Books.

Rosenberg, Alexander. 1976. *Microeconomic Laws: A Philosophical Analysis*. Pittsburgh: Pittsburgh University Press.

Rosenberg, Alexander. 1992. *Economics-Mathematical Politics or Science of Diminishing Returns?* Chicago: University of Chicago Press.

Rosenblatt, Louise M. 1978. *The Reader, the Text, the Poem: The Transactional Theory of the Literary Work*. Carbondale: Southern Illinois University Press.

Rossetti, Jane. 1990. "Deconstructing Robert Lucas." In Warren J. Samuels, ed., *Economics as Discourse*, pp. 225-43. London: Kluwer Academic.

Rossetti, Jane. 1992. "Deconstruction, Rhetoric, and Economics." In Neil de Marchi, ed., *The Post-Popperian Methodology of Economics: Recovering Practice*, pp. 211-34. Boston: Kluwer and Neijhoff.

Ruskin, John. 1851-1853. *The Stones of Venice*. 3 Vols. New York: Peter Fenelon Collier, 1890.

Ruthven, K. K. 1979. *Critical Assumptions*. Cambridge: Cambridge University Press.

Samuelson, Paul A. 1947. *Foundations of Economic Analysis*. Cambridge, Mass.: Harvard University Press.

Saussure, F. de. 1915. *Course in General Linguistics*. Trans. Roy Harris. London: Duckworth, 1983.

Schelling, Thomas. 1978. *Micromotives and Macrobehavior*. New York: Norton.

Schoepenhauer, Arthur. 1857. *Essays and Aphorisms*. Trans. R. J. Hollingdale. Harmondsworth: Penguin, 1970.

Schuster, J. A. 1983. "The Developmental and Structural

Demystification of Descartes' Method: A Case Study in the Construction of Scientific Discourse." Manuscript, University of Wollongong, N.S.W., Australia.

Scitovsky, Tibor. 1976. *The Joyless Economy.* New York: Oxford University Press.

Scott, Elizabeth. 1953. "Testing Hypotheses." In R. J. Trumpler and H. F. Weaver, eds., *Statistical Astronomy.* New York: Dover, 1963.

Scott, Robert. 1967. "On Viewing Rhetoric as Epistemic." *Central States Speech Journal* 18 (February): 9-17.

Searle, John. 1969. *Speech Acts: An Essay in the Philosophy of Language.* Cambridge: Cambridge University Press.

Sharpe, William. 1970. *Portfolio Theory* and *Capital Markets.* New York: McGrawHill.

Shell, Marc. 1978. *The Economy of Literature.* Baltimore: Johns Hopkins University Press.

Smith, Adam. 1776. *An Inquiry into the Nature and Causes of the Wealth of Nations.* R. H. Campbell, A. S. Skinner, and W. B. Todd, eds. 2 Vols. Indianapolis: Liberty Classics, 1981.

Smith, Adam. 1790. *The Theory of Moral Sentiments.* D. D. Raphael and A. L. Madie, eds. Indianapolis: Liberty Classics, 1982.

Solow, Robert. 1957. "Technical Change and the Aggregate Production Function." *Review of Economics and Statistics* 39 (August): 312-20. Reprinted in Arnold Zellner, ed., *Readings in Economic Statistics and Econometrics,* Boston: Little, Brown, 1968.

Spitzer, Alan B. 1990. "John Dewey, the 'Trial' of Leon Trotsky and the Search for Historical Truth." *History and Theory* 29, no. 1: 16-37.

Stebbing, L. Susan. 1943. *A Modern Elementary Logic.* 5th ed. Revised byC. W. K. Mundle. London: Methuen, 1965.

Steiner, George. 1967. *Language and Silence: Essays on Language, Literature, and the Inhuman.* New York: Atheneum, 1982.

Steiner, Mark. 1975. *Mathematical Knowledge.* Ithaca, N.Y.: Cornell University Press.

Stigler, George J. 1966. *The Theory of Price.* 3d ed. New York: Macmillan.

Stigler, Stephen M. 1978. "Francis Ysidro Edgeworth, Statistician." *Journal of the Royal Statistical Society,* ser. A, 141: 187-313.

Stigler, Stephen M. 1986. *The History of Statistics: The Measurement of Uncertainty Before 1900.* Cambridge, Mass.: Harvard University Press.

Stone, Lawrence. 1984. Letter. *Harper's* (June).

Stove, David. 1982. *Popper and After: Four Modem Irrationalists.* Oxford: Pergamon.

Suleiman, Susan R., and Inge Crosman, eds. 1980. *The Reader in the Text: Essays on Audience and Interpretation.* Princeton, N.J.: Princeton University Press.

Summerson, John. 1963. *The Classical Language of Architecture.* Cambridge, Mass.: M.I.T. Press.

Syme, Ronald, 1956. "Piso and Veranius in Catullus." *Classica and Mediaevalia* 17: 129-34.

Thurow, Lester. 1985. *The Zero-Sum Solution: Building a World-Class American Economy.* New York: Simon and Schuster.

Todorov, Tzvetan. 1975. "Reading as Construction." In Susan R. Suleiman and Inge Crosman, eds., *The Reader in the Text,* pp. 67-82. Princeton, N.J.: Princeton University Press, 1980.

Toulmin, Stephen. 1958. *The Uses of Argument.* Cambridge: Cambridge University Press.

Tufte, Edward R. 1983. *The Visual Display of Quantitative Information.* Cheshire, Conn.: Graphics Press.

Wald, Abraham. 1939. "Contributions to the Theory of Statistical Estimation and Testing Hypotheses." *Annals of Mathematical Statistics* 10 (December): 299-326.

Wallis, W. Allen, and Harry V. Roberts. 1956. *Statistics: A New Approach.* New York: Macmillan.

Ward, Benjamin. 1972. *What's Wrong with Economics?* New York: Basic Books.

Warner, Martin. 1989. *Philosophical Finesse: Studies in the Art of Rational Persuasion.* Oxford: Clarendon.

Webster, Glenn, Ada Jacox, and Beverly Baldwin. 1981. "Nursing

Theory and the Ghost of the Received View." In Joanne Comi McCloskey and Helen Grace, eds., *Current Issues in Nursing,* pp. 16-35. Boston: Blackwell Scientific.

Weinberg, Steven. 1983. "Beautiful Theories." Revision of the Second Annual Gordon Mills Lecture on Science and the Humanities, University of Texas, April 5, 1983.

Whately, Richard. 1846. *Elements of Rhetoric.* Reprint of 7th ed. Carbondale: University of Illinois Press, 1963.

White, Hayden. 1973. *Metahistory: The Historical Imagination in Nineteenth Century Europe.* Baltimore: Johns Hopkins University Press.

White, Hayden. 1981. "The Value of Narrativity in the Representation of Reality." In W. J. T. Mitchell, ed. *On Narrative,* pp. 1-24. Chicago: University of Chicago Press.

Williamson, Jeffrey. 1974. *Late Nineteenth-Century American Development: A General Equilibrium History.* Cambridge: Cambridge University Press.

Willis, James. 1972. *Latin Textual Criticism.* Urbana: University of Illinois Press.

Wonnacott, Ronald J., and Thomas H. Wonnacott. 1982. *Statistics: Discovering Its Power.* New York: Wiley.

Woolf, Virginia. 1925. *The Common Reader. First Series.* New York: Harcourt Brace Jovanovich, 1953.

Yule, G. U., and M. Greenwood. 1915. "The Statistics of Anti-Typhoid and Anti-Cholera Inoculation and the Interpretation of Such Statistics in General." *Proceedings of the Royal Society of Medicine,* 8.

Zeckhauser, Richard, and Edith Stokey. 1978. *A Primer for Policy Analysis.* New York: Norton.

Zellner, Arnold, ed. 1968. *Readings in Economic Statistics and Econometrics.* Boston: Little, Brown.

经济学修辞相关文献

Amariglio, Jack. 1984. "Epistemology, Literary Theory, and Neoclassical Economics." Unpublished paper, Department of Economics, Merrimack College, Andover, Mass.

Amariglio, Jack. 1988. "The Body, Economic Discourse, and Power: An Economist's Introduction to Foucault." *History of Political Economy* 20: 583-613.

Amariglio, Jack, Stephen Resnick, and Richard Wolff. 1990. "Division and Difference in the 'Discipline' of Economics." *Critical Inquiry* 17 (Autumn): 108-37.

Andvig, Jens-Christoph. 1991. "Verbalism and Definitions in Interwar Theoretical Macroeconomics." *History of Political Economy* 23 (Fall): 431-55.

Arrington, C. Edward. 1990. "Comment on Benton." In Warren J. Samuels, ed., *Economics as Discourse*, pp. 90-100. London: Kluwer Academic.

Ashmore, Malcolm, Michael Mulkay, and Trevor Pinch. 1989. *Health and Efficiency: A Sociology of Health Economics*. Philadelphia: Open University Press.

Backhouse, Roger, Tony Dudley-Evans, and Willie Henderson, eds. 1993. *Economics and Language*. London: Routledge.

Backhouse, Roger, Tony Dudley-Evans, and Willie Henderson. 1993. "Exploring the Language and Rhetoric of Economics." In Backhouse, Dudley-Evans, and Henderson 1993, pp. 1-20.

Bazerman, Charles. 1993. "Money Talks: The Rhetorical Project of *The Wealth of Nations*." In Backhouse, Dudley-Evans, and Henderson 1993, pp. 173-99.

Berger, Lawrence A. 1990. "Self-Interpretation, Attention, and Language: Implications for Economics of Charles Taylor's Hermeneutics." In Don C. Lavoie, ed., *Economics and Hermeneutics*, pp. 262-84. London: Routledge.

Brown, Vivienne. 1993. "Decanonizing Discourses: Textual Analysis and the History of Economic Thought." In Backhouse, Dudley-Evans, and Henderson 1993, pp. 64-84.

Brown, Vivienne. 1994. *Adam Smith's Discourse.* London: Routledge.

Collins, H. M. 1991. "History and Sociology of Science and History and Methodology of Economics." In Neil de Marchi and Mark Blaug, eds., *Appraising Economic Theories: Studies in the Methodology of Research Programs,* pp. 492-98. Aldershot, England: Elgar.

Cosgel, Metin. 1990. "Rhetoric in the Economy: Consumption and Audience." Manuscript, Department of Economics, University of Connecticut.

Cosgel, Metin, and Arjo Klamer. 1990. "Entrepreneurship as Discourse." Manuscript, Departments of Economics, University of Connecticut/George Washington University.

Davis, John B. 1990. "Comment on Rossetti's 'Deconstructing Robert Lucas.'" In Warren J. Samuels, ed., *Economics as Discourse,* pp. 244-50. London: Kluwer Academic.

Dudley-Evans, Tony; and Willie Henderson. 1987. "Changes in the Economics Article." Department of Extramural Studies, University of Birmingham, England.

Dudley-Evans, Tony; and Willie Henderson, eds. 1990. *The Language of Economics: The Analysis of Economic Discourse.* ELT Documents No. 134. Oxford: Modern English Publications.

Elshtain, Jean Bethke. 1987. "Feminist Political Rhetoric and Women's Studies." In John Nelson et al., eds., *Rhetoric of the Human Sciences,* pp. 319-40. Madison: University of Wisconsin Press.

Fish, Stanley. 1988. "Comments from Outside Economics." In Arjo Klamer et al., eds., *Consequences of Economic Rhetoric,* pp. 21-30. New York: Cambridge University Press.

Folbre, Nancy, and Heidi Hartmann. 1988. "The Rhetoric of Self-Interest: Ideology and Gender in Economic Theory." In Arjo Klamer et al., eds., *Consequences of Economic Rhetoric,* pp. 184-203. New York: Cambridge University Press.

Frey, Bruno S., Werner W. Pommerehne, Friedrich Schneider, and Guy Gilbert. 1984. "Consensus and Dissension among Economists: An

Empirical Inquiry." *American Economic Review* 74 (December): 986-94.

Galbraith, John Kenneth. 1978. "Writing, Typing, and Economics." *Atlantic Monthly* 241 (March): 102-5.

George, David. 1990. "The Rhetoric of Economics Texts." *Journal of Economic Issues* 24 (September): 861-78.

Heinzelmann, Kurt. 1980. *The Economics of the Imagination.* Amherst: University of Massachusetts Press.

Henderson, Willie. 1982. "Metaphor in Economics." *Economics* (Winter): 147-53.

Henderson, Willie. 1993. "The Problem of Edgeworth's Style." In Roger Backhouse, Tony Dudley-Evans, and Willie Henderson, eds., *Economics and Langauge,* pp. 200-222. London: Routledge.

Henderson, Willie, and A. Hewings. 1987. *Reading Economics: How Text Helps or Hinders.* British National Bibliography Research Fund Report No. 28, British Library Publications Sales Unit, Boston Spa, West Yorkshire.

Henderson, Willie, and A. Hewings. 1988. "Entering the Hypothetical World: Assume, Suppose, Consider, and Take as Signals in Economics Text." Department of Extramural Studies, University of Birmingham, England.

Henderson, Willie, Tony Dudley-Evans, and Roger Backhouse, eds. 1993. *Economics and Language.* London: Routledge.

Hewings, Ann, and Willie Henderson. 1987. "A Link Between Genre and Schemata: A Case Study of Economics Text." *English Language Research Journal* 1: 156-75.

Hirschman, Albert O. 1991. *The Rhetoric of Reaction: Perversity, Futility, Jeopardy.* Cambridge: Harvard University Press.

Kearl, J. R., Clayne Pope, Gordon Whiting, and Larry Wimmer. 1979. "A. Confusion of Economists?" *American Economic Review* 69 (May): 28-37.

Klamer, Arjo. 1983. *Conversations with Economists: New Classical Economists and Opponents Speak Out on the Current Controversy in Macroeconomics.* Totawa, N.J.: Rowman and Allanheld.

Klamer, Arjo. 1984. "Levels of Discourse in New Classical Economics." *History of Political Economy* 16 (Summer): 263-90.
Klamer, Arjo. 1987. "As if Economists and Their Subjects Were Rational ..." In John Nelson et al., eds., *Rhetoric of the Human Sciences*, pp. 163-83. Madison: University of Wisconsin Press.
Klamer, Arjo. 1988a. "Economics as Discourse." In Neil de Marchi, ed., *The Popperian Legacy in Economics*, pp. 259-78. Cambridge: Cambridge University Press.
Klamer, Arjo. 1988b. "Negotiating a New Conversation about Economics." In Klamer et al. 1988, pp. 265-79.
Klamer, Arjo. 1990a. "The Textbook Presentation of Economic Discourse." In Warren]. Samuels, ed., *Economics as Discourse*, pp. 129-54. London: Kluwer Academics.
Klamer, Arjo. 1990b. "Towards the Native's Point of View: The Difficulty of Changing the Conversation." In Don C. Lavoie, ed., *Economics and Hermeneutics*, pp. 19-33. London: Routledge.
Klamer, Arjo. 1991. "The Advent of Modernism in Economics." Manuscript, Department of Economics, George Washington University, Washington, D.C.
Klamer, Arjo. ed. 1997. *The Value of Art*. Amsterdam: Amsterdam University Press.
Klamer, Arjo, and David C. Colander. 1990. *The Making of an Economist*. Boulder: Westview.
Klamer, Arjo, and Thomas C. Leonard. 1994. "So What's an Economic Metaphor?" In Philip Mirowski, ed., *Natural Images in Economic Thought*, pp. 20-51. Cambridge: Cambridge University Press.
Klamer, Arjo, and D. N. McCloskey. 1988. "Economics in the Human Conversation." In Arjo Klamer et al., eds., *Consequences of Economic Rhetoric*, pp. 3-20. New York: Cambridge University Press.
Klamer, Arjo, and D. N. McCloskey. 1989. "The Rhetoric of Disagreement." *Rethinking Marxism* 2 (Fall): 140-61.
Klamer, Arjo, and D. N. McCloskey. 1992. "Accounting as the Master Metaphor of Economics." *The European Accounting Review* 1 (May):

145-60.

Klamer, Arjo, and D. N. McCloskey. 1995. "One-Quarter of GDP is Persuasion." *American Economic Review* 92 (May): 191-95.

Klamer, Arjo, D. N. McCloskey, and Robert M. Solow, eds. 1988. *The Consequences of Economic Rhetoric.* New York: Cambridge University Press.

Kornai, Janos. 1983. "The Health of Nations: Reflections on the Analogy Between Medical Science and Economics." *Kyklos* 36: 191-212.

Lavoie, Don C., ed. 1990. *Economics and Hermeneutics.* London: Routledge.

Lind, Hans. 1992. "A Case Study of Normal Research in Theoretical Economics." *Economics and Philosophy* 8 (April): 83-102.

Maki, Uskali. 1993. "Two Philosophies of the Rhetoric of Economics." In Roger Backhouse, Tony Dudley-Evans, and Willie Henderson, eds., *Economics and Language,* pp. 23-50. London: Routledge.

Maris, Bernard. 1990. *Des Economistes au-dessus de Tout Soupr;on.* Paris: Albin Michel.

Mayer, Thomas. 1993. *Truth Versus Precision in Economics.* Aldershot, England: Edward Elgar. McCloskey; D. N. 1983. "The Rhetoric of Economics." *Journal of Economic Literature* 31 (June): 482-517.

McCloskey, D. N. 1985a. "Economical Writing." *Economic Inquiry* 24 (April): 187-222.

McCloskey, D. N. 1985b. "The Loss Function Has Been Mislaid: The Rhetoric of Significance Tests." *American Economic Review* 75 (May): 201-5.

McCloskey, D. N. 1985c. *The Rhetoric of Economics.* Madison: University of Wisconsin Press.

McCloskey, D. N. 1986. *The Writing of Economics.* New York: Macmillan.

McCloskey, D. N. 1988a. "The Rhetoric of Law and Economics." *Michigan Law Review* 86 (February): 752-67.

McCloskey, D. N. 1988b. "Thick and Thin Methodologies in the History of Economic Thought." In Neil de Marchi, ed., *The Popperian*

Legacy in Economics, pp. 245-57. Cambridge: Cambridge University Press.

McCloskey, D. N. 1990a. "Agon and Ag Ec: Style of Persuasion in Agricultural Economics." *American Journal of Agricultural Economics* 72 (December): 1124-30.

McCloskey, D. N. 1990b. *If You're So Smart: The Narrative of Economic Expertise.* Chicago: University of Chicago Press.

McCloskey, D. N. 1991a. "The Essential Rhetoric of Law, Literature, and Liberty." *Critical Review* 5 (Spring): 203-23.

McCloskey, D. N. 1991b. "Voodoo Economics: Some Scarcities of Magic." *Poetics Today* 12 (Winter): 287-300.

McCloskey, D. N. 1993a. "In Defense of Rhetoric: The Rhetorical Tradition in the West." *Common Knowledge* 1, no. 3.

McCloskey, D. N. 1993b. "The Lawyerly Rhetoric of Coase's 'The Theory of the Firm.'" *Journal of Corporate Law* 18 (Winter): 423-39.

McCloskey, D. N. 1993c. "Some Consequences of a Conjective Economics." In Julie Nelson and Marianne Ferber, eds., *Beyond Economic Man: Feminism and Economics.* Chicago: University of Chicago Press.

McCloskey, D. N. 1994. *Knowledge and Persuasion in Economics.* Cambridge: Cambridge University Press.

McCloskey, D. N. 1997a. "The Good Old Coase Theorem and the Good Old Chicago School: Comment on the Medema-Zerbe Paper." In Steven Medema, ed., *Coasean Economics: The New Institutional Economics and Law and Economics.* Boston: Kluwer.

McCloskey, D. N. 1997b. *The Vices of Economists; The Virtues of the Bourgeoisie.* Amsterdam and Ann Arbor: University of Amsterdam Press and University of Michigan Press.

McCloskey, D. N., and John Nelson. 1990. "The Rhetoric of Political Economy." In J. H. Nichols, Jr., and C. Wright, eds., *Political Economy to Economics—And Back?,* pp. 155-74. San Francisco: Institute for Contemporary Studies Press.

Mehta, Judith. 1993. "Meaning in the Context of Bargaining Games-

Narratives in Opposition." In Roger Backhouse, Tony Dudley-Evans, and Willie Henderson, eds., *Economics and Language,* pp. 85-99. London: Routledge.

Milberg, William. 1988. "The Language of Economics: Deconstructing the Neoclassical Texts." *Social Concepts* 4, no. 2: 33-57.

Milberg, William. 1991. "Marxism, Post-Structuralism, and the Discourse of Economics." *Rethinking Marxism* 4, no. 2: 93-104.

Milberg, William. 1992. "The Rhetoric of Policy Relevance in International Economics." Manuscript, Department of Economics, New School for Social Research, New York.

Milberg, William, and Bruce A. Pietrykowski. 1990. "Realism, Relativism and the Importance of Rhetoric for Marxist Economics." Manuscript, Department of Economics, New School for Social Research, New York.

Miller, Carolyn R. 1990. "The Rhetoric of Decision Science, or Herbert A. Simon Says." In Herbert Simons, ed., *The Rhetorical Turn,* pp. 162-84. Chicago: University of Chicago Press.

Mirowski, Philip. 1989. *More Heat than Light: Economics as Social Physics, Physics as Nature's Economics.* Cambridge: Cambridge University Press.

Mirowski, Philip. 1994. *Natural Images in Economic Thought.* Cambridge: Cambridge University Press.

Nelson, Julie. 1995. *Feminism, Objectivity and Economics.* London: Routledge.

Perlman, Mark. 1978. "Review of Hutchison's *Knowledge and Ignorance in Economics.*" *Journal of Economic Literature* 16 (June): 582-85.

Resnick, Stephen, and Richard Wolff. 1988. "Marxian Theory and the Rhetoric of Economics." In Arjo Klamer et al., eds., *Consequences of Economic Rhetoric,* pp. 47- 63. New York: Cambridge University Press.

Rossetti, Jane. 1990. "Deconstructing Robert Lucas." In Samuels 1990, pp. 225-43.

Rossetti, Jane. 1992. "Deconstruction, Rhetoric, and Economics." In

Neil de Marchi, ed., *The Post-Popperian Methodology of Economics: Recovering Practice*, pp. 211-34. Boston: Kluwer and Neijhoff.

Salant, Walter. 1969. "Writing and Reading in Economics." *Journal of Political Economy* 77 (July-August): 545-58.

Samuels, Warren J., ed. 1990. *Economics as Discourse: An Analysis of the Language of Economists*. London: Kluwer Academic.

Schimdt, Christian. 1985. *La Sémantique Économique en Question*. Paris: Calmann-Levy.

Summers, Lawrence. 1991. "The Scientific Illusion of Empirical Economics." *Scandinavian Journal of Economics* 93, no. 2: 27-39.

Swales, John M. 1993. "The Paradox of Value: Six Treatments in Search of a Reader." In Roger Backhouse, Tony Dudley-Evans, and Willie Henderson, eds., *Economics and Language*, pp. 223-39. London: Routledge.

Tribe, Keith. 1978. *Land, Labour and Economic Discourse*. London: Routledge and Kegan Paul.

Weintraub, E. Roy. 1991. *Stabilizing Dynamics: Constructing Economic Knowledge*. Cambridge: Cambridge University Press.

对本书第一版及我在修辞上的其他一些作品的评论

Backhouse, Roger E. 1993. "Rhetoric and Methodology." In R. F. Hebert, ed., *Perspectives in the History of Economic Thought*. Aldershot, England: Edward Elgar.

Bellofiore, Riccardo. 1988. "Retorica ed economia." *Economia Politica* 5 (December): 417-63.

Bicchieri, Cristina. 1988. "Should a Scientist Abstain from Metaphor?" In Arjo Klamer et al. eds., *Consequences of Economic Rhetoric*, pp. 100-114. New York: Cambridge University Press.

Blaug, Mark. 1987. "Methodology with a Small m." *Critical Review* 1 (Spring): 1-5.

Boettke, Peter J. 1988. "Storytelling and the Human Sciences." *Market Process* 6 (Fall): 4-7.

Bonello, Frank J. 1987. "Review of *The Rhetoric of Economics.*" *Social Science Quarterly* 68 (March): 209-10.

Bornemann, Alfred H. 1987. "Review of *The Rhetoric of Economics.*" *Kyklos* 40, no. 1: 128-29.

Butos, William. 1987. "Rhetoric and Rationality: A Review Essay of McCloskey's *The Rhetoric of Economics.*" *Eastern Economic Journal* 13 (July-Sept): 295-304.

Caldwell, Bruce J., and A. W. Coats. 1984. "The Rhetoric of Economists: A Comment on McCloskey." *Journal of Economic Literature* 22 (June): 575-78.

Coates, John. 1986. "Review of *The Rhetoric of Economics.*" *Times Literary Supplement* (August 1).

Coats, A. W. 1987. "Comment on McCloskey." *Eastern Economic Journal* 13 (JulySept): 305-7.

Coats, A. W. 1988. "Economic Rhetoric: The Social and Historical Context." In Arjo Klamer et al., eds., *Consequences of Economic Rhetoric,* pp. 64-84. New York: Cambridge University Press.

Davis, John B. 1990a. "Comments on the Rhetoric Project in Methodology." *Methodus* 2 (June): 38-39.

Davis, John B. 1990b. "Rorty's Contribution to McCloskey's Understanding of Conversation as the Methodology of Economics." *Research in the History of Thought and Methodology* 7: 73-85.

Dyer, Alan W. 1988. "Economic Theory as an Art Form (Rhetoric vs. Semiotics)." *Journal of Economic Issues* 22 (March): 157-66.

Evensky, Jerry. 1992. "Ethics and the Classical Liberal Tradition in Economics." *History of Political Economy* 24 (Spring): 61-77.

Galbraith, James. 1988. "The Grammar of Political Economy." In Arjo Klamer et al., eds., *Consequences of Economic Rhetoric*, pp. 221-39. New York: Cambridge University Press.

Gerrard, Bill. 1990. "On Matters Methodological in Economics." *Journal of Economic Surveys* 4, no. 2: 197-219.

Gordon, David. 1991. "Review of McCloskey's *If You're So Smart.*" *Review of Austrian Economics* 5 no. 2: 123-27.

Graziano, Loretta. 1987. "Review of The Rhetoric of Economics." Et

Cetera 44 (Winter): 417-20.
Hahn, Frank. 1987. "Review of *The Rhetoric of Economics.*" *Journal of Economic Literature* 25 (March): 110-11.
Hammond, J. Daniel. 1990. "McCloskey's Modernism and Friedman's Methodology: A Case Study with New Evidence." *Review of Social Economy* 48 (Summer): 158-71.
Hands, D. Wade. 1991. "Review of *The Consequences of Economic Rhetoric.*" *Journal of Economic Literature* 29 (March): 85-87.
Hausman, Daniel M., and Michael S. McPherson. 1987. "Standards." *Economics and Philosophy* 4 (June): 1-7.
Heilbroner, Robert. 1986. "The Murky Economists." *New York Review of Books* (April 24). Reprinted with revisions in Arjo Klamer et al., eds. *Consequences of Economic Rhetoric*, pp. 38-43. New York: Cambridge University Press, 1988.
Hollis, Martin. 1985. "The Emperor's Newest Clothes." *Economics and Philosophy* 1: 128-33.
Hoppe, Hans-Hermann. 1989. "In Defense of Extreme Rationalism: Thoughts on Donald McCloskey's *The Rhetoric of Economics.*" *Review of Austrian Economics* 3: 179-214.
Kaufer, David S. 1986. "Review of *The Rhetoric of Economics.*" Clio 15 (Spring): 330-33.
Keohane, Robert. 1988. "The Rhetoric of Economics as Viewed by a Student of Politics." In Klamer et al. 1988, pp. 240-46.
Klamer, Arjo. 1986. "Review of *The Rhetoric of Economics.*" *Quarterly Journal of Speech* 72 (November): 469-72.
Klamer, Arjo, D. N. McCloskey, and Robert M. Solow, ed. 1988. *The Consequences of Economic Rhetoric*. New York: Cambridge University Press.
Kregel, J. A. 1987. "Review of *The Rhetoric of Economics.*" *Economic Journal* 97 (March): 278-80
Kuttner, Robert. 1985. "The Poverty of Economics." *Atlantic* 255: 74-80; reply by McCloskey in Letters of the next edition.
Maki, Uskali. 1988a. "How to Combine Rhetoric and Realism in the Methodology of Economics." *Economics and Philosophy* 4 (April):

89-109.

Maki, Uskali. 1988b. "Realism, Economics, and Rhetoric: A Rejoinder to McCloskey." *Economics and Philosophy* 4 (April): 167-69.

Maki, Uskali. 1993. "Two Philosophies of the Rhetoric of Economics." In Roger Backhouse, Tony Dudley-Evans, and Willie Henderson, eds., *Economics and Language*, pp. 23-50. London: Routledge.

McPherson, Michael. 1987. "Review of *The Rhetoric of Economics.*" *Journal of Economic History* 47 (June): 596-98

Munz, Peter. 1990. "The Rhetoric of Rhetoric." *Journal of the History of Ideas* 51 (January-March): 121-42.

Palmer, Tom G. 1986-1987. "An Economist Looks at His Science." *Humane Studies Review 4* (Winter): 1, 12-13.

Rappaport, Steven. 1988a. "Arguments, Truth, and Economic Methodology: A Rejoinder to McCloskey." *Economics and Philosophy* 4 (April): 170-72.

Rappaport, Steven. 1988b. "Economic Methodology: Rhetoric or Epistemology?" *Economics and Philosophy* 4 (April): 110-28.

Rhoads, Steven E. 1987. "Review of *The Rhetoric of Economics.*" *American Political Science Review* 81 (March): 338-39.

Romano, Carlin. 1987 "Review of *The Rhetoric of Economics.*" *Philadelphia Inquirer* (March 22): S2.

Rosenberg, Alexander. 1988a. "Economics Is Too Important to Be Left to the Rhetoricians." *Economics and Philosophy* 4 (April): 129-49.

Rosenberg, Alexander. 1988b. "Rhetoric Is Not Important Enough for Economists to Bother About." *Economics and Philosophy* 4 (April): 173-75.

Ruccio, David F. 1987. "Review of *The Rhetoric of Economics.*" *American Journal of Sociology* 93 (November): 723-25.

Samuels, Warren J. 1984. "Comments on McCloskey on Methodology and Rhetoric." *Research in the History of Thought and Methodology* 2: 207-10.

Tribe, Keith. 1986. "Review of *The Rhetoric of Economics.*" *Manchester School of Economic and Social Studies* 54 (December): 447-48.

Vaubel, Roland. 1988. "Review of *The Rhetoric of Economics.*" *Economic History Review* 41 (May): 340-42.

Waller, William T., Jr., and Linda R. Robertson. 1990. "Why Johnny (Ph.D. Economics) Can't Read: A Rhetorical Analysis of Thorstein Veblen and a Response to Donald McCloskey." *Journal of Economic Issues* 24 (December): 1027- 44.

Warsh, David. 1993. "Trust-Buster in the Idea Business." In *Economic Principals.* New York: Free Press.

Webly, Simon. 1987. "Review of *The Rhetoric of Economics.*" *International Affairs* 63 (Summer): 489-90.

Wolff, Richard, and Stephen Resnick. 1988. "Rhetoric, Economics, and Marxian Theories." In Arjo Klamer et al., eds. *Consequences of Economic Rhetoric.* New York: Cambridge University Press.

中英文人名对照表

A

A. C. 哈伯格，A. C. Harberger

A. E. 豪斯曼，A. E. Housman

A. F. 穆德，A. F. Mood

阿达·雅各布斯，Ada Jacox

阿德莱·史蒂文森二世，Adlai Stevenson

阿尔伯特·爱因斯坦，Albert Einstein

阿尔伯特·赫希曼，Albert Hirschman

阿尔弗雷德·马歇尔，Alfred Marshall

阿尔弗雷德·钱德勒，Alfred Chandler

阿尔芒·博雷尔，Armand Borel

阿尔若·克拉梅尔，Arjo Klamer

阿兰·斯图亚特，Alan Stuart

阿梅莉·奥克森贝格·罗蒂，Amelie Oksenberg Rorty

阿门·阿尔钦，Armen Alchian

阿诺德·策尔纳，Arnold Zellner

阿诺德·普兰特，Arnold Plant

阿维·格里利谢斯，Zvi Griliches

艾伯特·菲什洛，Albert Fishlow

艾伯特·詹森，Albert Jansen

爱德华·科比特，Edward Corbett

爱德华·利默，Edward Leamer

爱德华·列维，Edward Levi

爱德华·马尼尔，Edward Manier

爱德华·塔夫特，Edward Tufte

埃弗塞·多马，Evsey Domar

艾伦·内格尔，Alan Nagel

埃米尔·格伦伯格，Emile Grunberg

艾瑞克·唐纳德·赫希，E. D. Hirsch

安娜·施瓦茨，Anna Schwartz

奥尔布莱希茨-卡，Olbrechts-Tyteca

奥古斯特·孔德，Isidore Comte

奥斯丁·罗宾逊，Austin Robinson

奥斯卡·摩根斯特恩，Oskar Morgenstern

B

巴里·康芒纳，Barry Commonor

巴里·舒普，Barry Supple

保罗·G. 赫尔，Paul G. Hoel

保罗·德曼，Paul de Man

保罗·费耶拉本德，Paul Feyerabend

保罗·克鲁格曼，Paul Krugman
保罗·萨缪尔森，Paul Samuelson
贝弗利·鲍德温，Beverly Baldwin
本杰明·弗里德曼，Benjamin Friedman
本杰明·沃德，Benjamin Ward
彼得·鲍尔，Peter Bauer
彼得·肯尼迪，Peter Kennedy
彼得·拉比诺维茨，Peter Rabinowitz
彼得·麦克莱兰，Peter McClelland
彼得·诺维科，Peter Novick
彼得鲁斯·拉姆斯，Peter Ramus
柏拉图，Plato
伯纳德·曼德维尔，Bernard Mandeville
伯特兰·罗素，Bertrand Russell
布林利·托马斯，Brinley Thomas
布鲁斯·考德维尔，Bruce Caldwell

大卫·哈克特·费舍尔，David Hackett Fischer
大卫·李嘉图，David Ricardo
大卫·希尔伯特，David Hilbert
大卫·休谟，David Hume
戴维·S. 穆尔，David S. Moore
戴维·弗里德曼，David Freedman
戴维·科兰德，David Colander
戴维·兰德斯，David Landes
丹尼尔·贝尔，Daniel Bell
丹尼尔·哈默梅什，Daniel Hamermesh
丹尼尔·豪斯曼，Daniel Hausman
丹尼斯·罗伯逊，Dennis Robertson
道格拉斯·诺思，Douglass North
德谟斯提尼，Demosthenes
登顿·E. 莫里森，Denton E. Morrison

C

C. E. V. 勒塞尔，C. E. V. Leser
C. F. 巴斯特布尔，C. F. Bastable
C. S. 刘易斯，C. S. Lewis
茨维坦·托多罗夫，Tzvetan Todorov

D

D. A. S. 弗雷泽，D. A. S. Fraser
D. N. 麦克洛斯基，D. N. McCloskey
达斯·维德，Darth Vader

E

E. S. 皮尔逊，E. S. Pearson

F

F. A. 格雷比尔，F. A. Graybill
F. A. 哈耶克，F. A. Hayek
F. Y. 埃奇沃思，F. Y. Edgeworth
费尔迪南·德·索绪尔，Ferdinand de Saussure
费尔南·布罗代尔，Fernand Braudel

菲利普·戴维斯，Philip J. Davis
菲利普·西德尼爵士，Sir Phillip Sydney
弗吉尼亚·伍尔芙，Virginia Woolf
弗兰克·登顿，Frank Denton
弗兰克·奈特，Frank Knight
弗兰克·陶西格，Frank Taussig
佛朗哥·莫迪利安尼，Franco Modigliani
弗朗西斯·培根，Francis Bacon
弗朗西斯·伊西德罗·埃奇沃思，Francis Ysidro Edgeworth
弗雷德里克·S. 米什金，Frederic S. Mishkin
弗雷德里克·梅特兰，Frederick Maitland
弗里茨·马克卢普，Fritz Machlup

G

G. T. 琼斯，G. T. Jones
格兰特·伍德，Grant Wood
格雷戈尔·孟德尔，Gregor Mendel
格伦·韦伯斯特，Glenn Webster

H

哈里·A. 米利斯，Harry A. Millis
哈里·V. 罗伯茨，Harry V. Roberts
哈伊姆·佩雷尔曼，Chaim Perelman
海登·怀特，Hayden White
海伦娜·R. 德特默，Helena R. Dettmer

汉斯·林德，Hans Lind
汉斯·泰尔，Hans Theil
赫伯特·斯坦因，Herbert Stein
亨德里克·霍撒克，Hendrick Houthakker
红衣主教纽曼，John Henry Newman (Cardinal Newman)

I

I. A. 瑞恰慈，I. A. Richards

J

J. A. 舒斯特，J. A. Schuster
J. B. 奈特，J. B. Knight
J. K. 加尔布雷斯，J. K. Galbraith
J. L. 奥斯汀，J. L. Austin
J. L. 麦凯，J. L. Mackie
J. R. T. 休斯，J. R. T. Hughes
J. R. 希克斯，J. R. Hicks
J. 约翰斯顿，J. Johnston
吉拉德·德布鲁，Gerad Debreu
加里·贝克尔，Gary Becker
加里·霍克，Gary Hawke
伽利略·伽利雷，Galileo Galilei
佳林·科普曼斯，Tjalling Koopmans
简·奥斯汀，Jane Austen
杰·梅克林，Jay Mechling
杰弗里·威廉姆森，Jeffrey Williamson

杰克·阿马里格里奥，Jack Amariglio
杰拉尔德·布伦斯，Gerald Bruns
杰拉尔德·盖森，Gerald Geison
杰拉尔德·格拉夫，Gerald Graff
杰拉尔德·曼利·霍普金斯，Gerard Manley Hopkins
杰拉尔德·普林斯，Gerald Prince
杰里·埃文斯凯，Jerry Evensky
金·克拉克，Kim B. Clark

K

卡尔·波普尔，Karl Popper
卡尔·亨普尔，Carl Hempel
卡尔·马克思，Karl Marx
卡尔·门格尔，Carl Menger
卡尔·皮尔逊，Karl Pearson
卡尔曼·科恩，Kalman Cohen
卡图卢斯，Catullus
开尔文勋爵，Lord Kelvin
克拉克·格利穆尔，Clark Glymour
克里斯蒂娜·罗默，Christina Romer
克利福德·格尔茨，Clifford Geertz
科林·马西卡，Colin Masica
克努特·维克塞尔，Knut Wicksell
肯尼斯·伯克，Kenneth Burke
肯尼斯·约瑟夫·阿罗，Kenneth J. Arrow
库尔特·海因策尔曼，Kurt Heinzelmann
昆体良，Marcus Fabius Quintilianus (Quintilian)

昆图斯·贺拉斯·弗拉库斯，Quintus Horatius Flaccus
昆图斯·图利乌斯·西塞罗，Quintus Tullius Cicero

L

L. D. 雷诺兹，L. D. Reynolds
L. 苏珊·斯特宾，L. Susan Stebbing
拉蒙·E. 亨克尔，Ramon E. Henkel
莱昂哈德·欧拉，Leonhard Euler
莱昂内尔·罗宾斯，Lionel Robbins
莱斯特·瑟罗，Lester Thurow
兰斯·戴维斯，Lance Davis
兰斯·泰勒，Lance Taylor
兰斯洛特·霍格，Lancelot Hogben
劳伦斯·博兰，Lawrence Boland
劳伦斯·克莱因，Lawrence Klein
劳伦斯·斯通，Lawrence Stone
勒内·笛卡尔，Rene Descartes
里昂·瓦尔拉斯，Leon Walras
理查德·波斯纳，Richard Posner
理查德·惠特利，Richard Whatly
理查德·克罗斯曼，Richard Crosman
理查德·拉纳姆，Richard Lanham
理查德·罗蒂，Richard Rorty
理查德·罗尔，Richard Roll
理查德·赛尔特，Richard Cyert
鲁本·赫什，Reuben Hersh

卢德维克·弗莱克, Ludwick Fleck
路德维希·冯·米塞斯, Ludwig von Mises
路易丝·罗森布拉特, Louise Rosenblatt
路易斯·巴斯德, Louis Pasteur
伦纳德·R. 帕尔默, Leonard R. Palmer
罗宾逊·克鲁索, Robinson Crusoes
罗伯特·鲁特-伯恩斯坦, Robert Root-Bernstein
罗伯特·弗兰克, Robert Frank
罗伯特·福格尔, Robert Fogel
罗伯特·高尔曼, Robert Gallman
罗伯特·戈登, Robert Gordon
罗伯特·克雷恩, Robert Crain
罗伯特·利普西, Robert Lipsey
罗伯特·皮萨尼, Robert Pisani
罗伯特·索洛, Robert Solow
罗伯特·希格斯, Robert Higgs
罗伯特·席勒, Robert Shiller
罗杰·珀维斯, Roger Purves
罗拉尔·德布鲁, Gerhard Debreu
罗兰·巴特, Roland Barthes
罗纳德·J. 旺纳科特, Ronald J. Wonnacott
罗纳德·科斯, Ronald Coase
罗纳德·塞姆, Ronald Syme

马克·布劳格, Mark Blaug
马克·布洛赫, Marc Bloch
马克·珀尔曼, Mark Perlman
马克·斯坦纳, Mark Steiner
马克·托马斯, Mark Thomas
马克·谢尔, Marc Shell
马克罗比乌斯, Macrobius
马克斯·布拉克, Max Black
马克斯·普朗克, Max Planck
玛丽·赫西, Mary Hesse
马库斯·图利乌斯·西塞罗, Marcus Tullius Cicero
迈克尔·奥克肖特, Michael Oakeshott
迈克尔·波兰尼, Michael Polanyi
迈克尔·马尔凯, Michael Mulkay
曼瑟尔·奥尔森, Mancur Olson
米尔顿·弗里德曼, Milton Friedman
莫迪凯·伊齐基尔, Mordecai Ezekiel
莫里斯·德格鲁特, Morris DeGroot
莫里斯·多布, Maurice Dobb
莫里斯·菲诺基亚罗, Maurice Finocchiaro
莫里斯·克莱因, Morris Kline
莫里斯·肯德尔, Maurice Kendall
摩西·阿布拉莫维茨, Moses Abramovitz

M

M. 布瓦西埃, M. Boissiere

N

N. G. 威尔逊, N. G.Wilson
纳尔逊·古德曼, Nelson Goodman

尼尔·德·马奇，Neil de Marchi
尼古拉·洛巴切夫斯基，Nikolai Lobachevsky
尼古拉斯·卡尔多，Nicholas Kaldor
努马·德尼·甫斯特尔·德·库朗日，Fustel de Coulanges
诺思罗普·弗莱，Northrop Frye

O

欧金尼奥·贝尔特拉米，Eugenio Beltrami
欧文·巴菲尔德，Owen Barfield
欧文·费雪，Irving Fisher
欧文·克拉维斯，Irving Kravis
欧文·柯匹，Irving Copi

P

P. A. 萨缪尔森，P. A. Samuelson
皮埃尔·迪昂，Pierre Duhem

Q

乔治·A. 肯尼迪，George A. Kennedy
乔治·P. 麦凯布，George P. McCabe
乔治·波利亚，Geoge Polya
乔治·斯蒂格勒，George Stigler
乔治·斯坦纳，George Steiner
琼·罗宾逊，Joan Robinson

R

R. A. 费希尔，R. A. Fisher
R. F. 福勒，R. F. Fowler
R. H. 萨博，R. H. Sabot

S

沙伦·克劳利，Sharon Crowley
圣托马斯·阿奎纳，St. Thomas Aquinas
史蒂文·斯坦利，Steven Stanley
史蒂文·温伯格，Steven Weinberg
斯蒂尔·康马格，Steele Commager
斯蒂芬·杰伊·古尔德，Stephen Jay Gould
斯蒂芬·罗斯，Stephen Ross
斯蒂芬·尼古拉斯，Stephen Nicholas
斯蒂芬·施蒂格勒，Stephen Stigler
斯蒂芬·特诺夫斯基，Stephen Turnovsky
斯蒂芬·图尔明，Stephen Toulmin
斯坦利·费什，Stanley Fish
斯坦利·罗森，Stanley Rosen
所罗门·费弗曼，Solomon Feferman

T

唐·拉沃，Don Lavoie
特里·伊格尔顿，Terry Eagleton
特伦斯·哈奇森，Terence Hutchison
托马斯·H. 旺纳科特，Thomas H. Wonnacott

托马斯·哈代，Thomas Hardy
托马斯·哈特·本顿，Thomas Hart Benton
托马斯·库恩，Thomas Kuhn
托马斯·萨金特，Thomas Sargent
托马斯·谢林，Thomas Schelling
托尼·达德利-埃文斯，Tony Dudley-Evans

W

W. G. 华德，W. G. Ward
W. 艾伦·沃利斯，W. Allen Wallis
瓦西里·列昂惕夫，Wassily Leontief
韦恩·布思，Wayne Booth
威拉德·奎因，Willard Quine
威利·亨德森，Willie Henderson
威廉·杰文斯，Willilam Jevons
威廉·科克伦，William Cochran
威廉·克鲁斯卡尔，William Kruskal
威廉·罗宾逊，William Robinson
威廉·弥尔伯格，William Milberg
威廉·帕克，William Parker
威廉·夏普，William Sharpe
威廉·詹姆斯，William James
韦斯利·米切尔，Wesley Mitchell
沃尔夫冈·伊泽尔，Wolfgang Iser
沃尔特·罗斯托，Walt Rostow
沃克·吉布森，Walker Gibson

X

西奥多·舒尔茨，Theodore Schultz
西蒙·库兹涅茨，Simon Kuznets
小罗伯特·卢卡斯，Robert Lucas

Y

雅各布·布罗诺夫斯基，Jacob Bronowski
雅各布·弗兰克尔，Jacob Frenkel
雅各布·施穆克勒，Jacob Schmookler
雅各布·瓦伊纳，Jacob Viner
亚伯拉罕·赫希，Abraham Hirsch
亚伯拉罕·瓦尔德，Abraham Wald
亚当·斯密，Adam Smith
亚历山大·M. 穆德，Alexander M. Mood
亚历山大·格申克龙，Alexander Gerschenkron
亚历山大·罗森堡，Alexander Rosenberg
亚里士多德，Aristotle
亚瑟·戈德伯格，Arthur Goldberger
扬·克门塔，Jan Kmenta
耶日·内曼，Jerzy Neyman
伊丽莎白·沃克·梅克林，Elizabeth Walker Mechling
伊姆雷·拉卡托什，Imre Lakatos
尤尔根·哈贝马斯，Jurgen Habermas
约翰·G. 格里菲斯，John G. Griffith
约翰·阿巴思诺特，John Arbuthnot

约翰·戴维斯, John Davis
约翰·杜威, John Dewey
约翰·加德纳, John Gardner
约翰·坎贝尔, John Campbell
约翰·拉斯金, John Ruskin
约翰·梅纳德·凯恩斯, John Maynard Keynes
约翰·穆特, John Muth
约翰·帕斯莫尔, John Passmore
约翰·瑟尔, John Searle
约翰·维恩, John Venn

约瑟夫·鲁德亚德·吉卜林, Joseph Rudyard Kipling
约瑟夫·麦卡锡, Joe McCarthy

Z

詹姆斯·密尔, James Mill
詹姆斯·托宾, James Tobin
詹姆斯·威利斯, James Willis
朱莉·尼尔森, Julie Nelson
朱利安·西蒙, Julian Simon

中英文书名、文章名、期刊名对照表

A

爱丽丝镜中奇遇记，Through the looking glass
爱玛，Emma
安娜·卡列尼娜，Anna Karenina

C

抄工与学者，Scribes and Scholars
超越实证主义：十九世纪的经济学方法论，Beyond Positivism: Economic Methodology in the 19th Century
成为一名经济学家，The Making of an Economist

D

当代学者的古代修辞书，Ancient Rhetorics for Contemporary Students
道德情操论，The Theory of Moral Sentiments
德莫因斯纪事报，Des Moines Register
定义语言区：南亚，Defining a Linguistic Area: South Asia

都柏林评论，Dublin Review
对尤维纳利斯手稿传统的分类学研究，A Taxonomic Study of the Manuscript Tradition of Juvenal

F

反对方法，Against Method
反反相对主义，Anti-Anti-Relativism

G

干中学的经济学，The Economics of Learning by Doing
高级统计学理论，Advanced Theory of Statistics
个人知识，Personal Knowledge
工资理论，The Theory of Wages
关于卡图卢斯的一些诗歌的笔记，Notes on Some Poems of Catullus
关于遗传和同类生物问题的论文，Essays on Heredity and Kindred Biological Problems
国富论，The Wealth of Nations
国际统计百科全书，International Encyclopedia of Statistics

H

哈克贝利·费恩历险记，Huckleberry Finn
哈泼斯杂志，Harper's
护理理论与公认观点的幽灵，Nursing Theory and the Ghost of the Received View

J

计量经济学，Econometrica

计量经济学，A Course in Econometrics

计量经济学方法，Econometric Methods

计量经济学基本原理，Elements of Econometrics

计量经济学手册，Handbook of Ecnometrics

计量经济学指南，A Guide to Econometrics

集体行动的逻辑，Logic of Collective Action

价值与资本，Value and Capital

剑桥欧洲经济史，Cambridge Economic History of Europe

解缚的普罗米修斯，The Unbound Prometheus

经济分析基础，Foundations of Economic Analysis

经济史评论，Economic History Review

经济统计学和计量经济学读本，Readings in Economic Statistics and Econometrics

经济文献期刊，Journal of Economic Liberature

经济学出了什么问题？，What's Wrong with Economics?

经济学的方法论，The Methodology of Economics

经济学方法基础，The Foundations of Economic Method

经济学家的恶习：布尔乔亚的美德，The Vices of Economists: The Virtues of the Bourgeoisie

经济学科学现状三论，Three Essays on the State of Economic Science

经济学理论的意义与基本假设，The Significance and Basic Postulates of Economic Theory

经济学期刊，Economic Journal

经济学原理，Principles of Economics

经济学中的知识与说服，Knowledge and Persuasion in Economics

就业、利息与货币通论，The General Theory of Employment, Interest and Money

K

卡图卢斯诗歌中的皮索和维拉尼乌斯，Piso and Veranius in Catullus

开放社会及其敌人，The Open Society and Its Enemies

科学的语法，The Grammar of Science

科学研究纲领方法论，Methodology of Scientific Research Programmes

L

拉丁文本批判，Latin Textual Criticism

拉丁语，The Latin Language

历史学家的谬误，Historians' Fallacies

利息理论，The Theory of Interest

理想数学家，Ideal Mathematician

理性预期与价格变动理论，Rational Expectations and the Theory of Price Movements

理智驾驭下的情绪，Passions Within Reason

联合太平洋铁路：一个不成熟企业的案例，Union Pacific Railroad: A Case in Premature Enterprise

零和解，The Zero-Sum Solution

垄断征税，Taxation Through Monopoly

论出版自由，Areopagitica

论经济观察的准确性，On the Accuracy of Economic Observations

论预言，De Divinatione

论证的使用，The Use of Argument

逻辑入门，Introduction to Logic

M

美国货币史，1867—1960，A Monetary History of the United States, 1867-1960
美国经济评论，American Economic Review
美国数学月刊，American Mathematical Monthly
孟德尔和方法论，Mendel and Methodology
描述与比较语言学：批判性介绍，Descriptive and Comparative Linguistics: A Critical Introduction
谬误之书，The Book of Fallacies

N

那个高贵的梦："客观性问题"及美国历史学专业，That Noble Dream: The "Objectivity Question" and the American Historical Profession
牛津英语词典，Oxford English Dictionary
纽约客，New Yorker
纽约时报，The New York Times
纽约书评，New York Review of Books
农夫皮尔斯，Piers Plowman
农神节，Saturnalia
诺桑觉寺，Northanger Abbey

P

偏好问题无需争论，De Gustibus Non Est Disputandum
普通语言学课程，Course in General Linguistics

Q

企业的性质，The Nature of the Firm
劝导，Persuasion

R

让我们摆脱计量经济学的弊端，Let's Take the Con Out of Econometrics
人文科学的修辞，The Rhetoric of the Human Sciences
如果你那么聪明：经济学家的叙事，If You're So Smart: The Narrative of Economic Expertise
如何以言行事，How to Do Things with Words

S

社会成本问题，The Problem of Social Cost
神学大全，Summa
实证经济学的方法论，The Methodology of Positive Economics
收益递增，Increasing Returns
数理统计学入门，Introduction to Mathematical Statistics
数学经验，The Mathematical Experience
数学中的归纳和类比，Induction and Analogy in Mathematics

T

甜言蜜语：反对糖的道德修辞，Sweet Talk: The Moral Rhetoric Against Sugar
铁路与美国经济增长，Railroads and American Economic Growth

同意的语法，A Grammar of Assent

统计学：发现其力量，Statistics: Discovering Its Power

统计学：一个新方法，Statistics: A New Approach

统计学概论，Statistics: An Introduction

统计学理论入门，Introduction to the Theory of Statistics

统计学手册，Handbook of Statistics

统计学术语和符号词典，Statistical Dictionary of Terms and Symbols

退出、呼吁与忠诚，Exit, Voice, and Loyalty

W

微观动机和宏观行为，Micromotives and Macrobehavior

维尔德哈根阿罗古英德词典，Wildhagen/Heraucourt German dictionary

文学理论，Literary Theory

文学研究批判术语，Critical Terms for Literary Study

文学中的经济，The Economy of Literature

我们共同的朋友，Our Mutual Friend

物种起源，The Origin of Species

X

希腊古瓮颂，Ode on a Grecian Urn

现代教条和同意的修辞，Modern Dogma and the Rhetoric of Assent

现代学者古典修辞手册，Classical Rhetoric for the Modern Student

显著性检验争议，Significance Test Controversy

相对主义，Relativism

想象经济学，The Economics of the Imagination

新修辞学，The New Rhetoric

雄辩术原理，Institutio Oratoria
雄辩演讲术：提倡者手册，Forensic Oratory: A Manual for Advocates
修辞批评的新诠释证明，New Testament Interpretation Through Rhetorical Criticism
修辞术语手册，A Handlist of Rhetorical Terms

Y

研究的逻辑，Logik der Forschung
一个小小的建议，A Modest Proposal for Preventing the Children of Ireland from Being a Burden to Their Parents or Country
隐喻与思想，Metaphor and Thought
英诗金库，Golden Treasury
优生学年鉴，Annals of Eugenics
欲情诗集，Poems of Passion
语言与沉默，Language and Silence

Z

哲学大百科全书，The Encyclopedia of Philosophy
哲学和自然之镜，Philosophy and the Mirror of Nature
证明与反驳：数学发现的逻辑，Proofs and Refutations: The Logic of Mathematical Discovery
政治经济学期刊，Journal of Political Economy
钟形曲线，The Bell Curve: Intelligence and Class Structure in American Life
中央州言语期刊，Central States Speech Journal
自然，Nature